ドイツ革命史序説

——革命におけるエリートと大衆——

篠　原　　一　著

岩　波　書　店

目　次

はしがき

それはまことに、世界史上全く歌をもたない、
最初の、且つ唯一の革命である。
——ヘーニッシュ(1)——

ドイツの一一月革命について、それは革命ではなくして、崩壊（Umsturz）であるといわれている。たしかに、ドイツ革命は、近代の典型的革命であるフランス革命、及びロシア革命と比較すれば、その破壊性と建設性とにおいて遥かに規模も小さく、崩壊とよばれるにふさわしい過程を辿った。しかし、ドイツ革命が単なる崩壊であるにすぎないといわれる場合、旧支配機構の指導者乃至エリート*の不作爲のみが強調されて、大衆《マス》の現状打破のエネルギー及びその大衆《マス》を指導するエリートの問題が等閑に附されてはならないであろう**。何故ならば、革命とは、旧支配機構の総体的抵抗力、大衆《マス》のエネルギー、及び革命の側に立つエリートの政治指導《リーダーシップ》の三者の結合度如何によって、その帰趨が決定されるものであるからである。そして、ドイツ革命においても、旧支配機構の崩壊は大衆《マス》の間に現状打破のエネルギーが発生することによってはじめて可能となり、革命勃発後もまた、各地において激しい反抗のエネルギーが発生した。もとより、とくに革命勃発後において、かかる大衆《マス》のエネルギーがいかなる程度の、またいかなる方向をもつものであったかは、詳細に論究されなければならないが、かかるエネルギーが広汎に存在していたということには疑いがない。そうであるとするならば、このような「下から」のエネルギーが存在したにもか

かわらず、それが充分にコントロールされず、また一定の新たなる方向に嚮導《キヤナライズ》されなかったというところに、ドイツ革命が崩壊であるといわれる主たる所以があるのであり、このことは革命の側に立ったエリートの動向と密接な関係があると考えられる。とくに、旧支配機構の崩壊を新しい鞏固な体制の建設に導くことが出来なかったことは、これら革命の側に立ったエリートの行動及び思考様式を考察することなくしては到底理解しえないであろう。以上によってほぼ示されているように、ドイツ革命を研究するに当って問題となるのは、第一に革命の発生をめぐる、旧支配機構、大衆《マス》及びそのエリートの間の力関係《ダイナミクス》であり、第二に、それ以後における大衆《マス》とそのエリートとの関係である。

＊　エリート＝大衆《マス》という概念は、国家をはじめとする一定の人間の集団が、政策決定（decision-making）に参加する少数者のグループと、それに参加しない多数者によって構成されているという特定の政治観乃至社会観に由来する概念であり、指導者《リーダー》＝追従者《フオロア》という概念とは異る意味をもっている。また、このことと聯関して、エリートという概念は、指導者《リーダー》のごとく個人的意味合いの強い概念とは異り、共通の特徴をもつ集合的概念として使用される。たとえば、フーヴァー研究所（Hoover Institute）におけるエリート研究[2]が、エリートのもつ共通の社会的基盤を明らかにすることを研究の一つの目的としていることはいうまでもないことである。しかし、政策決定者のグループは共通の社会的基盤をもつことが少くないと同時に、また彼らは、一定の状況におかれた場合、しばしば共通の思考様式乃至行動様式をとるに至る。そして、このような場合には、エリート概念を使用することによってはじめて、その政策決定者のグループがもつ特徴を鮮明に把握することが出来る。本稿においては、主としてこのような観点から、エリートという概念が使用される。なお、ここで注意さるべきことは、この概念は機能概念（Funktionsbegriff）として使用されるということである。従って、独裁的支配体制下においてみられるがごとく、エリートを価値概念[3]（Wertsbegriff）として使用する立場とは根本的に相違している。また、モスカ（G. Mosca）の支配階級に関する研究は、エリート研究の先駆として、現代政治学に及ぼした影響は極めて大きいが、現代政治学の

立場からすれば、なお機能概念と実体概念とが未分離のままに錯綜して使用されているところに、この研究の基本的欠陥があるといわなければならない。

＊＊　二〇世紀のドイツに生き、同時にまたその鋭い観察者であるボン（M. J. Bonn）は、ドイツ革命は陥没（cave-in）であり、既存秩序の擁護者に欠陥がなかったならば、かかる崩壊は容易には起りえなかったであろうとのべ、「イギリス人は自由の下における平等を愛し、フランス人は平等の下における自由を愛するといわれる。ドイツ人は唯一つ、一切を焼き尽すような政治的情熱、つまり秩序に対する殆ど狂信的な愛情をもっている。……彼らの合法主義に対する愛情は正義に対する愛情よりも遙かに強い。たしかに、革命は非合法なものであった、革命はしばしば無法状態をすら現出した。かくして革命は〔ドイツにおいては〕人心《ポピュラー》の支持をうるようなものとはならなかった」(4)といっている。しかし、このような論法で行くと、革命の問題は結局国民性一般の中に解消されてしまうであろう。

以上のような観点から、先ずドイツ革命の発生の仕方及びその歴史的意味の分析から研究をはじめることにしたい。ここにおいては、戦争と革命との関係、とくに帝国主義戦争とよばれる第一次世界大戦と二〇世紀における現代資本主義国家における革命との関係を明らかにしなければならない。蓋し、帝国主義戦争における敗北の中から、いわゆる崩壊が起ったということは、特殊に二〇世紀的な現象として重要な意味をもつからである。現代国家のもつ強大な支配機構の崩壊と革命の発生に当って大衆《マス》が占めた比重の大きさとは、かかる考察によってのみ理解することが出来る。

次に、革命の発生後の問題として、革命の側に立ったエリートの行動及び思考様式を、大衆《マス》との関係において考察する。しかしこの場合、ひろく革命の側に立ったエリートといっても、それらを一括して叙述することは出来ない。第一次世界大戦前のドイツにおいては、社会主義運動は帝国議会（Reichstag）における有力な政党である社会民主党（Sozialdemokratische Partei Deutschlands）を組織母体として著しい発展を遂げ、社会主義運動は一つの統一的な運動として現存秩序に対する大きな脅威となっていた。しかし、世界大戦の勃発とともに社会主義運動はこれまでの統一性を喪失するに至った。従来、社会主義陣営一般から高い誇りをもって用いられてきた「社会民主主義」という概念は、爾来、種々のニュアンスをもつようになり、共産主義の陣営からは、明らかにマイナスの価値判断を含めて、すなわち、嘲笑と憤怒とをあらわす言葉として使用されるに至った。基本的な概念に関するこのような価値判断の分裂が示すごとく、第一次世界大戦以後においては、同じく社会主義運動といっても、そこには本質的に異る諸分子が含まれるのである。このような情勢の下にあっては、大衆《マス》の獲得をめぐる抗争は、旧支配機構のエリートと革命の側に立つエリートとの間においてだけではなく、更に革命の側に立つエリート相互の間にも展開され、政治的力学《ポリテイカル・ダイナミクス》の構図は一層複雑なものとなる。しかし、本稿においては、ドイツ革命のおかれた歴史的状況に基き、一応プロレタリア革命を志向するエリートと社会民主主義を標榜するエリートとに分類して考察を進めることにしたい。

先ずドイツ革命のおかれた歴史的状況を考える場合、第一にこの革命は、プロレタリア革命との関係において重要な意味をもっている。すなわち、同じく第一次世界大戦による敗北を契機として起った他の一つの革命、ロシア革命は、苦難の途を歩みながらも、ともかく世界史上に新しい時代を劃するがごとき建設をはじめたのに対して、ドイツの場合においては事態はそのような方向に進まなかった。それはいかなる理由に基くのであろうか。これは、プロレタリア革命を志向するエリートと大衆《マス》との関係の問題として把握することが出来るであろう。言葉を換えていえば、これはドイツ革命におけるプロレタリア革命への途の問題である。

次にドイツ革命は、ドイツの、或は広く世界の社会民主主義運動史上からみても、一つの重要な地位を占めているように思われる。すなわち、第一次世界大戦前におけるドイツ社会民主党は、マルクス主義に立脚した社会主義的大衆政党として、現存の国家権力に正面から対決する存在とみられていた。ところが、第一次世界大戦におけるドイツの敗北は、先ずこの社会民主主義政党に政権の主座を与えた。かくして、従来社会主義の理論をかざして反政府運動に専念してきたこの政党は、今やその理論を実践する機会を与えられることになった。これは、ドイツの社会民主主義政党に与えられた試金石であった。更に、第一次世界大戦前のドイツ社会民主党はひとり国内において有力な存在であったばかりでなく、また、第二インターナショナルにおいて指導的地位を占め、その主張と実践とは他国の社会主義政党に多大の影響を与えていたことを考えれば、一九一八年の革命によって権力を与えられたドイツ社会民主主義運動のエリートの進退は、*ただにドイツにおける社会民主主義にとってばかりでなく、広く国際的に、社会民主主義一般にとってもまた重要な意味をもつものであったといわなければならない。

＊ 一九一八年一一月、革命政権、つまり人民委員協議会（Der Rat der Volksbeauftragten）を構成したのは、主として社会民主党及び独立社会民主党（Unabhängige Sozialdemokratische Partei Deutschlands）右派であった。個々の問題に関する彼らの態度の差異については、論を進めるにつれて明らかにしてゆきたい。

さて、社会民主主義を標榜するこれらエリートの行動を大衆《マス》の運動との聯関において究明するに当り、本稿においては、とくに二つの面、すなわち、社会化及び軍隊をめぐる問題にその視野を限定することにした。それは、社会化及び軍隊をめぐる問題がドイツ革命においてもっとも激しい闘争の対象になったという理由だけに基くのではない。そもそも、資本の独占と物理的強制力とくに軍事力の独占とは現代国家において著しく顕著な現象であり、革命前のドイツにおいても、資本と物理的強制力との独占が顕著にみられたことはいうまでもないところである。従って、ドイツ革命において、独占資本の社会化、及び物理的強制力の変革、すなわちユンカー的な将校団（Offizier-korps）に率いられた旧軍隊の解体と民主的軍隊の建設とが、大衆《マス》の間から強く要望されるに至ったことは決して偶然ではない。まさに、それらの要求は、現代国家における支配機構の核心に迫る重要な要求であった。しかも、革命の二大支柱となったのは労働者協議会（Arbeiterräte）及び兵士協議会（Soldatenräte）であり、社会化及び軍隊改革というこの二つの問題は、共にその実施のための組織的基盤をもっていたのである。従って、これら二つの問題に対する社会民主主義運動のエリートの態度は、のちの歴史の動向に対して極めて重要な意味をもつものであったといわなければならない。このような観点から、先ず、社会化の問題を、次に、軍隊の問題を、社会民主主義を標榜するこれらエリートと大衆《マス》との関係において考察することにしたい。* なお、前者すなわち社会化の問題は、ドイツ革命における社会民主主義への途の問題としてみることが出来るし、また、後者すなわち軍隊の問題は、それのみを切り離して考えても、ドイツ革命におけるデモクラシーへの途と重要な関係に立つものであったことは、僅か十数年の短命に終ったワイマール共和国の歴史が示しているところである。

以上のように考察を進めてゆくならば、ドイツ革命が何故「全く歌をもたない」革命に終ったのかという疑問もまた自ら解消するであろう。

* 本文でのべられているように、本稿においては、問題は大衆《マス》をめぐるエリート相互間の抗争として把握され、従って、研究の重点は主として内政史的な側面におかれる。もとより、これは、村瀬興雄氏が詳細な事例を挙げて論じておられるところの外圧の問題、すなわち聯合国の態度がドイツ革命に及ぼした影響という問題を無視するものではない。しかし、社会化に対するドイツ政府と聯合国との関係という一つの問題をとってみても、先ず第一に、政府指導者の行動及び思考様式、つまりその内的な動因を解明することによってはじめて、革命に対する聯合国の影響をもまた測定しうるのではなかろうか。

たとえば、ドイツ政府指導者の志向と聯合国の態度とが異り、しかも、結果が聯合国の意向通りになっている場合には、聯合国の影響は重大な問題となってくるであろうし、また、両者の志向が元来同一である場合には、先ず、聯合国の態度は、ドイツの政府指導者の行動を支援する作用を営んだとする見方が可能となるだけでなく、更に進んで、彼ら政府指導者は大《マ》衆《ス》や対抗《カウンタ》エリートを威嚇或は説得する手段として聯合国の意向を利用或は捏造したとする見方も可能になる。このように、外圧の問題を考えるに当って、政府指導者の行動及び思考様式を究明することは、なお依然として重要な問題、むしろ先決問題であるとすらいいうるであろう。しかし、内政と外交とが密接な聯関をもつに至った現代政治の力学《ダイナミクス》において、いわゆる外圧の問題が決して軽視されてよい問題でないことは、ここで改めていうまでもないことである。但し、この問題を立証する際に使用される史料の多くは事件当事者のメモワールであり、従って、それらにおいては自己の正当化《ジャスティフィケーション》或は自己の戦略《ストラテジー》として聯合国の態度を引合いに出しているものが多々あると考えられる。それ故に、村瀬氏自身がのべておられるように、それらは史料そのものの価値からいってもなお吟味を要するものである。更に、このような史料的な信憑性が問題となるだけでなく、外圧といわれるものの実際上の効果（大衆及び対抗《カウンタ》エリートに対する作用）という問題もあり――一例をあげれば、「ライン左岸の労兵協議会の代表者がベルリンにおける第一回全国労兵協議会に出席するために自由に旅行する」許可を求めたとき、聯合国側はこれを拒否したとエルツベルガーはのべているが、(5) この代表者は実際には何の困難もなく大会に出席することが出来たといわれている(6)（なお、これは史料――エルツベルガーの記録――の信憑性に関する問題でもある）。しかも、現代の段階では、これら複雑な問題に解決を与えうるだけの史料は極めて乏しい(7)。

(1) K. Haenisch, "Ursachen der deutschen Revolution", in *Handbuch der Politik*, Bd. II, 1920, S. 256.
(2) H. D. Lasswell, D. Lerner and C. E. Rothwell, *The Comparative Study of Elites*, 1956, p. 6.
(3) G. Mosca, *The Ruling Class*, 1939.
(4) M. J. Bonn, *Wandering Scholar*, 1949, pp. 201—203.
(5) M. Erzberger, *Erlebnisse im Weltkrieg*, 1920, S. 348.

（6） E. Barth, *Aus der Werkstatt der Revolution*, 1919, S. 88.

（7） この点に関しては、村瀬興雄、『ドイツ現代史』、昭和二九年、二四八頁以下参照。なお、この問題に関して村瀬氏と反対の立場をとり、また、それに関する反証を挙げているものとしては、R. Müller, *Vom Kaiserreich zur Republik*, Bd. II, 1925, S. 114 sq.; R. Coper, *Failure of a Revolution*, 1955, pp. 128—129 参照。

第一章　一一月革命の力学《ダイナミクス》

第一節　戦前における政治的力学《ポリテイカル・ダイナミクス》

「工場立法、地方政府の民主化とその事務範囲の拡張、労働組合及び協同組合的組織の法律的制限からの解放、企業労働者の標準的生活条件に対する公共機関の配慮――これらすべてのものは、発展のかかる側面〔階級闘争が緩和されてゆく傾向〕を特徴づけている。しかし、近代的諸国民の政治組織が民主化されればされるほど、大きな政治的破局の必要と機会とはますます減少する。(1)」

これはベルンシュタイン（E. Bernstein）が一九〇九年、『社会主義の諸前提と社会民主主義の任務』（Versetzungen des Sozialismus und die Aufgabe der Sozialdemokratie）のイギリス版へ寄せた序文の一節である。そこには、彼の「修正主義」（Revisionismus）の特徴が端的に表現されているが、このような見解に対して後の歴史的発展はいかなる判定を下したであろうか。以下、ドイツ革命の発生を叙述する前提として、第一次世界大戦前におけるドイツの政治的力学《ポリテイカル・ダイナミクス》＊を簡単に描出することにしたい。

＊　政治的力学《ポリテイカル・ダイナミクス》という概念について一言すれば、いうまでもなく、政治を動かしている諸要素《ファクターズ》（政党、社会集団、社会階層はもとより、軍隊、官僚、更にはマス・コミュニケーション等）は、孤立した個々別々の運動を営むものではなく、それらは一定の体制《レジーム》の中に、相互に密接な聯関をもって存在している。そして、かかる政治現象の横断面を観察した場合、政治現

象はいわゆる脈絡《コンテクスト》をなしているといわれる。しかし、この脈絡《コンテクスト》をなしている諸要素は、静態的に相聯関しているのではなく、つねに動態的な状態、つまり緊張した力関係にあり、時の進行とともに、互に或は接近し、或は離反するという、いわば伸縮つねならぬ関係にある。これを、一定の体制《レジーム》の中で対抗《カウンタ》エリートが大衆《マス》を自己の陣営に獲得しようとするがごとき政治的状況に例をとれば、これらエリートの成功は、彼らが大衆《マス》に適合した象徴《シンボル》をただ巧みに操作《マニピュレイト》するということだけによるのではない。比較的安定した社会にあっては、大衆《マス》は、多かれ少かれ、経済的に、心理的に、また権力的＝物理力的に体制《レジーム》の枠内につなぎとめられているのであるから、これらの大衆《マス》或は大衆《マス》を構成する諸社会階層《ソーシャル・ストレイタム》が支配機構から次第に離反してゆくような状況、裏を返していえば、支配機構の牽引力が弱化する時点と、対抗《カウンタ》エリートの象徴《シンボル》操作とのタイミングが一致したときにはじめて、対抗《カウンタ》エリートの行動が功を奏するのである。本稿においては、以上のような動態的な政治現象を説明するために、とくに政治的力学《ポリティカル・ダイナミクス》という概念が使用される。

一九世紀末以降のドイツの経済状態を一瞥すれば、工業及び農業の生産は急激に増大し、一九〇〇年を一〇〇とすれば、一八八七―一八九四年の平均生産指数は八二であるのに対し、一八九〇―一九一四年のそれは一倍半を上廻る一二七を示した。(2) 中でも、工業の発展は著しく、これに従事する人口は、一八八二年の五七〇万から一九〇七年には凡そ倍加して一〇〇〇万を数えるに至った。(3) 国際的にみても、また、ドイツの工業は二〇世紀に入るや《世界の工場》と謳われたイギリスをも凌駕し、その生産をフランスの凡そ二倍半にたかめることに成功した。(4) その輸出入も年々増加し、とりわけ一九一〇年以降における輸出の増加は著しかった。＊

＊　一九一〇年代には生産の増加率は減じ(5)（註2参照）、また輸入の増加率もほぼ一定であるのに、輸出のみ急激に増加していることは注目に価する。これは国内的な行詰りに対する販路拡大の欲求のあらわれと考えることが出来る。

以上の統計は帝国主義ドイツの隆盛を如実に物語るものであるが、いうまでもなく、このような経済的繁栄が一般勤労大衆にどの程度均霑したかということは自ら別問題である。とくに工業においては、生産の集中・独占が進行していただけでなく、[6] 一八九〇年代以降基幹産業における銀行資本と産業資本との癒着は著しく、[7] 戦前のドイツは高度の独占資本主義の段階に到達していた。従って、生産と分配との間のアンバランスは当然に予期されうるところであるが、しかし、先ず労働賃銀の面を考察するならば、工業及び農業における賃銀は、一九〇〇年を一〇〇とすれば、一八九〇年には八七であるのに対し、一九一四年には一三四に達し、物価を考慮して算出した実質賃銀の面においても、クチンスキー (J. Kuczynski) の計算によれば、一八九〇年には九二であるのに対し、一九一四年には一〇二に達している。[8] このように、戦前のドイツにおいては、労働者の収入はともあれ一定の上昇線を辿っていた。失業者の比率もまたつねに二%代にとどまり、後のワイマール共和国においては安定期においてすら八%から一七%に達していたのと比較すれば、そこに著しい相違を見出すであろう。[9] しかし、労働者階級は拱手してこれらの成果をかちえたのではなかった。一八九〇年社会主義鎮圧法が撤廃されて以来ドイツにおける労働運動は広汎な自由を享受することとなり、とくに一九〇五年のロシア革命以後はストライキの有効性が強く認識され、労働組合によるストライキの数は急激に増大した。かかるストライキは資本家の団結と抵抗とを呼び起し、これらストライキの中にも資本家側のロックアウト及びその他の挑戦によって誘発されたものが少くなかったが、しかし、それはともあれ、ストライキの不成功に終った率は、一八九四年には三九・五%に達していたのに対し、一九一三年には一六・六%に減少している。[10] そして、このことが示しているように、時の経過とともにストライキの有効度が著しく高くなっていること、及び実際にストライキに訴えることなく賃銀争議の解決された事例が甚だ多く、大戦前にはこのような解決例がストライキ件数の二倍に達していたということは特に注意さるべきことである。[11] これは、組合運動の隆盛を示すとともに、ドイツの経済が少くとも組合の要求を受け入れうるだけの弾力性乃至発展性をもっていたことを示すものであろう。かくして、組合は、日常闘争つまり圧力集団《プレッシャー・グループ》的な活動によってその意味を貫きうる可能性をもっていたわけであり、戦前のドイツは、経済の場においては、曲りなりにも一応流動的安定の様相を呈していたということが出来よう。しかし、このような流動的安定をのべるに当っては、組合運動のエリートの行動様式を無視することは出来ないであろう。ドイツの組合運動においては一八九〇年以来中央集権化の傾向が著しく、従って、ストライキ権は産業別乃至職業別の全国組合に握られ、[12]しかも、中央においては、《組織の発展》のために、労働運動に《平安》(Ruhe)を保持しようとする人々が君臨していた。[13]そこで、たとえば、一九一三年のハムブルク(Hamburg)におけるドック・ストライキにみられるごとく、[14]ストライキ資金の拒否等の手段によって、中央指導部が地方的ストライキを抑圧して資本と妥協するという事態が発生した。このようにして、「下から」の組合運動の動きは往々《平安》を欲する中央指導部の抑圧によって止むなく挫折したのであり、経済の場における安定は、組合幹部《ボンツェン》による下部組織の抑圧と資本に対する彼らの妥協性によるところが少くなかった。それであるから、経済の場における緊張関係《テンション》を不当に看過し、流動的安定を破壊するがごとき急進的なエネルギーの存在を一概に否定することは出来ないが、しかし、上述したところのドイツ経済の発展性及び組合運動のエリートの保守性を考えれば、そのような緊張関係《テンション》乃至急進的エネルギーの存在と機能とを過大に評価することは不可能であろう。

以上は、政治の基底となる経済的状況を概観したのであるが、次には、政治社会そのものの考察に移りたい。そもそも政治における安定は、支配機構或はその運営者である既存秩序のエリートと一般大衆との関係によって決定される。一九世紀後半以降のイギリスにおけるがごとく、社会の動態化に伴って支配機構の改革が行われる場合には、政治は比較的安定した経過を辿る。ドイツにおいてもまた、ビスマルクによって普通選挙に基く帝国議会が与えられたが、この議会が帝国統治機構における「第五の車」（Das fünfte Rad——無用の長物の謂）といわれていることからもしりうるように、ドイツ帝国は皇帝（プロイセン王）、宰相（プロイセン首相をかねる）、所管大臣のグループ（漸次実質的に内閣としての性格に近づく）、聯邦参議院（Bundesrat——プロイセン代表が指導権を握る）の四つの車によって支配される仕組となっており、議会に与えられた権限は制度的に極めて限定されたものであった。[15] 更に、帝国において支配的地位を占めていたこのプロイセンにおいては、その議会は、貴族及びユンカーの支配する貴族院（Herrenhaus）と三級選挙制によって選出される保守的・ユンカー的な衆議院（Abgeordnetenhaus）とから成り、保守反動の牙城となっていた。このようにして、帝制ドイツの政治的決定はプロイセンを支配するユンカーの手に集中されたが、先にのべたごとく、経済の場においては次第に独占資本の支配が確立するに至ったため、戦前のドイツにおいては政治的エリートと経済的エリートとの分離が著しく、かくして、政治的エリートは、その階級的基盤としてのユンカーと経済的エリートとしての独占資本家との両者の利益を夫々の状況に応じて調節する必要に差迫られると同時に、また或る場合には、ユンカーの利益に反しても独占資本の要求を受け入れなければならない立場に立たされるに至った（政治的エリートは自己の階級的利益を守るためにはユンカー擁護政策をとらなければならないが、体制の安定のためには独占資本の利益を伸張しなければならないという状況におかれた。そして、ここに政治的エリート内部の紛争の主なる原因が胚胎する（たとえば、ビューロー B. von Bülow の辞職）。カプリヴィ（G. L. Caprivi）の「新航路《ノイエ・クルス》」政策*や二〇世紀の交における「結集政策《ザムルンクスポリティーク》」**はかかる階級対立乃至提携の歴史を如実に示すものであるが、しかし、独占資本にとってはユンカー的政治体制は内的にも外的にもその地位に対する保障を与えてくれるものであったため、また彼らは、労働運動という「下から」の圧力によってつねに脅威にさらされていたために、政治的な改革運動を、彼ら経済的エリートの側から期待するということは、到底不可能であった。もとより、時の経過とともに帝国議会の地位は実質的に向上し、また西南ドイツの諸邦においては、とくに一九〇五年のロシア革命の影響もあって、選挙法が改正される等、支配機構の側における譲歩は、ドイツにおいても若干見受けられた。しかし、プロイセンにおける三級選挙法、皇帝の個人支配（たとえば、デイリー・テレグラフ Daily-Telegraph 事件）、プロイセン軍人の専横（たとえば、ツァーベルン Zabern 事件）等――これらはいずれもユンカー的プロイセン支配の特徴を浮彫りする事件であった――は、産業労働者を中核とする大衆にとって民主化の甚しい障碍であると考えられ、大衆の不満はこれらの諸問題をめぐって活潑に展開されるに至った。社会民主党は当時既存支配機構に対決する唯一つの政党と考えられていたので、選挙におけるその得票数及びその党員数の消長は、当時の現状不満を示すバロメーターの役割をなすものといわれ、社会民主党の著しい進出は産業労働者を中核とする大衆の不満がいかに高まりつつあったかを示している。(16)

＊　「新航路」政策とは、ヴィルヘルム二世（Wilhelm II.）との衝突によってビスマルクが失脚したのち、新宰相カプリヴィによってはじめられた国内及び外交政策をいう。そして、「新航路」の経済政策とは、農業関税率の切下げによって、独占資本のために、世界市場争奪戦における有利な条件を作り出そうとする試みであり、これによってユンカーの経済的地位は著しい脅威をこうむるに至った。

＊＊　「結集政策」とは、これに関するすぐれた研究家ケーア（E. Kehr）によれば、「穀物関税の引上げによって艦隊建設の財源を調達し、また、悪魔のように狡猾な手段によって主農論者《アグラリール》と工業家とを結合し、プロレタリアの突進に対して、その支配を相互に保証し合おうとする」(17)政策であった。

しかし、産業労働者を中核とするこれら大衆のエネルギーに対してこれに方向を与うべき労働運動のエリートはいかなる状態にあったか。ドイツ社会民主党は、ドイツにおける軍隊及び官僚に次いでプロイセン的な組織であったといわれるように、(18) 厳格な階統秩序《ハイアラーキー》をもった政党であり、そこにおける責任の体系は、末端の大衆に対してではなく、逆に専ら頂点に対してひらかれ、(19) 一九〇六年党指導者と労働組合幹部との間に大衆ストライキに関する秘密協定が締結されて以後は、党指導者は更に横に対する責任にも結びつけられることになり、* かくして党は少数の指導者による寡頭制の支配するところとなった。ところで、社会民主党は、その初期においては、革命的宣伝の党としての色彩が濃厚であったが、ドイツ経済の発展及び党組織の官僚化の進展に伴い、すでに一九世紀末には党指導層の内部に改良主義的分子があらわれ、革命の到来に関する理論的設定、ブルジョアとプロレタリアの社会的分極化と、それに随伴する労働者階級の窮乏化に関する理論等、在来のマルクス主義原理を批評し、現実の生活条件の漸進的改良を党の基本的任務とすべしとする「修正主義者」が発生した。しかし、党の指導部はカウツキー（K. Kautsky）を理論的指導者とする後のいわゆるマルクス主義中央派によって占められ、ベルンシュタインを中心とする「修正主義」の主張は一九〇三年のドレスデン（Dresden）の党大会において敗北した。しかし、この中央派の理論は、後述するように、客観主義的な発展理論を基調としたものであり、しかも、ドイツ産業の発展に支えられた労働組合運動の躍進と相俟って、党は、時の経過とともに次第に現実主義的傾向を辿り、たとえば、バーデン（Baden）においては邦政府の予算案に賛成投票を行い、また帝国においても、一九一二年の帝国議会選挙において進歩人民党（Fortschrittliche Volkspartei）と安易な条件で提携する等、党は、体制外的存在《アウツ》（Outs）から体制内的存在《インズ》（Ins）への転換の兆を濃くし、それによってまた党勢は著しい伸張をみたのである。人的構成の面においても、一九一一年、当時においてもすでに本質的には右派に属していたシャイデマン（Ph. Scheidemann）及びブラウン（O. Braun）が新たに党の役員に加えられ、更に一九一三年ベーベル（A. Bebel）の死後、従来中央派によって占められてきた二名の党議長（Vorsitzende）の一人に右派のエーベルト（F. Ebert）が選出される等、党指導部への右派の実質的な進出が顕著になった。これに対し、他方ローザ・ルクセンブルク（Rosa Luxemburg）を中心とする左派は、極めて少数のエリートの集団にすぎず、しかも、自然発生性理論、従ってまた党のもつ役割に対する過小評価、帝国主義理論の非体系性、従ってまた「労働貴族」に対する批判の弱さ等、彼らが戦闘的・前衛的な革命家としてなお多くの理論的欠陥を有していたことは、今日東独の統一社会党（Sozialistische Einheitspartei Deutschlands）指導者によって鋭く指摘されているところである。[20] 以上が第一次世界大戦直前における政治的労働運動のエリートの素描である。かかるエリートに導かれた社会民主党は、未だなお革命的な粉飾を纏ってはいたものの、実際は多分に体制内的存在《インズ》として機能しつつあったのであり、このような政党には、産業労働者を中核とする大衆の現状打破のエネルギーを革命的な目的へ嚮導《キャナライズ》することは到底不可能であった。

＊　一九〇六年二月、党指導部と組合幹部とは、大衆ストライキに対する態度を協議するため秘密の会合を催したが、ここにおいては、大衆ストライキに対して否定的態度をとる組合側が勝利し、党は、大衆ストライキを喧伝する意図をもたないことを約しただけでなく、出来うる限りこれを抑制することをも誓うに至った。更に同年のマンハイム（Mannheim）における党大会において、党と組合の平等性が承認され、しかも、利害の相共通する問題に関しては、以後両者は共同行動をとるよう努力する旨が決議されるに至った。そして、現に、これ以後発生した「メイ・デイ」の儀典《リチュアル》化、青年運動に対する抑圧は、組合指導者のイニシアティヴの下に、党指導者の譲歩によって行われたものである。

以上のように、政治の場においても、支配機構と大衆との間の疎隔・緊張という現象はたしかに存在していた。しかし、大衆のエネルギーに方向を与うべきエリートの保守性と妥協性、並びに、前述したドイツの経済的状況を綜合的に考えれば――ドイツ資本主義の矛盾及びユンカー階級の頑迷さが、第一次世界大戦が起らなかった場合にいかなる紛争を惹起したであろうかという「仮設《イフ》(if)」の問題を除けば――大戦前においては、支配機構の崩壊に関しては必ずしも安易な評価を下すことは出来なかったであろう。蓋し、支配機構を破壊するためには、産業労働者を中核とする大衆が、政治的にもまた経済的にも、直接的にいわば肉体的にその不満を感じとり、そこから大規模なエネルギーが発生しなければならず、更にまた、かかるエネルギーを一定の方向に嚮導《キャナライズ》しうるエリートが存在しなければ、革命は容易には成功しえないからである。* しかし、大戦前のドイツの場合について、仮りに前者、すなわち大衆のエネルギーを高く評価するにしても、支配機構の崩壊という問題を論ずるに当っては、なお他に、現代国家における権力的状況をも考慮に入れなければならないであろう。すなわち、これは現代国家における物理的強制力とくに軍隊の問題である。

* 先にのべたところは、極めて巨視的な概観であり、より微視的に考察すれば、第一次世界大戦前においても、政治的及び経済的緊張《テンション》の波長にはいくつかのピークが存在した。たとえば、それは、一九〇五年から一九〇六年にかけての時期、一九一〇年及び一九一三年等であり、これらの時期には、かかる情勢を反映して社会民主党内部においても急進主義の擡頭が顕著になっている。先ず一九〇五年には、ルール炭鉱地帯に自然発生的な大ストライキが発生した[21]が、更に、ロシアにおける革命の発生は、ドイツにおける労働運動に甚大な影響を及ぼし、同年におけるストライキ及びロックアウトの件数は戦前の最高を示すに至った。のみならず、このロシア革命及び一九〇二年のベルギーにおける政治的ストライキ（平等選挙制獲得のための）は、労働者階級の間に大衆ストライキの実施をめぐる激しい論議を呼び起し、また現に、選挙法改正運動は各地に活潑に展開されるに至った。かくして、一九〇五年から一九〇六年に亙る時期には、政治的運動と経済的ストライキとは殆ど時を同じうして発生した。次に、一九一〇年も同じく景気恢復の時点に当り、生計費の騰貴及び労働市場の狭隘さに刺戟されて、ストライキ運動が昂揚し、一月にはマンスフェルト (Mansfeld) の炭鉱ストライキに軍隊が出動し、四月には建

築工業全般に亙ってロックアウトがしかれて、はげしい労働闘争が再燃した。しかも、これと時を同じうしてプロイセン衆議院においては三級選挙法の改正が論議の的となり、これに呼応して街頭では選挙法改正運動が広汎にくりひろげられた(この運動には市民階級も参加した)。これに対し、プロイセン政府は軍隊を出動して鎮圧に当ったので、プロイセン各地は流血の惨事をみるに至った。ローザ・ルクセンブルクが、抗議集会や街頭デモンストレーションにとどまらず、大衆ストライキを「敢行する」(Wagen)ことの必要をといたのは、まさにこのような状況の下においてであった。[22] 更に、一九一三年はこれまでの時期と異り、景気後退の時点に当っていたが、しかし、ハムブルクのドック・ストライキにみられるごとく、一連のはげしいストライキ運動が起り、他方、同年春にはツァーベルン事件が発生して、再び政治的運動と経済的ストライキとの波長が合致するかのように思われた。

以上のように、第一次世界大戦前のドイツにおいても、政治的及び経済的緊張《テンション》の波長は数箇の時点において合致したが、エネルギーの規模と集中度の不足(とくに経済的ストライキの多くは好景気のそれであった)及び政治的運動と経済的ストライキとを結合する契機の不在の故に、更には、景気の変動に伴うエネルギーの後退のために、かかる緊張関係も結局は現代国家の強靱な支配機構の総体を脅威するまでには至らなかったのである。

さて、セーニョボス(Ch. Seignobos)の指摘するように、一八四八年に至るまでヨーロッパにおいては革命または叛乱が頻発したが、しかし、それ以後それらが殆どとだえてしまったのは、たしかに武器の改良に基くところが多い。[23] このことは革命戦術をつねに念頭においていた社会主義者によって気付かれないはずはなかった。一八九〇年ベーベルは、連発銃と機関銃との時代において高々二〇万人によって革命が行われるとすれば、その革命がどのような運命を辿るかは明瞭であり、「われわれは惨めにも雀のように射殺されてしまうであろう」[24]といったが、しかし、この点に留意してより詳細に軍事力の変化と革命戦術との関係を論じたのはエンゲルスであろう。エンゲルスは、一八九五年マルクスの『フランスにおける階級闘争』に寄せた序文において、次のようにのべている。一八四八年以降ベルリン及びパリは面積において四倍までは大きくなっていないのに、守備隊は四倍以上になり、また、鉄道の発達によって現在においては二四時間以内に軍隊を二倍以上にふやすことが出来、四八時間以内には巨大な軍隊を集結することが出来る。装備も強化され、小銃は旧時の四倍の射程、一〇倍の正確さ、一〇倍の射速度をもつようになり、砲兵隊は一発で最良のバリケードをも壊滅させることが出来る。かくして、バリケード戦は現在では著しく時代後れになったとのべ、更に、「このことは将来において市街戦が何の役割をも演じないということを意味するのか。勿論いな、である。それはただ、一八四八年以後の諸条件が市民の戦闘員にとって以前よりずっと不利になり、軍隊にとってはずっと有利になったということを意味しているにすぎない。だから、将来の市街戦は、この不利な諸条件が他の諸要因によって補償された場合にのみ勝利しうる」(25)と論じている。しかも国家の軍事力のこのような拡充は一九世紀末以来とくに著しく進み、これを反映して資本主義諸国の軍事予算は年を追うて膨脹してきた。(26)かくして革命運動がもちうる武力と国家の軍事力とのアンバランスはますますはげしいものとなった。

しかし、現代資本主義国家における軍事力の圧倒的な増強は、二つの面において、社会主義政党にとってむしろ有利に作用すると考える見解も存在した。それ故に、以下簡単にこの問題にふれることにしたい。第一に、このような軍事力の増強、従って軍事予算の増大は、人民の貧困を齎し、結局下層階級を社会主義陣営に走らせるであろうという見解である。(27)軍事予算の増大は、その経済機構にとって、それ以前と比較すればたしかにある程度の負担にはなったが、これを国民所得の増大と比較して考えれば、さして大きなものではなく、一九一三年の軍事費は国民所得の四%以下であり、従って、軍事予算の社会生活に及ぼす影響から、大衆の反抗のエネルギーが発生することに大きな期待を寄せることは出来なかった。*(28)

＊ 但し、ライヒの軍事費は、一九一三年に軽度の財産税が新設されてこれに当てられた他は、専ら間接税によってまかなわれていたため、その負担の多くは一般大衆の上に転嫁された。しかし、第一次世界大戦前においては、かかる租税問題が大衆運動の主たる争点《イシュ》として機能したということは困難であろう。

第二に、軍隊が増強されてもその支柱となるのは兵士であり、そして、国民皆兵制度の下においては軍隊に編入されるのは若い世代である。ところで、この青年層は同時に社会民主党の人的基盤であるから、ドイツの軍隊はますます社会主義に感染してゆき、一九〇〇年ごろには、ドイツにおいてもっともプロイセン的な要素をもった軍隊は、その大多数が社会主義者になるであろう、社会民主党の真の強さは党を支持する有選挙権者の数にではなく、むしろ軍隊の中にある、という見解である。(29) これは、一八九一年におけるエンゲルスの見解であったが、一八九五年の『フランスにおける階級闘争』に寄せた上述の序文には、この点については何らふれられていないし、少くとも第一次世界大戦前においてはかかる状態は訪れなかった。フランスのサンヂカリストであるエルヴェ（G. Hervé）が、戦争が勃発した場合には軍隊におけるストライキによって戦争を防止すべきことを提案しながらも、彼としては、このストライキを、常備軍ではなく予備兵の勤務拒否に限定しなければならなかったということは、(30) フランスのように革命の伝統をもった国の常備軍の場合においてすら、軍紀の崩壊は容易に期待しがたいことを如実に象徴するものであった。更に、ドイツ社会民主党の理論的指導者であったカウツキーは、エルヴェのこの提案を実現不可能であるとして否認し、軍隊におけるストライキという観念は英雄主義的愚劣性のあらわれであると断じたが、これは、軍隊の精神状況に関して、大戦前において、代表的な社会主義者がいかなる見解を抱いていたかをあらわすものとして示唆するところが多い。＊

＊　レーニンもまたエルヴェの提案を拒否して、カウツキーを支持している。(31)

以上のように、現代資本主義国家のもつ物理的強制力が、革命運動のもつ武力に対して有する圧倒的優越性に着目するならば、支配機構の崩壊を考える場合には、大衆の現状打破のエネルギー、それを指導するエリート、及び国家のもつ物理的強制力の間の力学《ダイナミクス》を重視しなければならないであろう。このように考えるならば、大戦前のドイツにおいては、多くの矛盾が内に含まれながらも、その革命的な見透しは必ずしもひらかれてはいなかったということが出来よう。

しかし、以上の他になお考察しなければならない側面がある。それは、当時の社会における心理的状況である。「プロレタリアに祖国なし」という考え方は、『共産党宣言』以来、国家の階級性を前提とした社会主義者の国家観を端的に象徴するものであったが、社会民主党右派のノスケ（G. Noske）は、すでに一九〇七年の帝国議会において、愛国主義的な発言をして反響をよんだ。(32) そして更に、「ドイツ・プロレタリアの父」ともいわれるベーベルは、一九〇七年のエッセン（Essen）の党大会において、帝国議会におけるノスケの発言に激しい非難を浴せた左派に対して、ノスケを擁護して次のように語った。「われわれが現に祖国を守らなければならないとするならば、それは、われわれが生活し、その言葉を語り、その風習をもっている土地としてのわれわれの祖国であるからであり、われわれのこの祖国を世界に類例のない完全さと美しさとをもった国たらしめようと思うからである。ともあれわれわれは諸君の賛成をまつことなく、諸君の意に反しても祖国を守るのである。（喝采）(33)」と。「祖国なきプロレタリア」のもっとも典型的なエリートが、祖国に対してこのように誇り高い、しかも心情的な見解を吐露したということの中に、当時の社会における心理的状況の一端をうかがいしることが出来るであろう。そして、かかる誇り高い、心情的な祖国愛は、社会の心理的な場においては、支配機構から離反しようとするいわば遠心力に対して、求心的な機能を営むものであった。ところで、かかる心情的祖国愛の充溢は、もとより戦前におけるドイツの帝国主義的発展という現実に負うところ大であった。しかし、このことはまた支配機構のエリートの操作《マニピュレーション》によるところも少くなかった。現代国家においては、普通選挙制の実施、マス・コミュニケーションの発達、教育制度の普及等によって、政治における大衆の比重は著しく増大するに至ったが、その反面、またこれらの大衆は、政治的エリートの意識的或は無意識的な操作《マニピュレーション》の対象となり、かくして支配機構のエリートは、体制《レジーム》をたたえ、またその正当性を誇示する象徴《シンボル》や神話《ミス》（権力のミランダとクレデンタ）を動員することによって、国民の間に同質性の感情を培い、国家の統合力を強化しようとする。* 戦前のドイツにおいてもまた、《Deutschland, Deutschland über alles》（万国に冠たるドイツ、ドイツ）、《Europas Herz》（ヨーロッパの心臓）等の象徴《シンボル》が操作《マニピュレイト》されるとともに、国際政治におけるドイツの使命《ミッション》が喧伝され(34)、これらが国家の発展という現実と相俟って市民層、** 更には労働者大衆*** の心理の深層に浸透していたのである。このことは、社会主義運動の指導者ベーベルの上述の演説からも充分うかがいしることが出来るが、逆に、このようなベーベルの発言もまた実は、一般大衆の国家や民族に対するかかる心理的性向の上に立って理解されなければならないのである。そして、以上のような象徴や神話が、革命的な緊張を緩和する傾向をもち、とくに危機的な瞬間において、国家の統合力を強化するために大衆を操作《マニピュレイト》する基盤となりうるものであることは疑いえないところであろう（〇印は原書の強調、以下同じ）。

＊　市民革命によって成立した古典的デモクラシーの段階においては、政治は「公民」、すなわち「財産と教養」ある人々によって行われ、そこにおいては「討論と説得」が政治のルールとされた。従って、グラッドストン（W. E. Gladstone）の

例にみられるごとく、議会、すなわち「討論と説得」の場をはなれて、演壇《プラットフォーム》から直接大衆に働きかけることは、政治の堕落であると非難された。

＊＊　一九〇七年の選挙において、社会民主党は得票数こそ減少はしなかったが、議席数においては著しい敗北を喫した。このことは、これまで選挙のたびごとに飛躍的発展をとげてきた同党にとってはまさに甚大な打撃であった。ところで、この敗北は、植民政策をめぐる紛争に端を発する一九〇七年の選挙が、《国民《ナチオン》》を争点《イシュ》として闘われ（この宣伝戦には「汎ドイツ同盟」Alldeutscher Verband 等の国家主義団体が積極的に参加した）、社会民主党をはじめとする野党に対して、《国民の敵》というレッテルが貼られたことに基因するところが多い。[35] 一九〇三年の選挙における社会民主党の得票数の四分ノ一がすでに一般市民層からえられたものであったことを考えれば、一九〇七年における同党敗北の主たる原因は、社会民主党の得票数の四分ノ一に当然投ずべき市民層を、同党が自己の陣営に吸収しえなかったというところにあったことが理解されよう。[36] カウツキーも同選挙を回顧して、党が帝国主義的な植民政策の魅力を過小評価したことを指摘している。更に、一九一一年第二のモロッコ危機が勃発したとき、党指導者モルケンブーア（H. Molkenbuhr）は、これに対する抗議集会を催すことに反対して、かかる行動は、政府に、社会民主党を《反国民的《アンティ・ナチオナール》》であると宣伝する機会を与え、[37] 一九〇七年のように下層市民階級を社会民主党から離反させる結果を招くであろうとのべているのは注目に価する。

＊＊＊　多くの労働者の住宅の壁には、労働者階級の皇帝といわれたベーベルの像とともに、王冠の印刷された兵役時代の記念帖、或は更に、ヴィルヘルム二世の肖像画が相並んで飾られていたという。[38] このように、二つの全く相反する象徴が矛盾なく胸裏に折りたたまれていたところに、当時における一般労働者の心理的特徴があるのである。

以上のように、戦前のドイツにおける政治的力学《ポリティカル・ダイナミクス》を綜合的に考察すれば、＊ベルンシュタインが政治的破局の到来を考えなかったことも、あながち不自然でなかったかもしれない。しかし、政治的破局は果して訪れなかったであろうか。事実は、彼が上掲の一節を書いてから五年ののちに第一次世界大戦が起り、四年有余の死闘ののち革命が勃発したのである。それならば、この革命はいかにして起ったのであろうか。

＊　戦前のドイツにおける大衆運動が、政治の力学《ダイナミクス》においていかなる比重をしめていたかという点に関しては、従来種々の評価が行われているが、それらを大別すれば、凡そ次のような三つの型に分類されるであろう。先ず第一は、選挙法改正運動等政治的側面において示された労働者大衆の反政府的エネルギーを高く評価する見解であり（ローゼンベルク A. Rosenberg[39]、ジェラード J. W. Gerard[40]）、このような観点から、戦前のドイツは革命の前夜乃至はそれに類似した状況にあったことが主張される。第二は、マルクス主義の立場に立つ人々の間に多く見出される見解であり、彼らは労働者階級の革命的エネルギーを高く評価し、にもかかわらず、労働運動におけるエリートの日和見主義によって、これら大衆のエネルギーが空しく消尽されたことを強調する（最近では、たとえば東独のヴァルンケ H. Warnke[41]）。第三の見解は、社会民主党の立場に立つ人々及び一般歴史学者のそれであり、彼らは戦前のドイツにおける安定的側面を強調し、労働者階級（エリートと大衆との区別なく）もまた経済的繁栄の余沢に与って体制化していたことをとく。本節においては、かかる種々の見解を考慮に入れつつ、現代社会のもつ特殊な政治構造に鑑み、政治的力学《ポリティカル・ダイナミクス》の諸分野を綜合的に考察しようと試みた。ところで、かかる政治的な力関係の構図を明らかにしておくことは、のちの革命勃発の歴史的意味を充分理解するためにはかくことの出来ないことなのである。

（1）　E. Bernstein, *Evolutionary Socialism*, 1909, xi.

（2）　人口割にした工業及び農業の生産指数（一九〇〇年を一〇〇とする）

1887—1894	82
1894—1902	102
1903—1909	121
1909—1914	127

J. Kuczynski, *Die Geschichte der Lage der Arbeiter in Deutschland*, Bd. I, 1949, S. 168.

（3）　職業人口数及び比率

	1882		1895		1907	
	絶対数（単位千）	比　率	絶対数	比　率	絶対数	比　率
農・林業	7134	42.2	7182	36.3	8556	34.0
工・手工業	5702	33.8	7458	37.8	10061	40.0
商・運輸業	1444	8.6	2152	10.9	3266	13.0
公務員・自由業	958	5.6	1327	6.7	1651	6.6
家事専従者	1647	9.8	1637	8.3	1621	6.4

W. Woytinsky, *Zehn Jahres neues Deutschland*, 1929, S. 20.

（4）　諸大国の工業生産の比率

	アメリカ	ドイツ	イギリス	フランス	ロシア
1780	23.3	13.2	31.8	10.3	3.7
1881—1885	28.6	13.9	26.6	8.6	3.4
1896—1900	30.1	16.6	19.5	7.1	5.0
1906—1910	35.3	15.9	14.7	6.4	5.0
1913	35.8	15.7	14.0	6.4	5.5

J. Kuczynski, *op. cit.*, S. 161.

（5）　外国貿易における増加率

	輸　出	輸　入
1887—1894	2.3	4.3
1894—1902	5.1	4.0
1903—1909	4.6	5.0
1909—1914	8.9	4.6

J. Kuczynski, *op. cit.*, S. 169.

(6) R. Schlesinger, *Central European Democracy and its Background*, 1953, p. 97 sq.

ドイツ工業における経営規模

	規模	1882	1895	1907
経営数	小	2175857	1989572	1759545
	中	85001	139459	174012
	大	9481	17941	27167
雇傭者数	小	3270404	3191125	3048465
	中	1109128	1902049	2505451
	大	1554131	2907329	5177367

W. Woytinsky, *op. cit.*, S. 55.

(7) 大野英二、『ドイツ金融資本成立史論』、昭和三一年、五〇頁以下。

（８）工業及び農業における名目賃銀及び実質賃銀（一九〇〇年を一〇〇とする）

	名目賃銀	実質賃銀
1890	87	92
1894	87	94
1902	99	98
1909	118	100
1914	134	102

J. Kuczynski, *op. cit.*, SS. 173—176 より抜萃。実質賃銀の定め方は、物価指数のとり方によって異るが、ここではクチンスキーに従った。

（９）失業者の比率

1887—1894	2.8%
1894—1902	2.3%
1903—1909	2.1%
1909—1914	2.5%

J. Kuczynski, *op. cit.*, S. 218.

ワイマール時代安定期の失業者の比率

1925	8.3%
1926	17.9%
1927	8.8%
1928	9.7%
1929	14.6%

Ibid., S. 322.

（10）　ストライキ及び工場閉鎖

	件　数	延 人 員	成　功　率		
			成　功	一部成功	無　効
1894	131	7328	27.8	28.7	39.5
1902	861	55713	41.4	18.5	35.0
1909	2045	131244	56.8	16.4	24.3
1913	2600	248986	63.8	16.6	19.5

以上は、景気変動の転換期をとらえたものであるが、一般の傾向よりとくにストライキ件数の多かった時点をとらえれば、次の通りとなる。

	件　数	延 人 員	成　功　率		
			成　功	一部成功	無　効
1898	985	60162	54.1	21.7	22.1
1905	2323	507964	53.6	23.5	21.0
1910	3194	369011	56.8	16.4	14.9

S. Nestriepke, *Die Gewerkschaftsbewegung*, Bd. I, S. 394.

(11) ストライキを伴わずに解決された賃銀争議における延人員は、一九一〇年には六五〇、〇〇〇名であり、一九一三年には九六六、五〇〇名に達している。R. Seidel, *Die Gewerkschaftsbewegung in Deutschland*, 1952, S. 34; S. Nestriepke, *op. cit.*, S. 395.

(12) *Ibid.*, S. 275 sq.; F. Taft, "Germany", in W. Galenson ed., *Comparative Labor Movements*, 1952, p. 260 sq.; なお、ドイツの労働組合及び社会民主党における寡頭制については、R. Michels, *Zur Sozioologie des Parteiwesens in der moderne Demokratie*, 2. Aufl., 1925 に詳細に論ぜられている。

(13) K. Kautsky, *Der politische Massenstreik*, 1914, S. 118. 一九〇五年のケルンにおける組合大会における発言。

(14) H. Warnke, *Überblick über die Geschichte der deutschen Gewerkschaftsbewegung*, 1952, S. 38 (池上重徳、佐藤重雄共訳、『ドイツ労働組合運動小史』、昭和二九年、五二頁)。

(15) N. Sigmund, "Germany", in T. Cole ed., *European Political Systems*, 1953, p. 290.

(16) 第一次世界大戦前の帝国議会選挙における社会民主党の得票数とその議席数

	有効得票数	全体に対する比率	議 席 数		有効得票数	全体に対する比率	議 席 数
1871	124655	3.2	2	1890	1427298	19.7	35
1874	351952	6.8	10	1893	1786738	23.3	44
1877	493288	9.1	13	1898	2107076	27.2	56
1878	437158	7.6	9	1903	3010771	31.7	81
1881	311961	6.1	13	1907	3259020	28.9	43
1884	549990	9.7	24	1912	4250399	34.8	110
1887	763128	10.1	11				

P. Hirsch und B. Borchardt, *Sozialdemokratie und die Wahlen zum Deutschen Reichstage*, 1912, S. 23.

右期間における同党党員数

	党員数	増加率		党員数	増加率
1906	384327		1910	720038	13.6
1907	530466	38.0	1911	836562	16.1
1908	587336	10.7	1912	970112	15.9
1909	633309	7.8	1913	982850	1.3

Protokoll über die Verhandlungen des Parteitages der S. P. D. (以下，*Protokall S. P. D* と略す) 1913, S. 10.

(17) E. Kehr, *Schlachtflottenbau und Parteipolitik* 1894—1901, *Historische Studien*, Heft 197, 1930, S. 147；大野英二，前掲書，一九五頁。

(18) N. Sigmund, *op. cit.*, p. 304.

(19) C. E. Schorske, *German Social Democracy*, 1955, p. 128.

(20) O. Grotewohl, *Dreissig Jahre später*, 1952, SS. 41—42.

(21) このストライキに関しては，東独の研究書，D. Fricke, *Der Ruhrbergarbeiterstreik von 1905*, 1955 参照。なお，西独からも，M. J. Koch, *Die Bergarbeiterbewegung im Ruhrgebiet zur Zeit Wilhelms* II が出版される予定。

(22) Rosa Luxemburg, *Gesammelte Werke*, Bd. IV: *Gewerkschaftskampf und Massenstreik*, 1928, S. 517.

(23) Ch. Seignobos, *Histoire politique de l'Europe contemporaine*, tom. II, 1926, p. 970.

(24) *Ibid.*, p. 970.

(25) マルクス（宮川実訳），『フランスにおける階級闘争』，昭和二七年，二六一二七頁。

(26) ヨーロッパの諸大国における軍事費と国民一人当りのその負担額

	ドイツ		イギリス		フランス		ロシア	
	総　額(1000MK)	人口割(MK)	総　額	人口割	総　額	人口割	総　額	人口割
1902	874536	15.08	1218300	29.07	827202	21.18	958015	6.94
1905	928609	15.32	1257263	29.24	857290	21.87	1068705	7.37
1908	1165167	18.70	1204429	27.25	932844	23.68	1106013	7.49
1910	1241268	19.16	1394619	30.99	998180	24.27	1227989	8.10
1913	1479400	19.70	1571400	28.80	1203600	25.68	1751700	8.33

Illustrierte Geschichte der deutschen Revolution, 1929, S. 73.

(27) マルクス，前掲書，二二頁（エンゲルスの序文）。

(28) F. Sternberg, *Capitalism and Socialism on Trial*, 1951, pp. 140—141.

(29) F. Engels, Der Sozialismus in Deutschland, in *Marx・Engels・Lenin・Stalin: Zur deutschen Geschichte*, Bd. II, 1954, S 1140（邦訳，『ドイツにおける社会主義』，マルクス・エンゲルス選集第一七巻下，四〇四頁）。

(30) K. Kautsky, "Patriotismus, Krieg und Sozialdemokratie", *Die Neue Zeit*, Jrg. XXIII, Bd. II, 1905, SS. 368—370.

(31) В. И. Ленин, *Сор.*, том. 15, стр. 173.

(32) H. Herkner, *Die Arbeiterfrage*, Bd. II, S. 451.

(33) *Protokoll S. P. D. 1907*, SS. 254—255.

(34) L. Dehio, "Gedanker über die deutsche Sendung 1900—1918", *Historische Zeitschrift*, Bd. 174, S. 479 sq.

(35) R. Blanke, "Die soziale Zusammensetzung der sozialdemokratischen Wählerschafts Deutschlands", *Archiv*

für Sozialwissenschaft und Sozialpolitik, XX, S. 520.

(36) K. Kautsky, "Der 25. Januar", *Die Neue Zeit*, XXV, Bd. I, S. 589.

(37) R. Schlesinger, *op. cit.*, p. 114.

(38) Th. Eschenburg, *Die improvisierte Demokratie der Weimarer Republik*, 1953, S. 13.

(39) A. Rosenberg, *Die Entstehung der deutschen Republik 1871—1918*, 1928, S. 59.

(40) 駐独アメリカ大使ジェラードは、当時の情勢が革命の前夜にあったとはのべていないが、しかし、当時におけるドイツ国内の緊張関係を強調しようとする立場に立つ。但し、この際注意さるべきことは、彼の一定の政治的立場及び精神的状況であり、先ず、彼は、ドイツ支配階級が内的動揺を外的冒険によって収拾しようとしたと説くことによって、第一次世界大戦の原因をドイツに帰せしめようとしたのであり、第二に、民主的議会政治、西欧的文化様式《カルチャー》の中に生育した彼のごとき人間にとっては、帝国議会における社会民主党議員の皇帝に対する態度（議会に入場した皇帝に対して、坐ったまま、口笛をふき、足をふみならして反抗した）は、極めて異常《アブノーマル》なものと映じたのである。この点については、J. W. Gerard, *My Four Years in Germany*, 1917. p. 56 and p. 65 sq. なお、これに関する解釈の一つとして、村瀬興雄、前掲書、一九五頁及び二一一頁。

(41) H. Warnke, *op. cit.*, S. 29 sq.（邦訳、前掲書、四一頁以下）。

第二節　革命の発生

戦争の勃発とともに社会民主党及び労働組合の指導部は、いわゆる城内平和（Burgfriede）の旗幟を鮮明にするに及んで、ここに彼らは名実ともに体制内的存在《インズ》となり、一般大衆もまた戦争によってよび起されたショーヴィニズムの渦中に巻き込まれるに至った。* このようにして、戦争という非常事態に臨んで、社会的緊張は著しく緩和され、国家の統合力は昂揚した。しかし、時の経過とともに国家の侵略的な戦争政策が露骨化するにつれ、かかる戦争政策に反対して支配機構に挑戦する分子が次第に擡頭してきた。そして、社会民主党の主流派、いわゆる「社会愛国主義者」**(Sozialpatrioten)に反対して反軍国主義・平和主義を標榜したいわゆる「社会平和主義者」(Sozial-pazifisten)、及び戦争を内乱へ誘導しようとしたいわゆる「社会革命主義者」(Sozialrevolutionären)(1)は、次第に党主流派との対立を深め、両者は遂に一九一七年春に党から分離して独立社会民主党を創設するに至った。「社会革命主義者」はスパルタクス団(Spartakus-Bund)とよばれ、彼らは積極的な反体制的運動を行ったが、しかし、革命勃発直前においてもその数は僅か数千名を数えるにすぎず、支配機構に対する大きな脅威となることは出来なかった。*** 他方「社会平和主義者」は、戦争が長期化するとともに次第に多くの支持者を獲得するに至ったが、しかし、先ず第一に、その理論が人間の主体的行動を無視した、客観主義的発展理論を基調とするものであったため、戦争という非常事態に臨んで権力との赤裸々な対決に徹することが出来なかったこと、第二に、帝国主義及び帝国主義戦争に対する見解がマルクス主義者として透徹性を欠いていたこと、等の故に、結局彼らは、スパルタクス団のローザによって「無力への途」を歩むものと非難されたごとく、ただ戦争の終結を望む消極的な態度に終結し、スパルタクス団のごとき積極的な対戦争政策及び反戦活動を展開することが出来なかった。このようにして、戦時下において政府反対派の中枢を占めていた「社会平和主義者」もまた、支配機構に対するエリートとしての指導性を発揮することが出来なかった。****

* すでに《国民的《ナチオナル》》なものへの傾斜を多分にもっていた一般大衆は、戦争の勃発という既成事実《フェタ・コンプリ》、並びにそれに対する政府

及び労働運動指導者の正当化《ジャスティフィケーション》の試みに対して強い反応を示し、やがてショーヴィニズムがドイツ全土に蔓延するに至ったが、しかし、戦争勃発の当初に、一般大衆及び労働運動の下層《サブ》エリートの間になお、戦争に対して消極的な態度を持するものが存在していたことは、種々の史料から否定することの出来ない事実であろう。しかし、これらのエネルギーの多くもまた、先にあげた諸理由の外に、とくに社会民主党及び労働組合の中央集権的な組織の力によって、結局体制の側に吸収されるに至った。労働運動の諸組織が大衆統合に対して果したこのような役割については、当時における有数の軍事評論家デルブリュック（H. Delbrück）もまた指摘するところであり、彼はこの点にふれて、「これら大衆組織の代りに、数百万の労働者が個々人として国家に相対した場合を考えてみよう。そのような場合には、彼らの多くは恐らく、動員に対し、たとえ積極的にではなくとも、消極的に抵抗を行ったであろう。一八七〇年以前には、動員の行われる場合、少からざる場所で武力の介入がなされなければならなかった。一八一三年においてさえかかる事態がそこここで発生した。ところが、このような事件は当時においては全く起らなかったのである」とのべている(2)。

＊＊　「社会愛国主義者」の中には、ドイツ軍隊をイギリス帝国主義に対する世界革命（Weltrevolution！）の担い手《トレーガー》と考え、ベートマン・ホルヴェーク（Bethmann Hollweg）をこの世界革命の指導者であるとしたレンシュ（P. Lensch）のごとき(3)、「社会帝国主義者」（Sozialimperialisten）も存在していた。

＊＊＊　「社会革命主義者」の戦争に対する態度をもっとも端的に示すものは、リープクネヒト（K. Liebknecht）が、一九一五年彼自身の反戦運動に対する公判の席上発表した声明書であり、彼はその中で、「ボナパルト風の、Plutôt la guerre que l'insurrection！（叛乱よりもむしろ戦争を！）ではなく、社会主義的な、Plutôt l'insurrection, plutôt la révolution que la guerre！（戦争よりもむしろ叛乱を、革命を！）」と絶叫している(4)。ドイツの「社会革命主義者」は、《自国政府の敗北》という線を打出さなかった点において、レーニンと異るが、ドイツにおいては、敗戦が確定したのちに革命が勃発したため、この相違も具体的な戦術のちがいとなってあらわれることはなかった。なお、大戦下におけるスパルタクス団の員数について、リスト（W. Rist）は数百名といい(5)、フレーリッヒ（P. Fröhlich）は数千名という(6)。

＊＊＊＊　大戦下における「社会愛国主義者」及び「社会革命主義者」の立場は比較的明瞭であるが、「社会平和主義者」に関しては、それが戦前の社会民主党といかに聯関し、また大戦下においていかなる立場をとったかということは、非常にデリ

ケートな問題であり、また更に「社会平和主義者」は政府反対派の主流をなし、従って国家権力に対して大きな影響を与えうる立場にあったので、これについてはやや詳しくふれることにしたい。

大戦下における「社会平和主義者」の主流は戦前のマルクス主義中央派の後裔であり、その理論もマルクス主義中央派の理論の発展である。そして、彼らの理論的中心はカウツキーであったので、主として彼の所説を検討することによって、「社会平和主義者」の立場を概観する。カウツキーは一九〇五年、フランス社会党機関紙「ラ・ヴィ・ソシャリスト」(La Vie Socialiste) の質問に答えて、「愛国主義、戦争及び社会民主主義」と題する論文を、「ノイエ・ツァイト」(Die Neue Zeit) に発表した。(7) この中で、彼は論じて、マルクスは一八四八年七月二日に「新ラインラント新聞」(Neue Rheinische Zeitung) において、ロシアに対する攻撃戦争を主張しており、一八七〇年の普仏戦争に際してはナポレオン三世の敗北を希望した、要するにマルクス主義の立場は、《プロレタリア階級の利益》という観点から決定されてきたのである、そして、戦争が勃発した場合に、防衛戦争であるか侵略戦争であるかを判別することは実際上不可能であるから、《プロレタリア階級の利益》という観点に立つ以外には戦争に対する態度は決定しえない、従って将来ロシアに革命が起り、これに刺戟されてフランスにもまたプロレタリア政権が出来、その際ヨーロッパの諸王国が連合してロシア革命に当り、フランス共和国がロシアに加担するというがごとき事態が発生した場合には、国際的社会民主主義は、このフランス・ロシアの連合に反対することは出来ない、とのべている。ここでは、次の戦争は共和国対王国という形で起るものと考えられているが、しかし、彼としては、社会主義政党はその強力な存在及びその革命的プログラムによってすでに政府の脅威となっており、戦争が起るならば、資本主義体制そのものが崩壊するであろうことは政府もよくしっているから、戦争は容易には起りえないであろう、従って、社会主義政党はそのプログラムに基いて闘争を続け、その勢力を増大することに努めればよい、しかし、もしも戦争が起った場合には、プロレタリアにはそれを阻止する力はないが、そういう戦争は革命への端緒となるであろう、と論じている。ここでは、戦争が発生した場合における戦術についてはは何らふれられていないが、カウツキーのこの理論は第一次世界大戦前のマルクス主義の代表的見解であり、レーニンもこれを支持したのである。(8)

一九一四年八月一日に宣戦が布告され、臨時軍事予算案の投票を明日に控えた八月三日、世上の注視のうちに社会民主党議員団の会合が行われたが、席上、政府が侵略を行わないという保証を提供する場合には臨時軍事予算案に賛成し、しからざる場合にはこれを否決するという提案がなされたが、それは外ならぬカウツキーの提案であった。(9)しかし、この主張は結局受けいれられず、議員団は七八票対一四票で臨時軍事予算案に賛成することに決した。カウツキーの以上のような提案は明らかに戦前の彼の主張とは矛盾している。けれども、この矛盾は、一九一四年一〇月二日、彼が「ノイエ・ツァイト」に寄せた論文によって理解することが出来る。(10)彼は、この中で、《国土防衛》という第三の基準のみが決定的な意味をもつといっている。勿論、彼は戦争そのものに賛成したのではない。彼によれば、ツァー・ロシアに対して戦うというスローガンも、ロシアに労働者階級が擡頭してきた今日ではもはや正しくないとされた。そして、戦争は結局プロレタリア及びデモクラシーのためにはマイナスであり、戦争は政府が行うものであって、国民大衆との間には直接的関係は存在しない、けれども、敵が国境を侵犯することは国民にとって決定的な損害であるから、敵の侵略に対しては国土を守らなければならない。以上が彼の見解であった。しかし一九一四年一一月二七日の「ノイエ・ツァイト」においては、彼は以上とは異った理論を展開している。(11)彼はこの論文では再び《プロレタリア階級の利益》という観点が第一義的であるという見解に戻った。しかし、《プロレタリア階級の利益》という観点に立っても、各国の社会主義者は夫々独自に判断を下すのであり、従って、社会主義者が社会主義者と戦うということもあるとのべ、理論的には、プロレタリア国際主義をとりつつも、実際には一〇月二日の論説と同じ結果に帰着している。しかし、この点に関して彼は、このような各国社会主義者の相剋は、《プロレタリア階級の利益》という基準に基いて行われているのであるから、それは国際主義と矛盾せず、しかも、一八七〇年の普仏戦争におけるように、戦局が進展し事態が明確化すれば、結局社会主義者は一致するであろうと、楽観的な見解をのべている。彼は、このようにして、一旦放棄した《プロレタリア階級の利益》という基準を、曲りなりにも再び持ち出したのであるが、彼の所謂《プロレタリア階級の利益》という観点は、彼においては、戦争勃発とともに甚しく動揺したことは争えない。戦前において、プロレタリアの対戦争政策は専ら《プロレタリア階級の利益》という観点からのみ決定しうると断言していたカウツキーは、戦争が勃発するや、彼のいわゆる《プロレタリア階級の利益》という観点が何ら積極的な基準になりえないという深いディレンマに陥ったのである。それならば、このディレンマは何に由来しているのであろうか。

先ず第一に、マルクス主義中央派の理論は革命的なものではあったが、同時にそこには決定論的な客観主義が強く脈うっていた。エンゲルスが、エルフルト綱領（Erfurter Programm）に関する批判の中で、日和見主義と非難したのは、エルフルト綱領の中に現存の権力関係を無視する安易な発展理論が存在していたからである。かかる客観主義は、理論においては革命的、実践においては改良主義的という現象を生ぜしめた所以のものであり、この消極的な外見的革命主義は、開戦によって権力との赤裸々な対決に迫られたとき、この国家権力との対決に徹することが出来ず、結局戦争を遂行する政府には反対であるが、敵の侵入に対しては戦わねばならないというディレンマに陥り、結局《プロレタリア階級の利益》という観点を貫徹することが出来なくなったのである。そして、遂に無力な平和主義の立場へ移行しなければならなかった。ローザは、このようなマルクス主義中央派の進退を非難して、彼らは現実の嵐に襲われるや、俄かに「権力への途」（Weg der Macht）（カウツキーが一九〇五年に著した著書の名）から、「無力への途」（Weg der Ohnmacht）へと方向転換したといっているが、(12)この「無力への途」への傾向は、すでに戦前から存在していたのである。

第二に、この第一次世界大戦は、これまでの戦争とは異り、資本主義諸大国が二つの陣営に分れて戦う帝国主義戦争であり、ここでは、マルクス以来社会主義の仇敵とされてきたツァー・ロシアと先進資本主義国イギリスとが結んで、帝制ドイツ及びオーストリア・ハンガリーと対峙したのである。このような事態の下においては、《プロレタリア階級の利益》という観点に立つとしても、カウツキーが考えていたように、いかなる国家の側に加担することがプロレタリアの解放に役立つかということで態度を決するという対戦争政策は適用しえず、マルクス主義としては、全く新しい対戦争政策を打出さなければならなかった。カウツキーのディレンマの根本はここにあったのである。しかし、このディレンマから脱け出るためには、帝国主義及び帝国主義戦争に対する徹底した見解を必要とした。しかしながら、中央派は帝国主義を資本主義の必然的発展段階としてはみずに、むしろ一つの偶発的な現象と考え、また帝国主義戦争の結末を洞察することが出来なかったため、(13)彼らには、この戦争に対して積極性をもった政策、戦争を内乱へという政策を打出すことは不可能であった。

これらのことに加えて、更に、彼ら指導者の大衆指導に関する考え方は大戦下においてもなお極めて消極的であり、のち革命派に接近したレーデブーア（G. Ledebour）ですら、一九一七年の党大会において、党の指導性を否定し、「大衆運動は指導者によってはじめられるものではない。大衆が自発的に立上ったとき、(14)彼らは自ら行動する。そして、指導者は彼らに従い、また彼らを防衛しなければならないのである」とのべている。もとより、大衆の自発性を強調し、党の役割を軽視する傾向は、ボルシェヴィキと比較をすれば、当時のドイツ社会主義運動のエリートに多かれ少かれ共通する特徴であったが、しかし、この点に関しては、「社会平和主義者」の態度は、理論的にもまた実践的にも、「社会革命主義者」のそれより遙かに徹底していた。かくして、彼らは、ただ只管に平和を齎そうとする平和主義者となり、積極的に革命を誘導するエリートとはなりえなかったのである。なお、本節で後述される「オプロイテ」(Obleute)は元来「社会平和主義者」であったが、敗戦が明確化するとともに、むしろ革命派に属するに至った。しかし、革命勃発以前においては、独立社会民主党の主流は中央派に掌握され、「革命的オプロイテ」は、党にとっては一つの外郭団体にすぎず、またそれ自身地方的組織以上に出るものではなかった。

最後に、大戦下に独立社会民主党がいかなる勢力を有していたかについて一言したい。独立社会民主党系の実勢力を正確に測定しうる史料は現在のところ存在していないが、たしかに、開戦当時の劣勢は時の経過とともに次第にとり戻され、軍事予算案の投票に棄権乃至反対する議員は増加した。そして、一九一六年九月の社会民主党全国大会(分裂前)においては、社会民主党系すなわち多数派社会民主党系の代議員は二七六名、独立社会民主党系の代議員は一六九名であった。この代議員選出の方法は独立社会民主党系のものに不利であったといわれているにもかかわらず(15)、ともかくも、独立社会民主党系の進出は著しかった。しかし、一九一七年三月のベルリンにおける補欠選挙では、独立社会民主党系を代表して立ったメーリンク(F. Mehring)は、多数派社会民主党系の候補者が一六、八八一票をえたのに対し、僅か五、〇一〇票をえたにすぎなかった。但し、これは政府の弾圧下に行われた選挙であるので、その数字は両者の勢力分布を示す指標とはなりえない。けれども、一九一八年一〇月ベルリンで行われた補欠選挙でも独立社会民主党が惨敗していることを考えれば(16)、独立社会民主党は、その著しい進出にもかかわらず、社会主義陣営において依然として少数派であったことは疑いがない(17)。そして、革命勃発当時、独立社会民主党の党員数はほぼ一〇万名であったといわれている。なお、ここでいう独立社会民主党の中には「社会革命主義者」も含まれるが、「社会革命主義者」が極めて少数の集団にすぎなかったことについてはすでにふれた。

しかし、体制の変革はドイツ軍隊の敗北とともに、「上から」遂行されることとなった。そもそも、戦争の勃発に際して、ドイツの軍部は、二面作戦の不利を予想してたてられたシュリーフェン・プランに基き、短期間に勝敗の帰趨を決しようとしたが、この計画は蹉跌し、戦争は固定的な塹壕戦に陥った。このような戦線の固定を打破せんがために、以後しばしば厖大な人力及び物力の消耗が行われ、戦争は歴史はじまって以来最初の総力戦の様相を呈するに至った。そのようなうちに、一九一七年ロシアはボルシェヴィキ革命の発生によって先ず戦線から脱落したので、その結果、東部戦線における負担を軽減されたドイツは、ここに一八一八年三月末、西部戦線においていわゆる春季攻勢を開始した。これは部分的成功を収めはしたが、アメリカ軍の参戦により装備及び予備軍の点において著しく優勢となった聯合国はこの戦争を支え、ついで六月にはフォシュ（F. Foch）将軍の指揮の下に反攻が開始され、八月、ドイツ軍はアミアン（Amiens）において、イギリス軍の攻撃によって決定的な敗北を蒙るに至った。かくするうちに、九月一四日に至ってオーストリアはウィルソンに和をこい、九月二七日にはブルガリアが戦線から脱落した。ここに及んでドイツ参謀本部は同月二八日遂に休戦を求めることに意を決すると共に、同時に、内政面において、和平交渉を進める前提条件として政府の民主的改造を要求するに至った。かくして、一〇月四日マックス・フォン・バーデン（Max von Baden）を宰相とし、議会多数派（進歩人民党、中央党 Zentrumspartei、多数派社会民主党）からなる政府が組織され、他方、参謀本部次長ルーデンドルフ（E. Ludendorff）の督促に強いられて、マックスはウィルソンへ平和締結の申入れを行った。議会多数派は、一九一七年七月帝国議会において平和決議案を採択して以来、「和解による平和」（Verständigungsfriede）を主張してきたので、今ここに、平和への試歩が、《和解の平和》を標榜する政府によって試みられることとなった。かくして、四年有余の間きびしい生活条件の下に保たれてきた一般大衆の緊張は解かれ、大衆のエネルギーは平和への欲求となって次第に高まっていった。しかし、宰相マックスは元来この時期に平和を要請することに反対であり、参謀本部に強いられたためウィルソンのいわゆる一四箇条に基く平和を要請することになったのである。従って、彼としては、和平交渉に当り敵対国によって不当な条件が課せられる場合には、《国民蜂起》(Nationale Verteidigung ; levée en masse) によって最後の抵抗を試みようと考えていた。[18] このように、ドイツ政府の側にはなお条件を吟味しようという考え方があり、また、ドイツのこの平和提案に対して聯合国の対応は緩慢であったので、和平交渉は一向に進捗しなかった。他方、内政面においては、一〇月二二日から二六日まで帝国議会が開かれ、ウィルソンの休戦に関する通牒に刺戟されて政治の民主化の問題が論議された。そして、その結果二六日には憲法の改正が行われて、議会に対する宰相の責任制が確立され、陸海軍将校の任免権もまた政府が関与することに改められた。しかし、一般大衆の平和への欲求は四年有余の耐乏辛苦の中から生れた生々しい要求であり、かかる大衆のエネルギーを、これら「上から」の、しかも、多分に「外から」の圧力による改革のみによって吸収することは不可能であった。* そして遂に世上には、平和締結のために国家の象徴である皇帝の退位を求める声があげられるに至った。[19]

＊　「上から」の改革が開始せられたのち、帝国議会は一〇月五日マックスの就任演説を行うため一日開かれただけで休会になり、そののちも、憲法改正のために二二日から二六日まで開会されたのみで、結局革命まで休会した。ローゼンベルクは、このように休会が続いたということは、まことに不可解なことであるとのべているが、[20] たしかに、かかる怠慢な議会活動によっては、「下から」のエネルギーを吸収することは到底不可能であった。

まさにこのような中で、一〇月二九日及び三〇日、ヴィルヘルムスハーフェン (Wilhelmshaven) のシリッヒ (Schillig) 埠頭において水兵の叛乱が勃発した。この叛乱は提督ヒッパー (von Hipper) がシリッヒ埠頭に集結した艦隊に対して出撃命令を出したことにはじまる。この命令はイギリス艦隊との海戦を企図したものであるが、元来この計画はすでに六ヵ月以前から企てられていたのであり、また、その施行に当ってマックスは事前には何ら通報に接しなかったものの、事後、彼も主旨としてはこれに賛成であることを認めたごとく、この計画自体は、戦略的には必ずしも無謀な自殺行為を強いるものではなかった。しかし、この計画は、平和を熱望し、和平交渉の迅速な成立を期待してやまない水兵の当時の心理状態を全く無視したものであり、かかる意味において無謀な措置であったといわなければならない。当時水兵の間では、もしイギリスが攻撃してきた場合には最後まで戦闘を行うが、自ら攻撃に出るべきではないという考え方が支配的であった。(21) このように、水兵の間には本来叛乱への意図はなく、彼らはただ只管に平和の到来を希求していたのであるが、その平和が破壊されると考えるに至ったとき、ここに彼らははじめて行動に訴え、同時に軍隊内における抑圧からの解放をも叫ぶに至ったのである。従って、この叛乱には政府及び議会多数派に対する反抗という面は何ら存しなかった。たとえば、軍艦「チューリンゲン」(Thüringen) ではシェーア (R. Scheer) 提督の肖像が破壊されてそのあとに新聞から切りとったシャイデマンの肖像が貼られ、シャイデマン万歳が唱えられた。また、たとえば、一〇月三〇日夕方、興奮した水兵は、彼らの欲するものは何かという将校の問いに答えて、「われわれはエルツベルガー〔中央党所属の閣僚〕を欲する」と答えたのである。(22) 軍艦「チューリンゲン」及び「ヘルゴラント」(Helgoland) に揚げられた叛乱の烽火は、ヒッパーの命令を中止せしめただけではない。この烽火は更に、叛乱の発生とともにキール (Kiel) に帰航した第三艦隊によって陸上へも伝播されるに至った。三日キールではシリッヒ埠頭の暴動の廉で監禁された水兵の釈放を求めるデモンストレーションが行われ、これは守備隊の発砲によって若干の犠牲者を出して鎮圧されたが、三日夜から四日にかけて兵士協議会が、更に四日には労働者協議会が選出され、キールは遂に叛乱者によって掌握された。しかし、彼ら水兵には自ら要求すべき事項についての明確な認識がなく、提督との交渉においても、彼らはただ休日の増加、敬礼の廃止、勤務の軽減等を要求したにすぎなかった。(23) しかし、叛乱者側の政治意識の低さもさることながら、他方この叛逆に当っては、支配者側の無抵抗性もまた著しかった。アメリカの新聞記者ブートン (S. M. Bouton) は、キールの叛乱において、水兵側に抵抗して死亡した将校は僅かに三名であり、その他巡邏兵によって自宅で射殺された司令官を含めても、この叛乱による支配者側の犠牲者はたった四名にすぎなかったことに驚嘆している。(24) 以上のような混沌のうちに、四日夕方政府から派遣されたノスケがキールに到着し、ついで彼はキール提督に選出され、彼による事態鎮撫の努力が成功して、八日にはキールは殆ど平静に復した。

しかし、平和及び抑圧からの解放への欲求は全国津々浦々に充満しており、叛乱の波及する条件はすでに充分整っていた。かくして、叛乱の火の手は少数の水兵の手によっていち早く沿海地方に伝播され、殆どすべての港町には労兵協議会が設けられるに至った。またケルン (Köln) のごときは、数百名の水兵が同地に向いつつあるという噂だけで革命運動が勃発した。(25) そして、遂に革命は南独ミュンヒェンにも波及した。そもそもバイエルンは、一〇月末におけるハプスブルク帝国の崩壊後この方面からする聯合国の侵入を恐れざるをえず、すでに単独講和を要求するパンフレットが流布されており、(26) ベルリンにおいてもまた一一月二日の閣議ではバイエルンの単独講和が論議のまととなっていた。(27) バイエルンは単独で講和を結ぶことを考えなければならぬほど戦争の継続を恐れ、平和への要求にかり立てられていたのである。かくして三日午前、テレジエンヴィーゼ (Theresienwiese) において平和のための示威運動が独立社会民主党の主催によって行われた。そして、この示威運動の参加者の一部は更にシュターデルハイム (Stadelheim) 刑務所に押し寄せて、一九一八年一月のストライキによって投獄されていた政治犯の釈放を求め、結局その要求を貫徹した。かかる国家権力の譲歩によって大衆の意気はますます昂揚し、五日独立社会民主党の主催によって再びテレジエンヴィーゼにおいて大集会が催されたとき、独立社会民主党の指導者アイスナー（K. Eisner）は、政府は二、三日のうちに崩壊するであろうとのべて、焦立つ大衆をなだめる側に廻らねばならなかった。このように増大する緊張のうちに、キールにおける叛乱勃発の報道が伝えられ、事態は一層緊迫化するに至った。かかる革命的な情勢の進展にかんがみ、社会民主党もまた運動に加わることに意を決し、そのイニシアティヴによって、七日午後ミュンヒェンにおいてデモンストレーションが決行されることになった。これは参加者一五万から二〇万と称せられるほどの大規模なデモンストレーションになったが、しかし、社会民主党の目的は、バイエルン政府に戦争の即時終結、皇帝の退位等の要求を手交することの以上に出るものではなかった。そして、デモンストレーションは社会民主党が予定していた通り、平穏裡に終るかのように思われた。しかし、この運動には兵士の一隊も参加しており、彼らは社会民主党の意図をこえて、兵舎に押し寄せ、将校の手からそれを解放するとともに兵士協議会をも組織するに至った。他方、このデモンストレーションには独立社会民主党も参加して労兵協議会の設立を要求していたが、デモンストレーション解散後も彼らは活動を続け、社会民主党を無視して独自の立場で労働者協議会を組織した。のち右の労働者協議会と兵士協議会とは合体し、混乱のうちにミュンヒェンは協議会の支配に帰することとなった。アイスナーは八日未明労兵農協議会の議長として共和国を宣する布告を発し、ここにバイエルン共和国が誕生するに至った。しかし、この布告の中で、この変革は、敵の軍隊が国境を越えて侵入してこぬうちに、人民自らの手で事態の進展を可能にするための必須の措置であったとのべられてあり、これは、ミュンヒェンの革命が平和に対する差迫った要求から勃発した経緯を如実に示すものであろう。このようにして革命は成功をみたが、革命運動におけるエリートは大衆の厖大なエネルギーを充分にコントロールすることが出来ず、従って、この革命は、エリートの指導性という観点からみれば、甚しく無秩序なものであった。このことは、社会民主党の追従的な、しかも終始妥協的な行動、五日におけるアイスナーの態度及び革命当日の情勢からもしりうるところであるが、更にこのことは、次のようなエピソードによってより端的に示されている。すなわち、ミュンヒェン郊外に駐屯していた一中尉が、連絡のために国防省を訪れたが、すでに革命が勃発したのちであり、将校はいち早く逃亡してしまっていたので、そこには一人の同僚を見出すことも出来なかった。そこで、彼はやむなく国防省を退去しようとしたが、そこに居合せた軍人の中ではたまたま彼がもっとも高位高官であったので、結局彼が国防大臣の地位に推され、ここに、革命におけるもっとも重要な地位の一つが、偶然によって決定されることとなったのである。このエピソードはミュンヒェンの革命の無秩序性を表徴するものであるが、また同時にこれは、三日の小デモンストレーションに対する国家権力の譲歩とともに、支配階級の無抵抗性を端的に示すものであろう。(28)

以上にのべたキールの叛乱及びミュンヒェンの革命は、まさにドイツ革命の前奏曲をなすものであったが、これらには三つの共通した特徴が見出される。先ず第一の特徴は、キール及びミュンヒェンはともに戦争継続をもっとも恐れざるをえない地点であったことである。従って、そこにおける反抗のエネルギーは、大衆の肉体的に感じとられた、生々しい要求から起ったのであり、それだけにその力は絶大なものとなりえたのである。第二の特徴は、叛乱乃至革命の無秩序性である。これは、キールはもとよりミュンヒェンにおいても、平和及び抑圧からの解放を求める大衆心理から発生した「下から」のエネルギーを、エリートが充分消化することが出来なかったことを示している。第三の特徴は、軍隊の瓦解及び支配階級の無抵抗性である。これは、国家権力の基礎とくにその物理的強制力が機能しえなくなったことを意味する。そしてこのことは、革命の側に立つエリートの充分な指導性のないままで、混沌のうちに叛乱乃至革命が成功しえた一因である。以上のこれらの特徴は単に地方的なものではなく、一一月九日のベルリンの革命にも妥当するが、ドイツ帝国の帰趨はこのベルリンの動向によって決定されたのであるから、以下ベルリンにおける革命の経過を考察することによつて、革命発生の特質に関するより詳細な分析を試みることにしたい。

さて、ベルリンにはいわゆる「革命的オプロイテ」が存在し、戦時下においてもある程度の政治運動を展開していたので、ベルリンにおける革命への発展をみるに当ってはこの「革命的オプロイテ」の動向を無視することは出来ない。そもそも、ベルリンにおける大企業の中に強力な組織網をもっていた金属工業労働者聯合（Metallarbeiter-verband）の内部に分裂が起り、R・ミュラー（R. Müller）を中心とする反対派の代表がいわゆる「オプロイテ」を形成したのは、一九一六年のことであった。そして、彼らは、一九一六年六月、一九一七年七月及び一九一八年一月の三回のストライキにおいて、つねに指導的な役割を演じた。(29) 一九一八年一月のストライキは、ブレスト・リトウスク会議におけるドイツ政府の侵略政策に反対して行われたものであったが、この結果R・ミュラーが兵籍に編入されるに及んで、代ってバルトが選ばれて「革命的オプロイテ」の中心となるに至った。(30) そして、八月のはじめにおける第二のマルヌの敗戦ののち、「革命的オプロイテ」の間にその武装隊としてはじめて突撃隊が組織され、その後の戦況において敗色が濃厚となるに伴い、「革命的オプロイテ」の組織は次第に強化された。九月にはR・ミュラーが召集解除となり、一〇月二一日にはドイツ共産党の前身であるスパルタクス団のリープクネヒトが釈放されることとなった。ついで一〇月末には、スパルタクス団と「革命的オプロイテ」との間で連携工作が進められ、とらるべき戦術に関する種々の打合せが行われるに至った。リープクネヒトの手記によれば、すでに一〇月二六日のオプロイテの会議において（リープクネヒトも参加）、《国民蜂起》が宣告された場合には、革命を「万事を賭して決行する」旨が決議された。(31) 《国民蜂起》という戦争継続政策が断行された場合に、それに対する国民の反抗を革命への契機たらしめようとしたことは、彼ら革命派が、戦争の廃墟の中から、平和への大衆の欲求を基盤として発生してゆくこの革命の特徴を正確に理解していたものとして示唆するところが多い。* しかし、これら革命派の組織は決して充分なものではなかった。「革命的オプロイテ」の指導者バルト自ら、一〇月三〇日の幹部会においてこれを認めている。すなわち、リープクネヒトが武装デモンストレーションに賛成し、「革命的オプロイテ」、武装突撃隊の存在にふれたとき、バルトは、「革命的オプロイテ」や突撃隊は一体どこにあるのか、現在のところ、少数の組合反対派が存在しているにすぎず、また、突撃隊などは伝説的（legendhaft）なものにすぎぬとはげしく反駁している。(32)

＊　なお、独立社会民主党の領袖ハーゼは一〇月末、独立社会民主党としては皇帝退位問題には余り興味をもっていない、党にとって重要なことは《国民蜂起》が行われないことであるとジモンス（W. Simons）に語っている。これを《国民蜂起》を革命へ転化しようとした「革命的オプロイテ」の態度と比較するならば、ハーゼの革命に対する消極性が明らかになるであろう。(33)

しかし、一〇月末に近づくにつれ、ベルリンの情勢は次第に険悪の度を深めていた。一〇月二八日社会民主党機関紙「フォアヴェルツ」（Vorwärts）は、「ドイツ国民は、武装をしていなくとも、平和会議の重要なメンバーとなるであろう。……また武装がなくとも、平和会議において無抵抗におわることはないであろう」とのべて武力による抵抗を否定する立場を公にした。このことは、マックスをして、社会民主党もまた《国民蜂起》を放棄するに至ったかと深く慨嘆せしめたが、[34] もとより《国民蜂起》は国家に対する国民の最大限の忠誠を前提としてはじめて可能なものであり、大衆の動向に細心の注意を払っていた社会民主党としては、敗戦に基く平和運動が昂揚してきた今日、国民からかかる高度の忠誠をなお期待することが出来なかったのである。社会民主党指導者の意識に映じたように、たしかに社会の分解過程は急速に進んでいた。上述のように、革命派が《国民蜂起》の布告とともに革命のための決戦に出ようと決意したのはこのような事情の下においてであった。しかしながら、彼ら革命派の眼にも、当時の客観的情勢は革命のために未だ充分成熟しているようには思われなかった。バルトは、同じく一〇月末の「革命的オプロイテ」の会議において、大衆の中に《千金の天恵》(Milliardensegen)への希望が残存しているので、現在はまだ革命的蜂起の時期ではないと力説している。[35] しかし、一一月に入るや情勢は日に日に緊迫化を加えた。かかる事態の進展にかんがみ、一一月二日午前、「革命的オプロイテ」の指導部、リープクネヒト、独立社会民主党左派のレーデブーアが会合し、一一月四日を期して武装突撃隊の指導の下にデモンストレーションを行い、革命の口火を切ることが決定された。そして、同日夕刻独立社会民主党指導部及びリープクネヒトを迎えて、「革命的オプロイテ」の総会が催され、席上バルトは、すでに《千金の天恵》を信じているものはない、革命の条件は成熟した、それは「見せかけ」(Schein)ではなく、「本物」(Sein)である、として、一一月四日に革命を断行すべきことを力説した。バルトの情勢判断が正鵠をえたものであったか否かは別として、「少数の組合反対派であるにすぎない」「革命的オプロイテ」が、「伝説的な存在にすぎない」突撃隊を使用して、革命を造り上げよう(machen)としたところに、ベルリンの情勢の著しい発展を看取すべきであろう。しかし、このようなバルトの主張に対して、独立社会民主党の指導者ディットマン（W. Dittmann）は、それは革命遊戯であり、敗北を招くことが目に見えているのになお革命について語ることは一種の犯罪行為であるとのべ、革命が云々される前に先ず平和の締結がなされなければならない、バルトの主張するがごとき軽率な行動に対しては一切責任をとることは出来ないと語った。そして、党の最高指導者であるハーゼ（H. Haase）もまた、ディットマンに賛成して、問題は平和の締結である旨を強調した。これらハーゼ及びディットマンの発言は、まさに独立社会民主党の主流を形成していた「社会平和主義者」の態度を端的に表明するものであったが、すでに単なる「社会平和主義者」の立場を棄てて、革命派としての立場に移行しつつあった「革命的オプロイテ」自身の中にも、或は準備の不足を唱え、或は全国の情勢に対する見通しの欠如から慎重論を唱えるものが多く、午前の幹部会で可決された武装蜂起案は、遂に二二票対一九票で否決されるに至った（投票権は「オプロイテ」のみに与えられ、中小企業の代表者が否決の側に廻った）。リープクネヒトは、問題は決戦（der Kampf）ではなく、個々の闘争（ein Kampf）であるという見地から、五日午前九時に大衆ストライキ、武装デモンストレーションを召集することを提案したが、この案も二票の賛成をえたのみで否決され、結局蜂起は一一月一一日に延期されることとなった。(36) しかし、ベルリンの不安は更に進んだ。マックスは、四週間以前には、毎朝起床と同時に戦線崩壊のニュースが入っているのではないかと心痛したのに対し、一一月四日頃には、朝な朝な国内戦線の瓦壊に対する恐怖に心を悩まさなければならなかった、と記している。(37) しかも、この間に、キールをはじめとしてドイツ各地には革命運動が波及していた。当時ベルリン軍司令官はキールの報道がベルリンに入ることを阻止して、革命が首都へ波及するのを防ごうとしたが、もとよりこれは不可能なことであった。(38) 全国的な革命運動からベルリンだけを遮蔽することは出来なかった。そして、ベルリン軍当局の抑圧的な態度は却って情勢を一層刺戟した。一一月四日には、「革命的オプロイテ」の一翼に参加していたヴァルツ（Walz）が逮捕され、一一月六日には軍当局は「革命的オプロイテ」の会合を襲撃した。そして更に、一一月七日には独立社会民主党の五つの集会が禁止され、八日には「革命的オプロイテ」の幹部の一人ドイミッヒ（E. Däumig）が逮捕されるに至った。他方、社会民主党幹部ダヴィット（E. David）は、皇帝の退位によって「大衆運動の背骨を折る」ことが出来ると期待していたが、その退位は皇帝の峻拒によって実現をみなかったので、ベルリンはますます革命の雰囲気につつまれた。エルツベルガーを団長とする休戦委員団はすでに六日夜フォシュ将軍の許へ出発していたが、このような処置は、もはやベルリンにおける事態の急速度な進展を阻止する役には立ちえなかった。かくして、リープクネヒトは八日その手記の中で、「大衆はもはや抑えつけておくことは出来ない。政府派社会主義者（Regierungssozialisten）はわれわれを出し抜くであろう(39)」と記している。そして、この日の夜、すなわち革命の前夜、R・ミュラーは、重装備をした歩兵部隊、機関銃部隊、軽野戦砲部隊が続々と街頭を行進してゆくのをみた。彼には革命が目前に迫っているように思われた。そして、「決戦の時が近づくや、私は締めつけられるような感情、階級の友プロレタリアへの非常な心痛に捉えられた。自分自身というものが時の偉大さの前には恥しいほど弱小なものに映じた。プロレタリアに歩むべき道を示すことの出来るような過ちのない指導者などというものはいない。歴史的経験のみが唯一の教師であり、自己解放への茨の道は、計り知りえない情熱によってのみではなく、数限りない誤謬によってのみ踏みかためられる(40)」と考えたのである。このように、R・ミュラーに自己の矮小さをなげかしめた革命の流れは、たしかに急調であった。もはや「革命的オプロイテ」とスパルタクス団との間に連絡をとる暇はなかった。また、彼ら自身の間においても纏まった会合を催すことは出来なかった。しかし、彼ら革命派としては、革命の波に乗り遅れることは出来なかった。そこで、バルトを中心とする「革命的オプロイテ」の一部は、八日夜会合して、社会主義共和国のための檄を発して労働者及び兵士に向って行動に出るよう訴えることとし*、また、レーデブーアら革命派の他の分子も帝国議会に会合し、九日に行動に移るべきことを決定して急使を工場に派遣した。**更に、九日の朝には、マイヤー（E. Meyer）らのスパルタクス団の一部が発した檄もまた街頭にあらわれるに至った***が、しかし、これら諸グループの活動が、相互に連絡をかいた、断片的な行動にすぎなかったということは疑いのないところである。のちにのべるごとく、九日に労働者大衆が街頭に出るであろうことは、社会民主党の下層《サブ》エリートもすでに充分感知していたところであり(41)、R・ミュラーも、九日の革命を計画準備したというバルトの叙述を《大言壮語》（Renommisterei）であると反駁している(42)。それらの点からも明らかなように、これら「革命的オプロイテ」、独立社会民主党左派、及びスパルタクス団の夫々一部分子による行動は、たしかに、革命の波のあとを追うたものにすぎなかった****。革命は、こうして、革命派が計画し予定していた一一月一一日を待たずに、二日も早く、一一月九日に勃発してしまったのである。

＊　檄文には一〇名の名が連ねられているが、バルトらの会合（夜八時—一二時半）に出席していたのは、バルトとバルトの腹心エッカート（P. Eckert）の二人だけであったことは、バルト自身の認めるところである(43)。また、R・ミュラーによれば、この会合で作成された檄はただ少数の工場にのみ配られたにすぎなかった(44)。

＊＊　帝国議会で行われたこの会合には、独立社会民主党左派に属する人々が多かったが、スパルタクス団からもまたピーク（W. Pieck）が参加していた。ピークは、この会合の結果、翌九日に蜂起を行うべき旨の檄が発せられたとのべ(45)、彼の著作・演説集にも、そのようなものとして檄文がのせられているが(46)、しかし、この檄文は実際にはバルトらの一派が発したところのものであり、一九二九年共産党の最高指導者の手によって編輯された『絵入ドイツ革命史』（*Illustrierte Geschichte der*

Deutschen Revolution）も、リープクネヒトの手記に依拠して、この会合においては署名入りの檄は発せられなかったとしている[47]（因みに、ピークのこれに関する著述は一九二八年に出版されたものである——なお、最近出版された『史料ドイツ共産党史』*Zur Geschichte der Kommunistischen Partei Deutschlands*, 1955 においては、一一月九日の檄としてはマイヤーの発したものがのせられている[48]）。

＊＊＊　スパルタクス団の檄にはリープクネヒトとマイヤーの名が連ねられているが、リープクネヒトはこの檄文の作成には与らず、配布後事後承認を与えた[49]。

＊＊＊＊　更に、別個に行動した指導者等が革命開始の時点を翌九日とすることに期せずして一致したこと、及び一一月四日及び一一日の武装蜂起案においては、デモンストレーションの順序などが綿密に計画されていたのに対し[50]、一一月九日のデモンストレーションはかかるスケデュールとは別個に、夫々各工場の指導者の指示に従って行われたことも考え合されなければならないであろう。なお、一一月九日の革命が少数の革命家の手によって行われたか、或は自然発生的に生起したかは、すでに、一九一九年の国民議会、当時における社会民主党及び独立社会民主党の党大会においても激しい論議の対象とされ、それ以後の論争においても、とくに八日から九日へかけての事件の推移が重要な問題として取り上げられている。わが国においても、猪木正道氏[51]及び村瀬興雄氏[52]は革命家乃至革命委員会の決断によって九日の革命がはじめられたとされている。この八日から九日へかけての経緯については、現在なお若干不明な点が残されているが、すでにのべたところからも理解されうるように統一的なリーダーシップという観点からすれば、八日における革命派の行動に左程の意味を与えることは困難であろう[53]（もとより、このことは、大衆の間におけるエリートの何らかの活動、とくに下層《サブ》エリートのそれのもつ意味を否定するものではない。なお、この点については後述参照）。

なお、この間にハーゼら独立社会民主党主流派がとった行動について一言すれば、ハーゼは、ベルリンにおける事態の革命的な進展をよそに、時恰も水兵の叛乱に当面していたキールの党支部の招きに応じて、六日、同地へ出発した（左派のレーデブーアは現在ベルリンを離れることは出来ないとして、キールへ赴くことを拒絶したので、代りにハーゼが行くこととなった[54]。そこで、ベルリンにおける独立社会民主党は党最高指導者の不在のうちに革命を迎えることとなり、このことは、革命派と連携をとりながらも、なお平和主義に固執し、革命に対して積極的な態度に出ようとしなかった党主流派の在来の傾向と相俟って、革命に際して彼らの消極性を一層助長した。かくして、ベルリンの党主流は革命の日に、党独自の立場から革命のための檄を発することもなく、また、社会民主党のイニシアティヴの下に行われた革命政権樹立の交渉に当っても、ハーゼの帰京するまで、その去就を決定することが出来なかったのである。以上のように、独立社会民主党主流派は革命において何ら指導的役割を演ずることが出来なかった。それならば、従来政府に協力し、また当時においては政府の一翼を構成していた社会民主党は、以上のようなベルリンの情勢に対していかなる態度をとったであろうか。

マックスの内閣に社会民主党を代表して参加したシャイデマンは、一〇月はじめの閣議において、皇帝退位問題に対して社会民主党はいかなる態度をとるかというマックスの問いに対して、ウィルソンが皇帝の退位を要求した場合には、これに反対の態度をとる旨を約した[55]。そして、ウィルソンから第三回目の回答をえた翌日、すなわち一〇月二四日の閣議においても、彼は、和平交渉の際皇帝退位問題は回避することが出来るであろうという希望をのべ、「外面的な国家形態」がどのようになるかなどということは、社会民主党にとってはとるに足らない問題であるとさえのべている[56]。しかし、その間ドイツ国内においては、平和締結の遅延に対する焦慮から皇帝の退位を要求する声が急速に高まり、ベルリン軍司令官はこの問題を公然討議することを禁止する命令を出すに至った。ここに至ってはじめて、シャイデマンは、マックスに対して、皇帝に自発的退位を勧めることを要求する書翰を送った（二九日）。それにもかかわらず、彼は一一月二日に至ってもなお、休戦の締結されるまで退位問題に関する社会民主党の要求を抑えようと努力した。[57] また、「フォアヴェルツ」は、なお五日にも、和平の実現は目前に迫っているとして、ここ数日間ストライキやデモンストレーションを行わぬよう民衆に訴えている。そして、六日、ベルリンにおいて、社会民主党幹部及び労働組合総委員会(Generalkommission der Gewerkschaften)代表者と参謀本部次長グレーナー(W. Gröner)との会見が行われた。グレーナーは、後年の一九二五年一〇月に行われた「匕首事件」(Dolchstossprozess)*審理の際に、このときの事情を次のように説明している。「革命のために努力していると思われるような言葉は誰からも一言も発せられず、反対にいかにしたならば王制を維持しうるかということが話題になりました」と。またグレーナーによれば、この席上エーベルトは、大衆が革命陣営に移行することを防ぎ、それと同時に革命そのものを阻止しようと思うならば、皇帝の退位は絶対に必要であるとのべ、更に、皇帝が今日中、遅くとも明日中に自発的に退位を宣言すること、また皇子アイテル・フリッツ(Eitel Fritz)かオスカー(Oskar)を摂政にすること、を提案したという。[58] もしこの証言のごとくであるとすれば、エーベルトは王制維持の方法について苦慮していただけではなく、このときにも未だなお皇帝の自発的退位に固執していたわけである。そして、グレーナーが皇帝の問題にはこの際ふれたくないとして、エーベルトの提案を拒否したとき、ジューデクム(A. Südekum)は、グレーナーに対して、エーベルトの提案に同意してもらいたい、さもなければ、誰も予測出来ないような破局が起るであろうと、目に涙を浮べて語ったといわれている。[59] このジューデクムの態度は、まさに、大衆の「下から」の運動と参謀本部の頑迷な態度との間に板挾みとなって途方にくれていた社会民主党幹部の態度を集約的に表現するものであった。彼ら社会民主党幹部がすでに大衆から浮き上った存在となっていることは、参謀本部将校の眼にも明らかであった。この会見が物別れに終った直後、政府附の参謀本部派遣将校であったヘフテン(G. Haeften)

は、グレーナーに対し、「これは革命です。これらの指導者はもはや大衆を掌握していません」と語っている。[60]ところで、シャイデマンは大衆のこのような動きを敏感に察知した。そこで彼は、六日夕方に行われた社会民主党議員団の会合において、皇帝が明日正午までに退位しない場合には、社会民主党閣僚を内閣から引上げるという最後通牒を政府に手交することを提案したが、これは多数のいれるところとならなかった。当時社会民主党議員団はこのような行為によって内閣が倒壊するのを恐れていたのである。[61]そして七日午前、マックスが、エーベルトに対して、自らスパ（Spa）に出掛けて皇帝の自発的退位を要求するが、その間（皇帝は一〇月三〇日ベルリンを逃れて参謀本部所在地のスパにいっていた）、社会民主党としては政府に協力を続けてもらいたいという申入れをしたとき、エーベルトは直ちにこれを諒承し、更にマックスに対して、「私は革命を欲しません。私はそれを罪悪のように嫌悪しています」[62]とのべたことは、余りにも有名なことである。しかし、社会民主党は早くもその日のうちにその態度を変えなければならなかった。すなわち、同日の社会民主党議員団の会合においては、前日に否決された最後通牒を採択しなければならない状態に立至ったのである。このときエーベルトは、同夜行われる諸集会でこの最後通牒を読み上げなければ、大衆は独立社会民主党の側に投ずるに至るであろうという判断を下すに至ったのである。[63]そして、この最後通牒が政府へ手交された直後、マックスの協力者の一人が、ダヴィットに対して、「何と不誠実なことでしょう。あなたと宰相との間で今朝約束が結ばれたばかりではありませんか」と難詰したとき、ダヴィットは、「そういわないで下さい。私もまたこのような事態を遺憾に思うのです。しかし、事態は私の頭を乗りこえて進んでいるのです」と語ったが、[64]これはまさに、社会民主党幹部の心痛を端的に表現するものに他ならなかった。まことに、大衆政党たることを標榜していた社会民主党は、大衆から遊離することをもっとも恐れていた。「個々の事件のすべてを是認することが出来ない場合でも、大衆から遊離しようとはしない」[65]（一一月七日の「フォアヴェルツ」）、というのが当時の社会民主党の信条であったのである。さて、最後通牒は手交されたものの、手交後開かれた閣議においては、シャイデマン自ら、休戦条約の締結までこの実施を延期する主旨の提案を行い、彼自らこの主旨に従って議員団に働きかける旨を約している。[66] そして、翌日正午を期限としたこの最後通牒の実施は、シャイデマンの約束通り、休戦の成立を妨げぬためという理由によって、休戦条約締結まで延期されることとなった。[67] しかし、革命的な情勢の進展については、工場労働者に接していた下層《サブ》エリートの方が遥かに敏感であった。八日夕方社会民主党に所属する工場労働者の代表がウンター・デン・リンデンに集合したとき、彼らは一斉に、明日労働者は街頭に出るであろう、もはやそれを抑えることは出来ない、と叫んだ。シャイデマンはこれに対して、明日午前九時までは行動に移ることを差控えるよう要求し、もしそれまでに退位が行われない場合には社会民主党閣僚は内閣を去る旨を約束して、専ら鎮撫に努めたのである。[68]

＊ 革命後、ルーデンドルフをはじめとする旧将校たちは、ドイツが敗北したのは、軍隊が敵に敗れたからではなく、帝国政府及び民間人が軍隊を支持せず、いわば匕首をもって背後から軍隊に切りつけたからである、と主張した。これが、「匕首伝説」(Dolchstosslegende) といわれるものである。一九二五年、「ミュンヒエナー・ポスト」(Münchner Post) の編輯者グバー (Guber) が、その紙上において、「匕首伝説」を唱えていたコスマン (Cossmann) 教授を非難して、彼の説は歴史的事実をゆがめ、政治生活を害するものであるとのべたとき、コスマンは、グバーのこの言説は自分の名誉を毀損するものであるとして、裁判所に告訴した。この事件を「匕首事件」[69] という。なお、この訴訟には事実関係確定のために、グレーナーをはじめとして多くの事件関係者が証人として喚問された。

かくして、一一月九日の朝を迎えた。この日の朝になってもなお退位が行われなかったので、シャイデマンは社会民主党内閣の引上げを政府側に通告したが、すでにそのとき、労働者のデモンストレーションは街に溢れ、平和、自由、パンと大書したプラカードを掲げて、彼らは街々を行進した。しかし、「頭脳と心とは、胃がパンを求めるよりも一層強く平和と自由とを叫び求めた」(70)といわれている。そして、この平和と自由とを求めるデモンストレーションの列には、兵士もまた参加した。曾って、一九〇一年に、ヴィルヘルム二世は、アレキサンダー兵舎竣工の式典に臨んで、「諸君らの新しい兵舎は、諸君らがつねに何を措いても守護しようとしている余の城の間近に、堅牢なる要塞のごとく聳え立っている。アレキサンダー大王聯隊は、いわば親衛隊として、日夜王とその一族のために、一旦緩急あれば水火をも辞せぬ覚悟をもつことをその本務と考えよ。そして、もしもベルリンが今一度一八四八年の際のごとく、破廉恥と叛逆とをもって王に反抗した場合には、諸君ら余の近衛兵は、銃剣をもって、破廉恥と叛逆の輩を取抑えることをその本務と考えよ」(71)とのべたのであったが、しかし、そのアレキサンダー聯隊も今や社会民主党の側に投じた。すなわち、この兵舎には、革命に対処するためにナウムブルク（Naumburg）から第四騎兵大隊が派遣されていたが、先ず彼らが社会民主党に忠誠を誓うに至り、ついで近衛兵もこの例に倣ったのである。(72)そして、革命に参加しなかった兵士もまた中立を宣言したので、革命は流血をみずに進行した。しかし、このことはまた、ドイツ帝国の権力的な主柱をなしていた将校団が、殆どみるべき抵抗を行わずに革命勢力に屈服したことによるところが少くない。(73)

さて、マックスはこの間しきりに皇帝の退位を要求し、またその知らせを待ち続けていたが、スパからは何ら確定的な回答がえられなかった。そこで、彼は、なお王制を救おうとする意図をもって、独断で皇帝退位の布告を公にした。* しかし、マックスのこの独断的処置も事態の進行をとどめることには役立たなかった。すなわち、正午頃この布告発布と殆ど時を同じうして、エーベルト、シャイデマンら社会民主党幹部の一行が宰相官邸を訪れ、政権の引渡しを要求した。その結果、「帝国憲法に従って」宰相の地位は、この革命の日に、エーベルトに引継がれた(但し、すでにこの日の午前、エーベルトは個人的にマックスと会談し、帝国宰相の地位を引継ぐことを承認していた)。しかし、午後二時、議会の食堂にあったシャイデマンは、そこに押し寄せて来た労働者及び兵士から議事堂前の大衆に演説するよう求められ、しかも、リープクネヒトが宮城のバルコニーから演説しているという話をきくに及んで、彼は議事堂の窓から屋外の大衆に向って演説し、リープクネヒトによる協議会《レーテ》共和国の宣言に先んじようとする意図をもって、独断で共和国を宣言した。これをしったエーベルトは、シャイデマンの独断を怒り、怒気を顔に発し、机を叩いて彼を難詰したが、しかし、社会民主党はまさにシャイデマンのこの独断的行動によって、ここに漸く革命の流れに追いつくことが出来たのである。独立社会民主党主流派には大衆の面前で共和国を宣するものはなく、また、リープクネヒトが宮城のバルコニーから社会主義共和国を宣したのは、実は午後四時のことであった(74)。

＊　スパの参謀本部にいたヴィルヘルム二世は、当時、皇帝の地位からは退くが、プロイセン王としての地位はもちつづけるという見解を抱いていた。従って、マックスの布告と皇帝の意志とは明らかに齟齬していたわけである。なお、マックスが独断的な布告を発した経緯については、現在なお疑問の余地があり、未だ事実を確定しうる段階に達していない。ワイマール共和国史に関するもっとも新しい研究の一つであるアイク (E. Eyck) の著書においては(75)、午前一一時に参謀本部から政府に、皇帝は退位を決意された、三〇分後に確定的な文書が到着するであろうという電話があり、マックスはこれに基いて布告を発した、とのべられている。これは、マックス自身の陳述に従ったものであるが、しかし、このマックスの陳述にはなお疑点があり、この点については、一一月九日の事件に関するヴェスタルプ (K. F. V. v. Westarp) の研究において詳

細に論ぜられている。[76] しかし、マックスの処置が独断であったという点については何ら疑問の余地がない。

そして、九日から一〇日にかけて、社会民主党のイニシアティヴの下に、同党と独立社会民主党との間に組閣交渉が行われ、結局一〇日に両党から三名ずつ、合計六名からなる人民委員協議会が成立をみた。なお、独立社会民主党の左派は、社会民主党との協力を嫌って、この協議会政府に参加しなかったので（但し、バルトは参加したが、しかし彼は左派の主流を代表しておらず、また政府部内においても孤立していた）、この政府は結局独立社会民主党右派を含む社会主義陣営の右翼によって形成されることとなった。社会民主党は、この際においても、労兵協議会が政治権力の一切を掌握すること、及び政府（＝内閣）からブルジョア政党の代表者を排除することに反対したが、結局彼らは譲歩した。しかし、組閣に当って社会民主党閣僚はいずれも要職を占め、エーベルトは内務及び軍事を、シャイデマンは財政を、ランツベルク（O. Landsberg）は新聞及び情報を担当した。かくして、国家権力の重要な支柱であるところの、物理的強制力、国家経済及び大衆説得の手段としてのマス・コミュニケーションは、いずれも社会民主党の手中に掌握されるに至った。[77] 革命の日に、シャイデマンの独断によって革命の流れに追いつくことの出来た社会民主党は、ここにはじめて国家権力の枢機を掌握することに成功したのである。そして、この協議会政府は一〇日夕方ブッシュ曲馬館（Zirkus Busch）に催されたベルリン労兵協議会（これについては後述する）の承認をえて、名実ともに革命政府として出発することになった。

以上において、大衆の現状打破のエネルギーと積極的或は消極的に革命の側に立とうとしたエリートとの関係を通して、革命の発生を詳細に追求してきたのであるが、次に角度をかえて、国家権力を支える諸要素が、革命への過程及び革命そのものにおいて、いかに動揺し且つ崩壊したかをのべることによって、つまり、革命のいわば裏面を考察することによって、ドイツ革命の発生及びその直接的な効果をより鮮明に浮彫りすることにしたい。

先ず、国家における物理的強制力とくに軍隊の問題であるが、敗戦を契機として起った、平和と自由とを求める運動によって国内の守備部隊が解体したことについては、革命運動を叙述する過程においてすでにふれたが、大衆運動が革命的な形態をとらなかった地方においても、軍当局は革命に対して何ら抵抗を示さなかった。たとえば、ブレスラウ（Breslau）においては、軍当局は人民協議会（Volksrat）の委員の来訪を待ちうけ、既成事実に従って（Auf den Boden der gegebenen Tatsachen）、直ちに兵士協議会との協力を約した、といわれている。[78] 国内における軍隊の状況は以上のごとくであったが、しかし、ドイツ軍隊の中核、すなわちヒンデンブルク（P. Hindenburg）を長とする参謀本部はベルギー領スパにあり、この支配下には、退却中であるとはいえ、なお将校の統率下にあった前線部隊が存在していた。そして、すでに一〇月三〇日ベルリンを逃れてスパに滞在していた皇帝は、この前線部隊を率いて、国内の革命運動を鎮圧しようと考えていたのである。しかし、グレーナーとヒンデンブルクとはすでに一一月八日夕方、敗戦及び革命運動の進展に基く兵士の志気の紊乱と、革命運動の発展による食糧及び部隊輸送の杜絶との故に、前線部隊を国内へ進撃させることの可能性を否定する結論に達していた。そして、九日午前情勢分析のために行われた御前会議において、グレーナーは皇帝の面前でこの見解を披瀝し、ヒンデンブルクもまたこれに同意の旨を告げた。他方、同じく九日午前、参謀本部の招聘によって三九名の前線部隊長がスパに集合したが、軍隊の状況に関する参謀本部の質問に対して、彼らは次のように回答した。先ず皇帝が軍隊を率いて国土を再び奪還することは可能なりや否やの質問に対して、否とするもの二三名、疑問とするもの一五名であり、これを可能と答えたものは僅か一名にすぎなかった。また、軍隊が武力をもってボルシェヴィキと闘うことは可能なりや否やの質問に対して、否とするもの八名、疑問とするもの一九名であり、残りの一二名も、かかる戦いのためには予め長期間の休息を必要とすると答えたのであった。(79) 以上のように、革命に対する抵抗力としての軍隊の機能に関しては、参謀本部首脳部のみでなく、前線部隊の将校もまたこれを否定した。そして、このように、革命の日に股肱と頼む将校団に見棄てられた皇帝は、いくたびかの逡巡ののち、遂に一〇日早朝オランダへ亡命するに至ったのである。以上のようにして、先ず国内における守備部隊が分解し、次に敗戦によってすでに志気の紊乱していた前線部隊が更に革命運動に感染することによって革命に対する抵抗力を失うに及んで、国内における物理的強制力としての軍隊の機能はすでに殆ど喪失されるに至ったが、更に在来の国家の象徴たる皇帝が国外に逃亡するという事態が発生することによって、皇帝への忠誠を中心に構成されていたドイツ軍隊とくにその将校団は、その精神的支柱をも失うこととなり、物理的強制力としての軍隊の解体はここにその烙印を押されるに至ったのである。*

* ただこの際のべておかなければならないことは、勝利の象徴であったヒンデンブルクがなお参謀本部総長としてとどまったことであり、以後将校団は彼を軍隊再建の中心人物とするようになった。エーベルトがグレーナーを介してヒンデンブルクと結んだことは、かかる意味において、歴史上重要な意味をもつものであった。この点については、第四章において詳述する。

以上のように、国家の物理的強制力は、敗戦とそれに基く平和運動とによって破壊された。しかし、ドイツ帝国の社会経済的基盤はいうまでもなく資本主義であり、しかも、一九世紀九〇年代以降著しくそのテンポを速めるに至ったドイツ産業の独占化は、戦争の進行とともに一段と進展をみた。従って、革命への過程において、また革命の発生後、資本家階級、とくに独占資本が急変する事態に対していかなる態度をとったかという問題は、既存支配機構にとっては極めて重要な意味をもつものであった。ドイツ鉄鋼産業家協会（Verein Deutscher Eisen- und Stahlindustrieller）の支配人ライヒャート（J. Reichert）が、一九一八年一二月三〇日、ラインラント・ヴェストファーレン地区商工会議所で語ったところによれば、電気産業経営者たちはすでに一九一八年五月に、たとえ戦争が勝敗を決しえなくして終るとしても、ドイツの経営者は独力で経営を続けてゆくことは出来ないであろうと考えたという。そして、平和提案がなされたのち、すなわち一〇月九日には、いかにしたならば経営者を革命及び経済全般に亙る社会化から守りうるかという問題について協議するために、デュッセルドルフ（Düsseldorf）において若干の製鉄業者による会合が行われた。同じくライヒャートは、その際の模様について次のようにのべている。「現下の情勢においては、バーデン公とパイヤー氏（F. Payer）との政府は長続きはしえず、やがては打倒されるであろうという点で一同は意見の一致をみた。政府の生命はもはや四―五週間はもつまいと考えられた。そして、そういう推測は遺憾ながら適中した。ともあれ、製鉄業者は弱体な政府から何らの援助も期待することは出来なかった。次に転じて、市民階級は将来ドイツの経済政策の強力な支柱及び助けとなりうるであろうかを問題にしたとき、過去数十年間の多くのなげかわしい現象と度重なる幻滅とからみて、ドイツの市民階級には遺憾ながら経済政策の面において何らの信頼をもおきえないということに思い至らなければならなかった。ただ組織された労働者階級のみが優れた力をもっているように思われた。そのような次第で、次のような結論に到達した。極めて不安な状態が全国に拡まっている現在、国家及び政府の権力が動揺しているところからみて、産業はただ労働者階級のみを強力な同盟者とすることが出来る。つまり、それは労働組合である(80)」と。そしてその際、出来うる限り早急に労働組合と協定を結ぶことが決議された。このようにして、従来国家権力との結合によって繁栄をとげてきた鉄鋼独占資本が、今や国家権力に対して背を向けるに至ったのである。そして、かかる独占資本のイニシアティヴの下に、一〇月二二日には、産業諸団体の代表者と諸労働組合の幹部とが会合して、のち労働共同体（Arbeitsgemein-schaft）に結晶する労資の協働体制が討議され、革命の数日前には、両代表者の間で協働の目的、組織を定める草案が作成されるまでになった。(81) 以上のように、ドイツの資本家階級は敗戦が顕在化するとともに、次第に政府に対する信頼を喪失した。そして、資本主義体制の動揺を政治過程を通して解決するという方法を放棄し、従来漸進主義的な見地に立ってその運動を推進してきた改良主義的な組合幹部と妥協することによって、つまり政治権力を疎外した社会集団相互の協定によって、その延命を計ろうとしたのである。このようにして、資本主義を支柱としたドイツ帝国は、すでに革命以前に、資本家階級の離反によって、その存在理由の多くを失うに至ったのである。

ところで、革命前にすでに既存の政治機構から離反して、保守的な労働組合幹部と妥協し、そのことによって自己を革命から防衛しようと考えていた資本家階級は、革命の発生によっていかなる状態に陥し入れられたか。ハムブルク・アメリカ汽船会社の総支配人アルバート・バリン（Albert Ballin）は、すでに戦前ドイツの独占資本とアメリカの独占資本との結合に尽力し、かかる親米関係の故に、休戦委員団の団長になることをすすめられたといわれるが、ドイツ独占資本の代表者であった彼バリンは、革命の日に自害した。このことは、一般にドイツ資本家階級の運命を象徴する事件のごとくに受取られたが、ザクセン産業家聯合（Verband Sachsischer Industrieller）の創設者シュトレーゼマン（G. Stresemann）は、一一月一二日、バリンの死に対して、次のようなソクラテスの言葉を捧げた。「私が現在このようなめぐり合せになったのは決して偶然ではない。明らかに、現在の私にとっては、死んで安息と平安とをえるのがもっとも幸である。今や私は死ぬために、そして、貴方は生きるために出発しようとしている。しかし、どちらの運命がより幸であるか、貴方の運命が幸か、私の運命が幸か、それは神のみが知り給う(82)」と。資本家階級の代弁者シュトレーゼマンの、死への郷愁をただよわしたこの強いペシミズムの中に、ドイツ資本家階級に与えた革命の衝撃《インパクト》のはげしさを探知すべきであろう。かくして、革命発生以前にすでに締結の運びになっていた「労働共同体」という構想は、革命発生後は資本家階級にとって更に重要な意味をもつものとなった。そこで、革命の発生によって調印を妨げられたこの「労働共同体」協定は、なお革命の嵐の吹きすさぶ一一月一五日に、早急に調印されるに至り、ここに八時間労働制をはじめとする広汎な社会政策が資本家自らの手によって与えられることになった。たしかに、資本家階級としては、組合の幹部《ボンツェン》と妥協しそれに依拠する以外にその延命の方法は残されていなかった。一二月一九日にもなお、シュトレーゼマンは、革命以後の情勢を回想して、「主よ、われらを救い給え、われらはほろぶ」というバイブルの一節を口ずさまなければならなかったのである(83)。

最後に、国家におけるいわば心理的支柱の問題であるが、戦前のドイツにおいては、国家権力が《万国に冠たるドイツ》、《ヨーロッパの心臓》というような象徴《シンボル》を操作し、国際政治におけるドイツの使命《ミッション》を鼓吹することによって、誇り高い心情的祖国観が国民の心理に浸透し、また、それが浸透しうる現実的基盤も存在していた。そのことについてはすでに前節でふれたが、社会の心理的な場において求心的な作用を営み、また営みえたこの至高なる祖国というイメージが、敗戦というきびしい現実の打撃によって次第にその機能を喪失するに至ったことは、社会民主党幹部をして、祖国防衛のための《国民蜂起》を不可能と感ぜしめたような一般大衆の動向、更に、祖国勝利の夢であった《千金の天恵》というイメージが、大衆の心理から消滅したと主張することによって、武装蜂起案の正当性を理由づけるに至った革命派の態度からうかがいしることが出来るであろう。また、革命勃発後、ブルジョア政党の中に、《Deutschland, Deutschland über alles》を以後歌わない旨を公に決議する分子が現出したことは、(84)敗戦とそれに基く革命によって、在来国家権力が使用して来た象徴《シンボル》がその価値を喪失するに至ったことを示すとともに、国民の心理に定着してきた誇り高い、心情的祖国観がいかに打ちこわされるに至ったかをも示すものであろう。

更に、国家権力の心理的支柱をつくり出すための手段としてのマス・コミュニケーションとくに新聞は、革命勃発まで情報源と発表とが軍の統制下におかれていたため、革命への過程においてこの分野には比較的動揺はみられなかったが、革命そのものが新聞に与えた衝撃《インパクト》は甚大であった。保守党（Deutsche Konservative Partei）の機関紙「クロイツ・ツァイトゥンク」(Kreuz Zeitung）は、一一月一一日、従来その冒頭に掲げていた「王と祖国のために神とともに進め」という標語《サブタイトル》を廃しただけでなく、すでに一〇日には、「保守主義者は、ドイツの子孫たちに、われわれ及びわれわれわれらの子らよりも幸な運命が開けるよう、種を播かなければならない」という、現在に対する希望を断念したペシミスティックな論説を掲げた。また、農業者同盟（Bund der Landwirte）の機関紙「ドイッチェ・ターゲスツァイトゥンク」(Deutsche Tageszeitung）も一一日には、「皇帝と国家のために」という標語《サブタイトル》を廃するとともに、従来の君主神授権説を放擲するに至り、更に、国家主義的な新聞「テークリッヒェ・ルントシャウ」（Tägliche Rundschau）も、一〇日の論説で、革命において暴力が濫用されなかったことを喜び、エーベルトの協力要求に従うべしと論じている。(85)このようにして、帝国における政治的エリートの社会的基盤であったユンカーが、自己主張並びに大衆操作の手段として使用してきたマス・コミュニケーションもまた、ここに、支配の具としての機能を喪失するに至った。

以上のように、ドイツ革命は、敗戦を契機として昂揚してきた、平和と抑圧から解放を求める大衆の厖大なエネルギーによって推進され、軍隊自身が叛乱し、或は軍隊が大衆運動の中に捲き込まれることによって、そのエネルギーはますます増大し、支配機構のみるべき抵抗もなく、遂に革命が勃発するに至ったのである。革命派、すなわち、革命を志向するエリートは、敗色が濃厚となるにつれ次第に擡頭し、その行動は、たしかに大衆運動の昂揚に資するところ少くなかったが、彼らは、理論的にも、また組織的にも未だ充分成熟していなかったので、大衆の厖大なエネルギーをコントロールし、それを明確な目的へ嚮導《キャナライズ》することが出来なかった。そこで、ドイツの一一月革命は、エリートの指導性という観点から見れば、甚だ無秩序なものに終ったのである。また、戦時下における政府反対派の主流、すなわち、平和主義を標榜してきた社会主義運動のエリートの多くは、平和主義に固執したため革命運動に対して消極的な態度に終始し、革命におけるエリートとしての指導性を発揮することが出来なかった。更に、社会民主党幹部すなわち、政府に協力し、革命を拒否しながらも大衆から遊離しようとしなかったエリートは、国家権力に対して、或は涙を流してその譲歩を懇請し、或はそれとの協定を破って大衆運動のあとを追ったが、革命当日シャイデマンの独断によって辛うじて大衆運動の尖端に辿りつくことに成功した。彼らに政治指導への意欲が全く欠けていたことはいうまでもないことである。ところで、革命の側に立ったエリートの示したこのような指導性の欠如にもかかわらず、しかも、革命が発生しえたのはいかなる理由に基くのであろうか。その理由としては先ず第一に、戦時下四年有余の辛苦を経験してきた大衆にとって、敗戦後にあらわれた平和という問題は、身に差迫った、人間存在そのものに関する問題であり、従って、大衆の現状打破のエネルギーは国民大の（nation-wide）、爆発的なものとなった、ということである。次に第二には、従来の強大な支配機構の総体が敗戦によって動揺したことである。とくに、敗戦に基く大衆運動は、それが平和運動であり、また戦時下の圧迫から逃れ出ようとする運動であることによって、四年有余の戦争を辛うじて耐えてきた軍隊すなわち兵士の間へも容易に浸透し、かくして、現代国家の誇る強大な物理的強制力がその機能を喪失するに至ったことは、革命を容易ならしめた重要な一因であった。このようにして革命が可能となった。そして、革命の勃発とともに支配機構の諸支柱は相次いで崩壊し、ここにドイツ帝国は全くその基盤を失うに至ったのである。

以上がドイツ革命発生の基本的特質及びその直接的な結果であるが、次に革命発生のこのような特質が歴史上いかなる意味をもつものであるかを明らかにしたい。そしてこのためには、戦前におけるドイツ帝国の状況を思い起さなければならない。前節でのべたように、戦前のドイツにおける政治的力学《ポリティカル・ダイナミクス》を総合的に考察するならば、革命への見通しは必ずしもひらかれていたとはいえず、労働運動のエリートの中にも、革命を遠い将来の問題としてのみ考えるものが擡頭していた。しかし、僅か四年有余ののち、革命が容易に成功しうるとは考えられなかったこのドイツに革命が勃発したのである。このような事実はいかなる意味をもつものであろうか。マイネッケはこの点に関して一つの示唆を与えている。すなわち、彼は、ドイツ革命を論じて、この革命が発生しえたのは、旧支配機構が戦争において自己の負担能力以上にその《力を張りすぎた》(überstrengen) ためであり、この革命においては、経済的＝社会的側面は単に副次的な意味をもつにすぎず、「革命は先ず第一に、軍事的＝政治的な事件であった。それは消極的な事件、すなわち重荷を担いすぎた建築物の崩壊であったといってよく、……資本主義及び大産業の発展並びにブルジョア・プロレタリア間の緊張は、革命を可能にはしたが、しかし、それらは革命を直接によび起したものではない[86]」とのべている。マイネッケの見解が真理の一面をついている所以は、彼が、戦前のドイツとドイツ革命との間に介在している戦争の意味を、革命との関係において高く評価しているところにある。ところで、前述したドイツ革命発生の特質を、マイネッケの言葉を借用して表現するならば、革命が革命を志向するエリートの成熟をまたずに、旧支配機構の《力の張りすぎ》から、むしろ大衆の「下から」の運動として展開され、しかも《力を張りすぎた》支配機構はこれに対して何ら抵抗を行うことなく崩壊した、ということになるであろう。しかし、革命発生のこのような特質は、ただドイツのみにおける現象ではなく、ドイツ革命より一年半も先に勃発したロシアの二月革命もまた、その基本的性格においてはドイツ革命とほぼ同様な発生の経過を辿ったのである。* そうであるとするならば、二〇世紀におけるこれらの諸革命の考察はより広く国際的な観点から行われなければならないであろう。

* ロシアにおいては、その軍隊が戦線において敗北を重ねるとともに、内政面においても失政が続き、民衆の不満は全国に瀰漫していたので、聯合国側においては、すでに一九一六年末には、ロシアが戦線から脱落するのではないかという憂慮が抱かれていた。ロシアの支配機構はすでにこのように弱体化していたが、しかし他方、革命政党であるボルシェヴィキの幹部は、戦争勃発以来、その大部分が国外に亡命するか、或はシベリアへ流刑に処せられていたので、国内におけるボルシェヴィキの勢力は劣勢であった。その卓絶した指導者レーニンは、一九一七年初頭、亡命地スイスにおいて、われわれ老人は来るべき革命における決戦をみることが出来ないかもしれない、と演説したが、[87] 戦闘的なレーニンのこのようなペシミズムは、たしかに本国におけるボルシェヴィキの劣勢に負うところ大であった。しかし、レーニンのこのような観測をよそに、ロシア革命は、一九一七年二月二三日（ロシア暦）国際婦人デイにおける婦人繊維労働者のパンを求める行列からはじまった。そして、革命運動は、或は革命諸団体の逡巡をのりこえ、或はそれらの行動によって鼓舞されつつも充分にコントロールされることなく、厖大な「下から」の力として展開され、軍隊もまたこれに参加した。

なお、ドイツにおいては、ドイツ側から平和提案がなされたのちに、大衆の平和を求める運動として革命が勃発したのに対し、ロシアにおいては、すでに敗色が濃厚であったとはいえ、なお戦争が行われている間に、パンを求める運動を契機として革命――二月革命――が起ったということは、両国の支配機構の強弱乃至は統合力の差を端的に示すものであった。しかし、この二つの革命は、支配機構の総体的抵抗力、大衆のエネルギー及びそれを指導するエリートの力学《ダイナミクス》という観点からみるならば、その発生形態に関する基本的性格においては、著しく類似している。

そもそも、第一次世界大戦は強大な資本主義諸国によって戦われた帝国主義戦争であり、従って、これら先進諸国家は在来蓄積してきた豊富な人力及び物力のすべてを傾注して戦った結果、戦争は地球はじまって以来の凄惨な総力戦となった。かかる戦争においては、単に戦場における戦闘が問題であるのではなく、生産関係、政治機構、権力機関、国家の神話等、その国の支配機構の総体が問題であり、従って全支配機構の運命が戦争という一点にかけられたのである。それ故に、支配機構の統合力が弱いところほど崩壊の危機に曝されたわけであるが、それはともあれ、このような帝国主義戦争に敗北乃至蹉跌するということは、全支配機構の崩壊を意味すると同時に、総力戦下に辛苦を重ねてきた大衆の肉体的に感じとられた、根強い不満を醸成することを意味していた。二〇世紀の現代資本主義国家における革命が敗戦から起ったということは決して偶然ではない。つまり、現代資本主義国家は、内部崩壊をとげるよりも前に、相互の間に外部的衝突、すなわち帝国主義戦争を引き起し、そして、それに伴う重圧に耐ええず、一方においては、大衆の現状打破のエネルギーを醸成させ、他方においては、自ら築き上げた支配機構の総体とくにその権力的支柱である軍隊を毀損させた国家が崩壊をしたのである*。このように、㈠支配機構の崩壊が内的な衝撃《インパクト》というよりも、むしろ外的な衝撃《インパクト》によって起り――これも内的矛盾の発展の結果であるが――、㈡しかも、総力戦下の弾圧がはげしかったために、革命発生の際革命を志向するエリートは未だ充分成熟していなかった。しかし、帝国主義戦争による衝撃《インパクト》は、革命を志向するエリートの指導性の欠如を補うて余りあるものであった。ドイツの場合もまたその一例であり、エンゲルスのいう、軍事技術の発達によって生じた、革命にとって不利な諸条件のごときも、この帝国主義戦争の衝撃《インパクト》によって、容易に克服されることとなったのである。**

* まさに、「資本戦線は、帝国主義の鎖が、他より弱いところで、断ちきられた」のである（スターリン）[88]。

** レーニンのいわゆる《自国政府の敗北》というスローガンが、革命派の戦術として、いかに正鵠をえたものであったかは、帝国主義戦争と革命との以上のような関係から理解することが出来る[89]。

このようにみてくれば、政治的破局はますます遠ざかりつつあるとのべたベルンシュタインの見解は、戦争と革命という破局の到来に関して全く認識を欠いており、その点において、まさに致命的な誤謬を犯していたといわなければならないであろう。しかし、ベルンシュタインのように戦争と革命との関係を全く無視する見解に対して、他方、戦争と革命とはつねに密接な関係にあると説く歴史家もある。すなわち、フランスの歴史家アレヴィ（E. Halévy）は、「世界の歴史、とくに近代ヨーロッパに顕著な多くの動乱はいずれも戦争と同時に革命であった[90]」とのべ、カー（E. H. Carr）もこれとほぼ同様な意見をのべている[91]。しかし、フランス革命と現代資本主義国家における革命とにおいては、革命と戦争との因果関係が逆であり、前者においては、第一次世界大戦後にみられるごとく、戦争から革命が起ったのではない。戦争とくに敗戦から革命が起ったのは、一九世紀七〇年代以後の資本主義国家においてであり、しかもその中で、一八七一年のパリ・コミューン、一九〇五年のロシア革命はいずれも失敗に終り、第一次世界大戦の廃墟の中から起った革命のみが少くとも政治機構の変革に成功している（ロシア革命、ドイツ革命、オーストリア革命）。そして、一九世紀七〇年代以降の資本主義国家における革命が戦争とくに敗戦から起っているという事実、及びとくにそれらの中で一応の成功をおさめたのは諸大国間の帝国主義戦争による敗北乃至蹉跌から起ったというこの事実は、かかる帝国主義戦争がその敗戦国乃至支配機構の弱体な国家に及ぼす影響、つまり、上述した二つの現象との聯関なしには理解しえないであろう。第一次世界大戦はこのような意味において、革命との関係において特殊な意味をもっている。*

＊　二〇世紀における現代資本主義国家は、内に多くの矛盾を含みながらも、現代国家に特殊な権力的＝物理力的、心理的及び経済的な諸手段を行使することによって、国家の統合を維持することが可能であるため、そこにおいては、自己自身のダイナミクスによっては、革命は比較的起りにくい——但し、資本主義がノーマルに発達しない後進諸国、たとえば、東南アジア諸国家等は、現代資本主義国家に特有な統合の手段をもっていないので、そこにおける革命の問題は、現代資本主義国家におけるそれとは異った角度から眺められなければならないことはいうまでもないことである。もとより、現代資本主義国家においても、国民の各階層に対する具体的な安定政策（政策の循環）が講ぜられず、専ら抽象的な象徴《シンボル》の操作や物理的強制力の行使によって、統合が強化される場合（権威乃至権力の循環）には、その国家の内的ダイナミクスは甚しく歪められたものとなる。しかし、ナチス・ドイツの例が示すごとく、内的ダイナミクスのかかる著しい歪みにもかかわらず、体制の崩壊が、外的ダイナミクスの破綻、すなわち、敗戦を契機とせざるをえなかったことは注目に価する（但し、第二次世界大戦後においては、第一には、現代における大衆《マス》化現象の進行に伴い、国家権力による民衆の心理的収奪が徹底的に行われていたため、第二には、国際的政治権力の分極化＝資本主義国家と社会主義国家との対立により、勢力圏の設定が重要性をもつに至り、戦勝国は競って敗戦国の占領につとめた——しかも、長期的に——が故に、そこにおける革命の形態は、第一次世界大戦後におけるそれとは相異る様相を呈するに至った）。

しかし、革命が成功するためには、強大な支配機構が破壊されるだけでなく、その崩壊を利用しうる革命運動のエリートが成熟していなければならない。その点からみるとき、ドイツの場合においては、第一の条件は充分存在していたということが出来るにしても、第二の条件、すなわち、旧支配機構の崩壊を利用し、大衆のエネルギーを新たなる建設へ嚮導《キャナライズ》する革命のエリートの状態は、いかなるものであったのであろうか。革命の性格は、積極的或は消極的に革命の側に立つこれらエリートの行動によって決定される面が多い。そして、第一次世界大戦後の革命の場合においては、これらエリートの指導性は革命の発生ののちにはじめて問題になったのである。* 従って、次章以下においては、これらの問題を、先ずプロレタリア革命を志向するエリートの問題として、次に、権力の地位にたった社会民主主義運動のエリートの問題として、逐次検討してゆくことにしたい。

＊　革命の力学《ダイナミクス》をいかにみるかというこのような問題は、ドイツ革命の研究におけるよりも、むしろ二つの革命を内包するロシア革命の研究において種々論議の対象となり、周知のように、ロシア革命（二月革命及び一〇月革命）に関しては、革命におけるエリートの計画性及び大衆のエネルギーの評価について、歴史的に種々見解が分れている。この問題に対する基本的態度については、のちに若干言及されるが、要するに、ロシア革命においても、二月革命（或は、革命の発生）と一〇月革命（或は、革命の成就）とを劃一的に考える必要はなく、歴史的発展に即してそれぞれの力学《ダイナミクス》を詳細に考察しなければならないのである。ドイツ革命についてもこれとほぼ同様なことがいいうるのであり、本節はかかる前提にたってかかれたものである。従って、ここに描かれた革命運動のカーブは、第二章以下におけるそれと接続したときにはじめて完結する。なお、革命発生の仕方と協議会《レーテ》制度との関係については第二章第一節参照。

（1）　大戦下における社会主義勢力の三つの分派については、S. Marck, *Reformismus und Radikalismus der deutschen Sozialdemokratie,* 1927；猪木正道、『ドイツ共産党史』、昭和二五年参照。

（2）　R. Schlesinger, *op. cit.,* p. 117.

（3）　P. Lensch, *Drei Jahre Weltrevolution,* 1918.

（4）　K. Liebknecht, *Ausgewählte Reden, Briefe und Aufsätze,* 1952, SS. 426—427.

(5) O. Flechtheim, *Die Kommunistische Partei Deutschlands in der Weimarer Republik,* 1948, S. 29.

(6) P. Fröhlich, *Rosa Luxemburg,* 1949, S. 327.

(7) K. Kautsky, "Patriotismus, Krieg und Sozialdemokratie", *Die Neue Zeit,* XXIII, Bd. II, S. 343 sq. und S. 364 sq.

(8) В. И. Ленин, *Соч*, том, 15 стр. 173.

(9) E. Prager, *Geschichte der U. S. P. D.,* 1922, S. 12.

(10) K. Kautsky, "Sozialdemokratie im Kriege", *Die Neue Zeit,* XXXIII, Bd. I, S. 1 sq.

(11) K. Kautsky, "Die Internationalität und der Krieg", *Die Neue Zeit,* XXXIII, Bd. I, S. 225 sq.

(12) Rosa Luxemburg, *Gesamte Werke,* Bd. VI, 1923, S. 482.

(13) O. Braun, "Die Akkumulation des Kapitals", *Die Neue Zeit,* XXXI, Bd. I, S. 831 sq. und S. 862 sq.

(14) *Protokoll über die Verhandlungen des Parteitages der U. S. P. D.* (以下' *Protokoll U. S. P. D.* と略す) 1917, S. 52.

(15) E. Prager, *op. cit.,* S. 108.

(16) A. J. Berlau, *The German Social Democratic Party* 1914—1921, 1949, pp. 147—148.

(17) E. Prager, *op. cit.,* S. 183.

(18) Max von Baden, *Erinnerungen und Dokumente,* 1927, S. 331 sq.

(19) G. Schultze-Pfaelzer, *Von Spa nach Weimar,* 1927, S. 103.

(20) A. Rosenberg, *op. cit.,* S. 241.

(21) E. O. Volkmann, *Revolution über Deutschland,* 1930, S. 13.

(22) A. Rosenberg, *op. cit.,* S. 249.

(23) E. O. Volkmann, *op. cit.,* SS. 31—32.

(24) S. M. Bouton, *Das Ende der Grossmacht Deutschland,* 1923, S. 83.

(25) A. Niemann, *Revolution von Oben—Umsturz von Unten,* 1927, S. 251.

(26) E. Buchner, *Revolutionsdokumente: Die deutsche Revolution in der Darstellung der zeitgenössischen Presse*, Bd. I, 1921, S. 15.

(27) Max von Baden, *op. cit.*, S. 570.

(28) ミュンヘン革命については，E. Kuttner, "Von Kiel bis Berlin," in *Handbuch der Politik*, Bd. II, 1920, S. 264 sq.; M. J. Bonn, *op. cit.*, p. 194 sq.; E. Buchner, *op. cit.*, SS. 102—107 und SS. 113—120; P. Gentizon, *La révolution allmande*, p. 19 sq.; W. G. Zimmermann, *Bayern und das Reich*, 1953, S. 13 sq. 参照。

(29) ホプロイトについては，R. Müller, *op. cit.*, Bd. I, 1924, S. 124 sq.; W. Tormin, *Zwischen Rätediktatur und sozialer Demokratie*, 1954, S. 41 sq.; R. Coper, *op. cit.*, p. 55 sq. 参照。

(30) R. Müller, *op. cit.*, Bd. I, S. 126; E. Barth, *Aus der Werkstatt der deutschen Revolution*, 1919, S. 24.

(31) *Illustrierte Geschichte der deutschen Revolution*, 1929, S. 203.

(32) E. Barth, *op. cit.*, S. 44.

(33) Max von Baden, *op. cit.*, S. 551.

(34) *Ibid.*, S. 524.

(35) E. Barth, *op. cit.*, S. 42.

(36) *Georg Ledebour: Mensch und Kämpfer*, 1954, SS. 63—65; E. Barth, *op. cit.*, SS. 47—51; *Illustrierte Geschichte* ……, SS. 203—204.

(37) Max von Baden, *op. cit.*, S. 571.

(38) H. Müller, "Der letzte Kanzler des Kaiserreich", *Die Gesellschaft*, Bd. II, 1927, S. 207; S. Bouton, *op. cit.*, S. 89 sq.

(39) *Illustrierte Geschichte*……, S. 204.

(40) R. Müller, *op. cit.*, Bd. I, SS. 142—143.

(41) Ph. Scheidemann, *Memoiren eines Sozialdemokraten*, Bd. II, S. 294.

(42) R. Müller, *op. cit.*, Bd. I, SS. 141—142.
(43) E. Barth, *op. cit.*, SS. 52—56.
(44) R. Müller, *op. cit.*, Bd. I, S. 141.
(45) W. Pieck, *Reden und Aufsätze* 1908—1950, Bd. I, 1952, S. 88（大木理人訳，『ドイツ共産党の歴史』，昭和二九年，四九頁）。
(46) *Ibid.*, Bd. I, S. 40.
(47) *Illustrierte Geschichte*……, S. 204.
(48) *Zur Geschichte der Kommunistischen Partei Deutschlands: Eine Auswahl von Materialien und Dokumenten aus den Jahren* 1914—1946, 1955, S. 53.
(49) *Illustrierte Geschichte*……, S. 119 und S. 204.
(50) W. Pieck, *op. cit.*, Bd. I, S. 82（邦訳，前掲書，四二—四三頁）; E. Barth, *op. cit.*, S. 51.
(51) 猪木正道，前掲書，一四二頁。
(52) 村瀬興雄，前掲書，二三六頁。
(53) この点に関しては，E. Kuttner, *op. cit.*, S. 265 参照。
(54) *Georg Ledebour*, S. 65.
(55) Max von Baden, *op. cit.*, S. 376.
(56) *Ibid.*, S. 498.
(57) Ph. Scheidemann, *Zusammenbruch*, 1921, SS. 201—203.
(58) *Illustrierte Geschichte* ……, S. 198.
(59) Max von Baden, *op. cit.*, S. 592.
(60) *Ibid.*, S. 593.
(61) Ph. Scheidemann, *op. cit.*, SS. 204—205.

(62) Max von Baden, *op. cit.*, S. 599.

(63) *Ibid.*, S. 605.

(64) *Ibid.*, S. 604.

(65) *Ibid.*, S. 599.

(66) *Ibid.*, S. 611.

(67) E. Bernstein, *Die deutsche Revolution*, 1921, S. 26.

(68) Ph. Scheidemann, *Memoiren eines Sozialdemokraten*, Bd. II, SS. 294—296.

(69) L. Fraser, *Germany between Two Wars*, 1944, p. 16 sq.; A. J. Berlau, *op. cit.*, p. 341 sq.

(70) H. Müller, *Die November-Revolution*, 1931, S. 53.

(71) *Illustrierte Geschichte*……, S. 65.

(72) H. Müller, *op. cit.*, SS. 47—48.

(73) *Illustrierte Geschichte*……, S. 206 und S. 211.

(74) １１月九日の事件については，Max von Baden, *op. cit.*, S. 630 sq.; Ph. Scheidemann, *op. cit.*, Bd. II, S. 296 sq.; H. Müller, *op. cit.*, S. 41 sq.; R. Müller, *op. cit.*, Bd. II, 1925, S. 9 sq.; E. Bernstein, *op. cit.*, S. 29 sq.; *Illustrierte Geschichte*……, S. 201; Th. Wolff, *Through Two Decades*, 1936, p. 130 sq.; *Georg Ledebour*, S. 66 sq.; E. O. Volkmann, *op. cit.*, S. 47 sq.; G. Schultze-Pfaelzer, *op. cit.*, S. 120 sq.; B. Stümke, *Die Entstehung der deutschen Republik*, 1923, S. 136 sq.; E. Runkel, *Die deutsche Revolution*, 1919, S. 105 sq. 参照。

スパにおける参謀本部の状況については，Max von Baden, *op. cit.* の他 A. Niemann, *op. cit.*, S. 282 sq.; K. F. V. v. Westarp, *Das Ende der Monarchie am* 9. *November* 1918, 1952.

当日の新聞の報道に関しては，E. Buchner, *op. cit.*, S. 126 sq.; K. Ahnert, *Die Entwickelung der deutschen Revolution und das Kriegsende in der Zeit vom 1. Oktober bis 30. November 1918* 1918, S. 182 sq. 参照。

(75) E. Eyck, *Geschichte der Weimarer Republik*, Bd. I, 1954, S. 68 sq.

(76) K. F. V. v. Westarp, *op. cit.*, S. 68 sq.

(77)

	所属	担当
エーベルト	社会民主党	内務及び軍務
シャイデマン	〃	財政
ランツベルク	〃	新聞及び情報
ハーゼ	独立社会民主党	外交及び植民
ディットマン	〃	復員及び公共衛生
バルト	〃	社会政策

(78) P. Löbe, *Der Weg war lang*, 1954, S. 71.

(79) K. F. V. v. Westarp, *op. cit.*, S. 47 sq.

(80) R. Müller, *op. cit.*, Bd. II, SS. 111—112.

(81) H. v. Raumer, "Unternehmer und Gewerkschaften in der Weimarer Zeit", in *Deutsche Rundschau*, 1954, SS. 428—430.

(82) G. Stresemann, *Von der Revolution bis zum Frieden von Versailles*, 1919, S. 46.

(83) *Ibid.*, S. 79.

(84) *Ibid.*, S. 63.

(85) E. Bernstein, *op. cit.*, S. 40; A. R. Oliveira, *A People's History of Germany*, 1942, p. 114.

(86) F. Meinecke, *Nach der Revolution*, 1920. SS. 42—43.

(87) E. H. Carr, *The Bolshevik Revolution*, vol. I, 1950, p. 69.

（88）スターリン、「レーニン主義の基礎」、『レーニン主義の諸問題』（真理社）所収、昭和二六年、三五頁。
（89）В. И. Ленин, *op. cit.*, том 21, стр. 253—258.
（90）E. H. Carr, *Conditions of Peace*, 1942, p. 3.
（91）*Ibid.*, pp. 3—4.

第二章　プロレタリア革命の喪失

第一節　政治指導《リーダーシップ》の欠如

「ボルシェヴィズムは時代病であり、伝染病である。ボルシェヴィズムは精神的な世界戦争性感冒である。それは、戦闘行為の恐ろしさ、軍国主義、及び流血に対する民衆の嫌悪の自然的な発露である。それは、戦争経済の暴利と投機及び高度資本主義の権力欲に対する嫌悪の自然的な発露である。ボルシェヴィズムは、世界戦争の肉体的及び精神的な分解過程である。(1)」

これは、ドイツの急進的な国家主義者シュタットラー(E. Stadler)が、一九一八年一一月二八日ベルリンで行った「ボルシェヴィズムと経済生活」(Bolschewismus und Wirtschaftsleben)と題する講演の一節である。もとより、ボルシェヴィズムは、シュタットラーのいうように、大衆の、戦闘行為や流血に対する嫌悪の心理が自然に発露したというがごときものではない。しかし、ボルシェヴィズムが凄惨な帝国主義戦争の結末に、大衆の現状打破のエネルギーを基盤として、著しくその勢力を伸張したこと、従ってまた、それは単に一国における特殊的な現象ではなく、広く普遍性をもちうるものであったということは、シュタットラーのごとき極端な国家主義者の眼にも明らかであったのである。たしかに、シュタットラーによって世界戦争性感冒と呼ばれたボルシェヴィズムは、ロシアにおける帝制及び資本主義の命脈を断ち切った。しかし、それはロシアの地以外には蔓延せず、ドイツにおいては、ブルジョア・デモクラシーが樹立され、スパルタクス団は敗北した。このように、同じく帝国主義戦争の中から勃発した革命でありながら、ロシア革命とドイツ革命とは夫々全く異る方向を辿ることになった。

前章において論じたように、現代資本主義国家における革命は、一国における資本主義の内部的な崩壊をまたずに、資本主義諸大国の外部的な衝突、すなわち帝国主義戦争の中から発生し、しかも、戦時下においては革命勢力に対する抑圧が徹底的に行われたので、帝国主義戦争における敗北乃至蹉跌から革命が勃発したとき、革命派はなお著しく劣勢であり、彼らは、大衆の運動に少からぬ影響を及ぼしながらも、そのエネルギーを自己の目的へと嚮導《キャナライズ》することが出来ず、結局、革命のこの段階においては指導権をとることが出来なかった。かくして、革命の成果は、先ず、前近代的な要素の除去を課題とする穏和派の掌中に委ねられることになった。革命の第一段階における最初の政権の担い手がドイツにおいては社会主義政党のみであったという点において、ロシアとドイツとは相違していたが、しかし、一一月革命後政権に参与したドイツの社会主義者は社会民主党及び独立社会民主党右派であって、彼らは、後述するごとく、ブルジョア・デモクラシーの実現をその第一義的な課題としていたのであり、他方ロシアにおいても、一九一七年五月以降はボルシェヴィキを除く社会主義諸政党が政権に加わり、とくに七月以降政権は主としてこれら社会主義政党によって運営された。従って、ドイツとロシアとにおいては、革命の第一段階における政権の担い手に関しては根本的な相違はなかったということが出来よう。問題はそれ以後の革命の発展にあった。レーニンら革命派の領袖もまたこのような観点からドイツ革命の動向を観察していた。それ故に、レーニンは、「シャイデマン一味はそう長い間政権の座についてはいないであろう。それは人民の広汎な階層を代表していない」(2)と論じたのであり、また、ローザ・ルクセンブルクも、一一月一八日の「ローテ・ファーネ」(Die Rote Fahne) において、「ドイツ革命の現状はドイツにおける諸事情の内部的成熟度に相応している。シャイデマン＝

エーベルト〔政権〕は、今日の段階ではドイツ革命の時宜をえた政権である(3)」とし、更に、「スパルタクス団の勝利は革命のはじめにではなく、そのおわりにある(4)」とのべたのである。そうであるとするならば、これら革命派は、いかにして革命の第二段階における勝利、すなわちプロレタリア革命を齎そうとしたのであるか。

レーニンは亡命地スイスでロシアにおける二月革命成功の報に接するや、「遠方よりの手紙」において次のようにのべた。「労働者諸君、諸君はツァーリズムに対する内乱で、プロレタリア的・人民的英雄主義の奇蹟を発揮した。諸君は、革命の第二段階における勝利を準備するために、プロレタリア的及び全人民的な組織の奇蹟を発揮しなければならない」、従って、「われわれは、いまや、新しい秩序において以前よりも広く与えられるようになった自由と労働者代議員ソヴェトを利用して、この大衆をなるべくすみやかに、なるべく多く啓蒙し組織するようつとめなければならない(5)」と。革命勃発直後レーニンが示したかかる戦術は、二月革命から一〇月革命に至る間のボルシェヴィキの革命戦術の基調をなしたところのものであった。まことに、プロレタリア革命を志向するエリートとしては、社会民主主義運動のエリートの掌中から政権を奪いとるためには、大衆の身に差迫った諸要求にアピールする象徴《シンボル》を操作することによって、大衆を啓蒙し、そのエネルギーを自己の目的へと嚮導《キヤナライズ》しなければならない。そして、かかるエネルギーを効果あらしめるためには、これを強大な組織に定着させなければならなかった。ところで、二〇世紀の現代資本主義国家における革命の組織は、他ならぬ労兵協議会《レーテ》乃至ソヴェトであった。(一)そもそも、フランス革命に代表されるブルジョア革命が打ち建てた基本的原理の一つは、いうまでもなく個人主義《インディヴィデュアリズム》であり、個人は封建的な桎梏から解放されて、たてまえとしては平等な、同質的社会の中に一市民《シトワイヤン》として投入されることになった。しかし、資本主義が進行するにつれ、一方においては、資本主義の外部への進出を契機として国家主義が次第に露骨な形態をとるに至り、また他方においては、社会の分化が進行するに伴い、社会主義が著しく擡頭し、ここに、〝自由な〟市民《シトワイヤン》を構成要素として出発した個人主義的な近代社会の中に、二つの集団主義《コレクティヴィズム》が発展することになった。そして、国家権力を背景《バック》とする国家主義が、軍隊をその象徴的な組織母体としたのに対し、資本主義の克服を目標とする社会主義は、工場すなわち労働者階級を中心にその組織を形成するに至った。まことに、ハンス・コーン（Hans Kohn）の指摘するごとく、これら二つの運動においては、軍隊及び工場は、夫々規律と協同行為《チームワーク》の象徴《シンボル》であり、模型《モデル》であったのである。(6)このようにして、一九世紀後半以降における資本主義国家は、労働者階級及び兵士層という二つの大きな組織体を内包することになった。このように考えれば、現代資本主義国家において、帝国主義戦争における敗北乃至蹉跌から革命が勃発したとき、その革命が、労働者及び兵士の組織、つまり、労兵協議会乃至ソヴェトを中心に推進されたということは決して偶然ではない。すなわち、帝国主義戦争の廃墟の中から革命が発生したとき、既存秩序のこの全面的《トータル》な崩壊に当って、もっとも広汎に組織され、また組織されうる階層としては、換言すれば、社会における諸勢力の中でもっとも強力な推進力《ドライヴィング・フォース》をもつものとしては、職域を中心に団結した労働者階級及び兵士層をおいて他には存在しえなかったのである。ところで、従来この両者に代表されてきた二つの集団主義《コレクティヴィズム》は、相互に反撥抗争していたので、これらをいかに結合し、いかに調整するかという問題は、これまで体制《レジーム》側の政治家及び思想家にとってしばしば関心の焦点となっていた。しかるに、帝国主義戦争の中から発生した革命運動においては、皮肉にも、労働者階級及び兵士層が相提携して、国家権力に挑戦をするに至った。まさに、これらのことは、近代社会における大衆運動においては、その方向はともあれ、これら二つの勢力がいかに重要な役割を果すものであるかを如実に示すものであった。近代社会のかかる構造の変化に着目することは、協議会《レーテ》乃至ソヴェトの理解にとって極めて重要な点であるが、この協議会《レーテ》乃至ソヴェトの考察に関しては、なお更に考察すべき側面がある。㈡すなわち、革命の勃発に際し、既存の革命政党が鞏固な組織をもち、大衆の間に発生した厖大な現状不満のエネルギーを自己の組織に吸収することによって、政治権力を獲得しうるがごとき状態にあったならば、革命組織としての協議会《レーテ》乃至ソヴェトの比重は、現実の協議会《レーテ》乃至ソヴェトがそうであったように重くはなかったであろう、と考えられる。しかし、上述した種々の理由から、革命の勃発に際して、革命を志向するエリートは充分な組織力をもたず、また、彼らに大衆の厖大なエネルギーをコントロールしうるだけの統一的な政治指導《リーダーシップ》が欠如していたため、大衆のエネルギーはこれらの組織に結集された場合にはじめて、その力をもっとも効果的に発揚しうる通路《チャネル》を見出すことが出来たのである。㈢そして、このようにして発生した労働者協議会乃至ソヴェトは、労働者政党の分裂に対する統一的な組織としての意味をもつと同時に、従来労働組合にすら吸収されなかった厖大な未組織労働者のエネルギーをも動員しうるものであり、また、兵士協議会乃至ソヴェトは、兵士層を横に連ねる組織として、将校の絶対的権威を中心にいわば縦に結ばれてきた旧来の軍隊に対するアンティ・テーゼとしての意味をもつものであった。このように、協議会《レーテ》乃至ソヴェトは、既存組織に対抗する新たな組織としての意味をもち、かかる意味においても、大衆のエネルギーを吸収する機関として機能し、また、発展することが出来たのである。二〇世紀の革命運動において労兵協議会乃至ソヴェトがもつ意味は、以上のごとく、革命発生の特殊性と近代社会の構造変化との聯関、並びに既成組織に対する力学《ダイナミクス》に着目することによってはじめて理解しうるであろう。* ところで、レーニンは、すでに一九〇五年のロシア革命において、このソヴェト制度が民主的社会主義革命の近代的型態であることをいち早く発見し、これを新しい革命の理論として承認した。そして、一九一七年の二月革命においても彼は、このソヴェト制度の重要性を再度認識し、これらソヴェトの掌握こそプロレタリア革命成功の素因であることを強調したのである。[7]

＊　以上は、政治的組織としての労兵協議会についてのべたが、これら組織の基底には、なお職域的な活動を営む協議会が存在していた。そして、ロシアにおけるソヴェトという概念は専ら政治的機能を営む組織についてのみ使用されたのに対し、ドイツにおける協議会《レーテ》という概念は、元来、ロシアにおけるソヴェトと工場委員会という二つの組織を包括するところのものであった。ところで、帝国主義戦争の廃墟の中から生れた二〇世紀の革命においては、これらの組織は、政治的に、或は職域的に、夫々異る機能を営むものとして、予め、別個に形成されたものではなく、革命乃至抵抗の組織として、革命勃発と同時に、或はむしろ、革命の結果発生し、職域的活動は工場及び兵舎単位の組織によって、政治的活動はこれらを縦に連ねる地域的組織によって行われた、というところに特色がある。従って、これらの現象を捉える概念としては、ソヴェトよりもむしろ、より包括的概念としての協議会《レーテ》の方がより適当であると考えられる[8]（但し、ロシアにおいてもまた一〇月革命後経済的ソヴェトという概念が発生した[9]）。なお、ドイツにおいては、職域的協議会は、とくに協議会独裁への途が閉されて以後は、専ら「経営協議会」(Betriebsräte) とよばれるようになったが（兵士協議会は職域的概念としても使用された）、革命勃発直後においては、この職域的協議会と政治的協議会との間の機能的相違が一般的に未だ充分認識されず、そのため、経営協議会も一括して労働者協議会とよばれた例が少くなく、更に、「労働者委員会」(Arbeiterausschuss)、「工場労働者協議会」(Fabrikarbeiterrat) という名称も用いられ、用語の使用法は甚しく混乱していた。しかし、名称のいかんにかかわらず、これらのものの実体が、のち劃一的に経営協議会とよばれるに至ったところのものであったことはいうまでもなく、むしろ、統一的な名称や概念よりも先に実体が存在していたところに、革命における協議会の特徴があったということが出来る。なお、労働者委員会は、戦前から存在していたが、大戦下における強制労働法であったところの「愛国補助勤務法」(Gesetz über den väterlandischen Hilfsdienstgesetz)[10] によって義務制として一般的に設立され、革命勃発直後この法律の廃棄と同時に公的には廃止された。しかし、政府は経営協議会の活動に規制を加えるために、一九一八年一二月二三日の命令によって再び労働者委員会という名称を復活させ、これに公的権限を与えた[11]。しかし、当時一般に労働者委員会とよ

ばれたものが、「愛国補助勤務法」下のそれと根本的に異質なものであったことは、その実際上の活動及び機能からいって疑いがない——但し、戦時来の労働者委員会が、その組織的伝統によって、或る程度経営協議会の成立を助けたであろうことは承認されてしかるべきであろう。なお、経営協議会については第三章第二節参照。

さて、ドイツ革命においてもまた、労兵協議会が革命組織の母体となり、その単位数のみでも一万をこえるに至ったとさえいわれている。ところで、一一月九日夕方、ベルリンの帝国議会は、工場、兵舎から訪れた、労働者協議員及び兵士協議員と称する人々の群によって雑沓し、部屋々々からはそれらの人々の怒声が鳴り響いて、恰も戦場のごとき観を呈していた[12]。このような混乱をおそれた「革命的オプロイテ」は、翌一〇日新たにベルリン労兵協議会を開催することを提案し、この提案が採択されることによって、革命の日の帝国議会におけるこの混乱は漸く収束をみるに至ったのである。そして、このベルリン労兵協議会は予定通り一〇日夕方、ブッシュ曲馬館において開催され、会場は、労働者一〇〇〇名につき一名、軍隊一個大隊につき一名の割合で選出された労働者及び兵士協議員によって埋めつくされた。ところで、ここに代表された兵士協議員の間には、社会民主党幹部の積極的な工作の影響もあって、社会民主党を支持するものが多く、このため、執行協議会（Vollzugsrat）を独占しようとする「革命的オプロイテ」の企図は挫折し、結局執行協議会は、「革命的オプロイテ」六名、社会民主党六名、及び兵士協議員一二名から形成されることになった（一一月一三日には、「革命的オプロイテ」、社会民主党夫々七名、兵士協議員一四名、合計二八名に増員された[13]）。なお、この執行協議会には、革命勢力の中核たるべきスパルタクス団からは、一名の代表者も送られなかった。このように、ドイツにおける革命の中枢機関となるに至ったベルリン労兵協議会においては、革命派は独立社会民主党左派に属する「革命的オプロイテ」に代表されたにとどまり、しかも、当時の兵士協議員に対する社会民主党の影響力は絶大であったので、革命派の劣勢は覆うべくもなかった。

ところで、革命勃発当時、ドイツにおける革命派の中核、すなわちスパルタクス団はいかなる状態にあったのであろうか。そもそも、ボルシェヴィキは、すでに一九一二年独立した政党として出発し、同年の国会選挙においては、労働者階級を選挙母体とする選挙区、いわゆる労働者クリアから選出された九名の議員中六名がボルシェヴィキ党員によって占められた[14]。また、ボルシェヴィキは、比較的遅れた生産様式によって運営されていたペトログラード重工業及びペトログラード、モスコー等の紡績工場における未熟練労働者の間に、多くの支持者をもっていた[15]。そして更に、党史によれば、一九一四年には全ロシアの積極的労働者の五分ノ四はボルシェヴィキを支持していたといわれている[16]。これに対し、スパルタクス団は、革命勃発当時なお独立社会民主党の一翼を形成する少数のエリートの集団にすぎず、またそれは、工場労働者との接触を全く欠いていた。グローテヴォール（O. Grotewohl）のいうように、革命勃発当時のスパルタクス団は、「なお理論的欠陥をもったイデオロギー的な一流派[17]」にすぎず、ラデック（K. Radek）の言葉を借りれば、それは胴体なき精神であった[18]。スパルタクス団がベルリンの執行協議会に代表者を送らなかったのは、リープクネヒトが社会民主党との協力を嫌ったがためであるが[19]、革命勃発当時におけるスパルタクス団のかかる劣勢を考えれば、スパルタクス団が執行協議会に代表されなかったということも、あながち不自然な現象ではなかったということが出来よう。

のみならず、ロシアにおいては、その支配機構の弱体の故に戦争継続中にすでに革命が勃発し、「社会革命主義者」を除く民主主義政権が戦争継続政策を遂行することとなったので、ボルシェヴィキは、《平和》、《戦争反対》という象徴《シンボル》を掲げて闘争を進めることによって、次第に大衆の心理を掌握し、労兵ソヴェトにおける自己の組織を強化することに成功した。* これに対し、ドイツにおいては全く事情を異にしていた。すなわち、革命の三日前、つまり、一一月六日に、エルツベルガーを長とする休戦委員団がフランスへ出発し、革命勃発の二日後、つまり一一月一一日にはコンピエーニュの森で、エルツベルガーとフォシュ将軍との間に休戦条約が成立した。平和を求める運動から発生したドイツ革命の勃発後二日にして、平和がドイツに齎された。このため、先ず政権の座についた社会民主主義者は、平和の担い手としての役割を果すこととなり、プロレタリア革命を志向するエリートにとっては、《平和》、《戦争反対》、という象徴《シンボル》の操作によって大衆の心理を掌握することが不可能になった。かくして、スパルタクス団にとって、プロレタリア革命達成のための大衆の啓蒙及び組織化の闘争は、極めて不利な状況に押しやられたのである。

＊　一九一七年六月はじめの全露ソヴェト大会においては、ボルシェヴィキは、代議員総数八二二名中僅か一〇五名にすぎなかった。しかし、先にのべられたごとく、ボルシェヴィキは、二月革命後も、《自国政府の敗北》という従来の主義を貫徹しうる状況に恵まれ、かくして、その戦争反対のスローガンは次第に大衆の心理に浸透した。のみならず、ケレンスキー内閣は、支配機構が著しく弱体化していたにもかかわらず、いわゆる「七月攻撃」の挙に出で、この計画は、緒戦において部分的成功を収めはしたものの、結局完全な失敗に終った。これは、ドイツにおける一九一八年一〇月末のヒッパー提督の命令と同じく、厭戦的な大衆心理を把握することが出来なかったという点において、まさに致命的な失策であった。ボルシェヴィキはかかる動揺を利用して、九月にはペトログラード、モスコーその他多くの都市のソヴェトにおいて多数を制することに成功した。そして、七月にケレンスキーがボルシェヴィキの叛乱に対して利用した聯隊も、九月にはボルシェヴィキの側に加担するに至った。このとき、情勢は外観的には比較的平穏であったが、レーニンは革命の機会が到来したことを敏感に察知した。そして、彼は一〇月遂に政権獲得の行動に移り、ここにボルシェヴィキ革命が成功したのである。以上のように、ロシアにおいては、《自国政府の敗北》という主義の下に、戦争反対の政策をもっとも強力に押し進め、しかも、世界におい

てもっとも強大な勢力を誇っていた革命政党が、その政策乃至スローガンをもっともよく利用しうる状況におかれたのである。そして、このことが、一〇月革命成功のもっとも重要な原因の一つであったことは疑いがない。

しかし、スパルタクス団の不利はそれだけにはとどまらなかった。革命政権の主導的地位が社会民主党によって占められ、独立社会民主党の左派は社会民主党との協力を嫌って政府と対立をしたので、政府打倒を目的とする陣営は、スパルタクス団と独立社会民主党左派との二つに分裂するに至った。そして、独立社会民主党とくにその左派は、戦争時代以来大衆によって現状不満の救済者と考えられ、また、「革命的オプロイテ」に示されるごとく、彼らはスパルタクス団よりも遙かに有力な組織をもっていた。そのため、スパルタクス団による大衆の啓蒙と組織化、及び革命派の陣営における政治指導《リーダーシップ》の確立は、なお一層困難な障碍に遭遇することとなった。

スパルタクス団は、《すべての権力を労兵協議会へ》、《将校を武装解除せよ》等のスローガンを掲げて、大衆の獲得に努めたが、以上のような種々の理由により、プロレタリア革命遂行の組織的基盤であった協議会《レーテ》の維持強化はもとより、それへの浸透もまた容易に成功を収めなかった。かくして、スパルタクス団は、一二月一六日から行われ、自ら協議会独裁にピリオードを打つに至ったドイツ全国労兵協議会（Allgemeiner Kongress der Arbeiter- und Soldatenräte Deutschlands）においても、総協議員四八八名中僅か一〇名を数えるにすぎず、[20] ここには、彼らの最高指導者リープクネヒト及びローザ・ルクセンブルクすら選出されなかった。* スパルタクス団が協議会《レーテ》においてフラクションを結成したのは、一九一九年二月のベルリン労兵協議会を嚆矢とする。[21]

＊　この全国労兵協議会においては社会民主党が圧倒的優位を占め、彼らは協議会制を廃棄して国民議会選挙を翌一月一九日と決定した。しかし、この間にも、協議会制を主張する「革命的オプロイテ」の勢力が強く、また現に協議会制度の中枢機

関であった執行協議会の地位は次第に低下し、逆に国民議会の制定を主張する人民委員政府の地位は強化されつつあった。すなわち、一九一八年一一月一〇日の社会民主党と独立社会民主党との協定、及びブッシュ曲馬館におけるベルリン労兵協議会の声明書(22)によって、政治権力は専ら協議会の手に集中されることになったが、執行協議会と人民委員政府との間の権限関係はなお曖昧であったため、一一月二二日に両者の間で協定が締結され、行政権は人民委員政府の手に移管されることに定められた。しかし、なお両者の間には紛争がたえなかったので、一二月九日再び協定が結ばれ、この協定においては、人民委員政府は執行協議会と同じく革命によってつくられたものである旨が強調されるとともに、人民委員政府は革命によってつくられた国家秩序を防衛すること、そして、かかる国家秩序は執行協議会の同意なくしては変更されないことが規定され、ここにおいてイニシアティヴは政府の側に移動したことが公文によって確認されるに至った(23)。なお、執行協議会の地位がこのように低下するに至った理由としては、同機関に政治権力を行使する能力と準備とが欠如していたということの他、更に、同機関が余りにも些細な事務に忙殺されたためであるといわれている(24)。さて、中央におけるこのような情勢に対し、地方における協議会（政治的）はいかなる状態にあったか。革命勃発後、地方における労兵協議会に対しては当該地域における最高の権力が与えられ、旧行政機関も殆ど抵抗なしにこの権限を承認した。しかし、協議会はこれらの権限を有効に行使することが出来ず、そのため、多くの場合再び旧官僚がその地位を恢復するに至った。そして、協議会はその活動を、復員及び社会問題（賃銀、生活物資、生計扶助等に関する問題）に限定し、行政機関に対しては、委員を派遣して会議・討論に出席させ、また、文書の検閲・副署等を行わせるのみで、行政的にはいわば監督機関としての地位に下落した。財政権に関してもほぼ同様で、当初はその権限を自己の掌中に握っていたが、やがてそれを官僚の手に委ね、彼らから自己の費用の交付をうけるに至ったのである。以上は各州首都及び他の大都市の状況であり、しかもその程度も構成員の党派性のいかんによって相違したが、更に、それ以下の中小都市等においては、協議会は、人民と行政機関とを結ぶくさり、いわば一種の不平処理機関としての地位にとどまった(25)。このようにして、協議員は民衆の日常的利益の擁護に努めたが、彼らには国家権力を行使しうるだけの政治的及び行政的能力と準備とがなかったため、協議会の活動は時の経過とともに次第に衰退の途を辿らざるをえなかった。かかる状況の下においては、有効な象徴《シンボル》使用の途をふさがれ、また、組織的基盤の欠如から民衆の日常的利益を上達する方法をもちえなかったスパルタクス団にとっては、協議会そのものの権限を維持強化することはもとより、これに浸透することもまた甚しく困難であったのである。

しかし、この間にも、一二月六日における反革命的色彩の濃厚な諸事件（これについては後述）、並びに参謀本部及び将校団の挑発的な行動は、集会、街頭及びデモンストレーションにおけるスパルタクス団指導者*の積極的な活動と相俟って、スパルタクス団を支持し、これに加担するものの数を次第に増加せしめるに至った。しかし、これらの集会、街頭演説及びデモンストレーションに集ってきたものは、往々、正常な働きにつくことの出来ない失業者、及び四年有余に亙る戦争の経験によって労働への意欲を失った労働忌避者であったといわれている(26)。かかる観察が正鵠をえたものであったか否かは別としても、次第に膨脹して来たスパルタクス団の中に、組織から遊離し、極度に急進的な性向をもった分子が流入するに至ったことは、多くの人々によって承認されているところである。すなわち、余りにもロマンティックな見解をもった革命狂信家(27)、独裁の故にソヴェト制度をほめたたえる狂人(28)、甚しい貧困につき落されることによって憤怒を禁じえなくなった労働者層からなる急進主義的な夢想家(29)、サンヂカリスト的＝一揆主義的な分子等(30)が流入し、かくして、スパルタクス団は「烏合の衆」(31)になったといわれている。そして、のちの第二回党大会においては、党本部も、その党務報告において、党の中に多くの疑わしい分子、無頼の徒さえもが流入したことを認めざるをえなかった(32)。

以上のように、政治的素養と闘争の経歴とを欠いた新たなる分子が流入してきたため、スパルタクス団内における強力な政治指導《リーダーシップ》の確立は、なお一層その必要の度に迫られた。それならば、スパルタクス団の最高指導部はどのように運営され、また、どのような理論によって指導されていたのであろうか。革命勃発後、スパルタクス団の中央指導者は一一月一一日に、ホテル「エクセルシオーア」(Exelsior) に会合し、スパルタクス団の中央指導部 (Zentrale）を結成した。そして、この中央指導部は、ブレスラウの刑務所から釈放されたばかりのローザ・ルクセンブルクをはじめとして、リープクネヒト、ヨギヒェス（L. Jogiches）等一三名の人々によって構成された。更に、フリードリッヒ街（Friedrichstrasse）にあったロシア電信局の出張所には、中央事務局（Zentralbüro）が設けられ、ここに、スパルタクス団は一つの独立した政治組織としての実体を備えるに至った。そして、当面の諸〻の課題を解決するために、各指導者は夫々の職務を相互に分担して活動することになった。すなわち、戦争時代以来反戦活動によって一躍有名になるに至ったリープクネヒトは、レヴィ（P. Levi）、H・ドゥンカー（H. Dunker）、ピークの助力をえて、街頭、広場、工場、兵舎における実践活動に専念したのに対し、ローザ・ルクセンブルクは機関紙「ローテ・ファーネ」を主宰し、レヴィ、タールハイマー（A. Thalheimer）、ランゲ（P. Lange）と協力して、党理論の作成に献身した。そして、革命勃発後とみに重要性を増すに至った組織活動はヨギヒェスの手に委ねられることになった。その他、婦人青年運動の指導はH及びK・ドゥンカーに委任され、また、兵士に対する活動のためには、「赤色兵士団」（Der Rote Soldatenbund）が結成され、ブディヒ（Budich）の指導下におかれた。[33] スパルタクス団の中央指導部は以上のように運営され、職務の分担もまた行われた。しかし、革命の忙しい時代には、大衆のエネルギーをコントロールし、急変する事態に対処して一貫した方針を貫くために、特に強力な最高指導者《トップ・リーダー》をもつことが必要であり、また、指導者の間の結合関係、すなわち「政治指導《リーダーシップ》の構造」は特に強靭でなければならなかった。そして、かかる必要の具現されたものとしては、レーニンによって統率された、二月革命後のボルシェヴィキの活動を、そのもっとも代表的な例証として挙げることが出来よう。これに対し、スパルタクス団はかかる統一ある強力な指導力を確立することが出来なかった。もとより、このような欠陥は、事態が極度に尖鋭化しない間は、比較的表面にあらわれなかった。しかし、それは、スパルタクス団が現実のはげしい嵐の中に巻き込まれるに至ったとき、すなわち、とくに、のちの「一月闘争」(Januarkämpfe) の過程において、如実に証明されることになった(この点については後に詳述する)。そして、かかる現象は、ローザ・ルクセンブルクの革命理論における、党の指導的役割に対する評価の欠如と相表裏するところのものであった。すなわち、ローザ・ルクセンブルクは、一一月一八日の「ローテ・ファーネ」において次のようにのべている。「巨大な仕事、それは若干の上からの命令によって、掌を返すごとくに即座に成し遂げられるものではない。それはただ、都市及び地方における労働者大衆の自らの意識的な行動によってのみ実現される。それはただ、人民大衆の、最高度の精神的な成熟と尽きることのない理想主義とによってのみ、ありとあらゆる嵐をも乗りこえて、究極の目的地へと辿りつくことが出来るのである(34)」と。これはローザ・ルクセンブルクが大衆運動に関してもつ自然発生性理論の端的な表明であり、上からの命令 (Dekrete von oben) と大衆の行動 (Aktion der Masse) とを分離して考えようとするかかるローザ・ルクセンブルクの見解は、革命における党の政治指導の重要性を軽視したものとして、現在、ドイツ統一社会党の理論的指導者によって鋭く批判されている(35)。

＊　ドイツ革命におけるスパルタクス団の理論及び実践に対しては、第二次世界大戦後、グローテヴォール、ピーク、ウルブリヒト (W. Ulbricht) 等のドイツ統一社会党の指導者によって、鋭い批判が加えられている(36)。ところで、前述したように、スパルタクス団の理論的指導者はローザ・ルクセンブルクであったので、とくに、彼女の理論は、ドイツにおいてのみでなく(エルスナー F. Oelssner、フレーリッヒ(37))、わが国においてもまた(猪木正道氏、吉村勵氏(38))、多くの研究及び批判の対象とされている。そして、この際とくに重要な問題の一つとされているのは、『ユニウス・ブロッシューレ』及び『ロシア革命論』等の著書にあらわれた、革命前におけるローザ・ルクセンブルクの理論と、ドイツ革命勃発後における彼女のそれ

との関係であり、しかも、この問題は通常、ローザ・ルクセンブルクの理論と、レーニン乃至ボルシェヴィキのそれとの対比という視野から取扱われている。

しかし、これらの諸研究は、ローザ・ルクセンブルクの評価に関しては、夫々その立場を異にしている。先ず、フレーリッヒとエルスナーとは、ドイツ革命という歴史的現実に直面して、ローザ・ルクセンブルクが、『ロシア革命論』執筆当時におけるその見解の多くを修正するに至ったということを認める点においては、意見が一致している。しかし、ドイツ革命勃発後のローザ・ルクセンブルクの理論と、レーニン乃至ボルシェヴィキの理論との間になお存在する見解の相違を、いかに評価するかという点においては、彼らは全くその立場を異にしている。すなわち、フレーリッヒは、民族問題に関するローザ・ルクセンブルクの見解に対しては批判的であるが、その他の点については一貫してローザ・ルクセンブルクの立場を擁護している。これに対し、エルスナーは、ローザ・ルクセンブルクの誤謬は、いかなる人間にも存在しうる、断片的な、また偶然的な誤謬ではなく、それらは、夫々内的な聯関をもった、体系的な誤謬であると論じ、彼女の誤謬はテールマン(E. Thälmann)によってはじめて克服されたとしている。しかし、これらの研究は、いずれも、ローザ・ルクセンブルクに関する、詳細且つ体系的な研究であり、ローザ・ルクセンブルクの研究にとっては、ともに、必要欠くべからざる重要な文献であろう。

わが国の研究においてもまた、猪木・吉村両氏は、ローザ・ルクセンブルクの評価に関して、全くその立場を異にしている。すなわち、猪木氏は、ローザ・ルクセンブルクの見解を、一括して、西欧共産主義のそれと規定し、これを、ボルシェヴィズム＝東欧共産主義と対比させておられる。これに対し、吉村氏は、ドイツ革命という歴史的実践の過程において、ローザ・ルクセンブルクは急速に過去の誤謬を自己批評するに至ったと主張され、更に、ローザ・ルクセンブルクの理論とレーニンのそれとの差異は、基本的方向の同一性の下における意見の差異であるにすぎない、従って、彼らの対立を西欧共産主義と東欧共産主義との対立とみる猪木氏の見解は、副次的な対立を、宿命的な対立、乃至原則的な対立にまでたかめようとする「歪曲」である、として、鋭く反駁しておられる。

さて、先ず第一の問題は、ドイツ革命前におけるローザ・ルクセンブルクの見解と革命勃発後におけるそれとの関係であるが、ドイツ革命という歴史的実践の過程において、ローザ・ルクセンブルクが、『ロシア革命論』執筆当時における自己の見解の多くを修正するに至ったことは、革命勃発後「ローテ・ファーネ」に掲載されたローザ・ルクセンブルクの諸論説、彼女自身の起草したスパルタクス団のプログラム、[39] 及びポーランドにおける彼女の同志、ワルスキー（W. Warski）の証言[40]等から明らかであろう。先ず、革命の具体的発展ともっとも重要な関係に立つ戦術、とくに、協議会《レーテ》か議会かという問題については、ローザ・ルクセンブルクは、革命後直ちに、曾つての協議会プラス議会という方式を改め、《すべての権力を協議会《レーテ》に》という戦術を主張するに至った。また、農業問題に対する見解をのぞけば、他の民族自決の問題、及びテロルの問題に関してもまた、自説の多くを変更したと考えられる。そして、『ロシア革命論』が彼女自らの手によって出版されなかったということは、彼女が、ドイツ革命の進展によってそれを完成すべき時間をもたなかったことの他に、なお、その間に彼女自身の見解に著しい動揺が生じたためであるといわれている。[41]

　第二の問題は、ローザ・ルクセンブルクの見解とレーニンのそれとの間の関係であるが、これら両者の間に相違点が存在することは、殆どすべての著書の承認するところであり、ただその相違が本質的なものであるか否かという点において見解が分れている。この問題は、もとより、第一の問題と密接な聯関をもっている。従って、この問題の解決は、ローザ・ルクセンブルクの見解の歴史的な変遷に周到な注意を払ったのちにはじめて可能になる。しかし、この問題の根本的な解決のためには、更に視野を拡げて、ローザ・ルクセンブルクの理論体系の全体を問題にしなければならないであろう。何となれば、具体的な状況に対応するある人の戦術は、その人の基本的思惟構造（哲学的世界観、経済理論等）を究明することによってはじめて、理解しうるものであるからである。そのような観点に立つとき、エルスナーの著書は、われわれに対し、もっとも多くの示唆を与えるものということが出来よう。蓋し、ローザ・ルクセンブルクの思惟構造が、西欧共産主義のそれであったか否かを別として、レーニンの思惟構造とは根本的に異るものであったことは、承認されなければならないことである。

　しかし、ドイツ革命の研究にとってもっとも重要なことは、いうまでもなく、ローザ・ルクセンブルクの理論が、ドイツ革命の具体的発展にいかなる影響を及ぼしたかということである。そして、このように、ドイツ革命がおかれた具体的状況と彼女の理論との絡み合いを考察することによってはじめて、彼女の理論の妥当性乃至欠陥を実際に測定することが出来る。ところで、このような観点からみれば、ローザ・ルクセンブルクの自然発生性理論及び指導機関としての党の役割の軽視は、現実に革命の発展に対して極めて重要な意味をもっていたということが出来よう。そして、これが、ドイツにおける革命運動蹉跌の一因をなすものであったことは、すでに本文においてふれた。このような意味における、ローザ・ルクセンブルクの理論的欠陥は、他にもまた農業問題等に見出すことが出来ようが、しかし、ドイツにおける革命運動の蹉跌が、彼女の、従ってまた、スパルタクス団のこのような理論的欠陥によってのみ決定されたのでないことは、改めていうまでもないことである。そして、この革命運動の蹉跌の全過程を、綜合的に把握することこそ、実は、本章の目的とするところなのである（なお、彼女が、その死の直前に、革命における政治指導《リーダーシップ》の重要性を深く認識するに至ったことについては後述）。

スパルタクス団は以上のごとき状況にあったが、この間にも、再び革命の情勢は徐々に進展し、一二月六日の事件に示されたごとく*、人民委員政府の主導的地位をしめていた社会民主党と、独立社会民主党左派を含めた革命派との闘争は次第に激化した。そこで、スパルタクス団は、人民委員政府に協力を続けてきた独立社会民主党指導部の在来の行動を糾弾し、これを契機としてその左派を自己の陣営に引き入れんがために、一二月中に独立社会民主党の党大会を招集すべきことを提案した。しかし、党指導部は、交通状態の紊乱を理由に、国民議会召集前に党大会を開催することは不可能であるとして、この提案を受け入れようとはしなかった。ここに及んで遂に、スパルタクス団は自ら独立した政党を創設することに意を決し、かくして、一二月三〇日から三日間、ベルリンにおいて党創立大会が開催されるに至った。この大会には、ブレーメン（Bremen）を中心とするドイツ国際共産主義者（Internationale Kommunisten Deutschlands）、別名ブレーメン左派も参加し、ここにドイツ共産党が成立をみた。しかし、この党創立大会においては、革命勃発後新たに党に参加した、極度に急進的な分子が優越を占め、或は、反議会主義的＝サンヂカリスト的思考様式の故に、或はまた、革命状態の過大評価**から、彼らは党指導部の方針と異る決定を下すに至った。すなわち、ローザ・ルクセンブルクは、つとに、社会主義的プロレタリア大衆の勝利は少数者の玉砕的な試みによってえられるものでないことを力説していたが、[42] 彼女は、同大会の席上、「同志よ、貴方がたには急進主義を愉しんでいるようなところが見受られる。われわれは、敵に対しては断乎として前進しなければならないが、その際、真剣な態度と静かな熟慮とを失ってはならない」とのべて、急進主義者に警告を発するとともに、翌年一月一九日に行われることになった国民議会選挙への参加を促し、「われわれは、議会主義的活動をするためにではなく、国民議会というこの反革命の牙城に対して大衆を動員し、尖鋭な闘争を行うためにこそ、国民議会の演壇を利用しなければならない(43)」と叫んだ。しかし、党指導部の支持をえたローザ・ルクセンブルクのこの提案は、結局六二対二三票でもって否決された。党創立大会における代議員の多くは、国民議会をベルリンから放逐し、そのあとに新政権を樹立しようというリューレ（O. Rühle）の提案に賛成し、かくして、《国民議会には機関銃を》という途を選択することになった(44)。このようにして、ローザ・ルクセンブルクを中心とする党指導部の統制と説得とは功を奏せず、彼らの経験と理性とは党内における極端な急進主義によって圧倒されたのである。かかる事態に直面して、ヨギヒェスは党設立の時期尚早であったことを悔いたが、しかし、ローザ・ルクセンブルクは、ツェトキン（C. Zetkin）への手紙において、「若い党は誤謬を乗りこえて自らの途を発見するであろう(45)」とのべて、将来に希望を託した。たしかに、ドイツ共産党は以後党の綱領の下に、ドイツにおける革命運動の発展に少からざる影響を与えることとなったが、しかし、党創立大会における党指導部のかかる敗北は、明らかに党内における政治指導《リーダーシップ》の欠如を物語るものであり、ドイツにおける革命派の前途は、その出発点からすでに多くの波乱を内に蔵していたのである。

＊　この日、三つの事件が生起した。先ず、シュピロ（Spiro）を指揮官とする武装した兵士の一隊が旧宰相邸の前に集合してエーベルトに会見を求め、彼が姿をあらわすや、彼を大統領に推戴したき旨の提案を行った。いうまでもなく、エーベ

ルトはこれを拒否した。また、これと時を同じうして、武装した兵士の他の一隊がベルリン執行協議会の行われていたプロイセン衆議院に押し寄せ、政府の名において、執行協議員を逮捕しようとした。しかし、このときたまたま、人民委員であったバルトがその場に居合せたので、この兵士らの企ては失敗した。他方、街頭においては、スパルタクス団のデモンストレーションと近衛軽騎兵の一隊が衝突し、デモンストレーションの側に数十名の犠牲者を出した。これら三つの事件は、いずれも、午後四時半から五時までの間に生起した。そして、これらの事件が相互に聯関をもつ現象であったということ、とくに前の二つの事件の背後には、若干の右翼分子及び右翼団体が暗躍していたということは疑問の余地がない。彼らは、「革命的オプロイテ」が主導的地位を占めるに至っていた執行協議会、及びスパルタクス団を弾圧し、また、そのために、エーベルトをはじめとする社会民主党を支援することをその目的としていた。社会民主党幹部がこれらの事件に直接に関係していたという証拠を見出すことは出来ないが、この日の事件を契機として、社会民主党と革命派との対立は一段と激化し、更に、社会民主党と独立社会民主党右派との関係もまた次第に悪化するに至った。(46)

＊＊　ガイヤー (C. Geyer) はこのような革命状態の過大評価を、大都市労働者の心理状態から説明しようとする。すなわち、彼は、統計の示す教訓が存在していたにもかかわらず、都市における党員の数的及び権力政治的な強さが、地方における実際の階級関係をしることを妨げたとのべ、それは、「直接的に感ぜられる印象は、あらゆる統計よりも鮮度が強いからに他ならなかった」と論じている。(47)

ドイツにおける革命派の悲劇はただそれだけにはとどまらなかった。すでにのべたように、ドイツにおける革命派の陣営は、スパルタクス団と独立社会民主党左派との二つの陣営に分裂していた。従って、ドイツにおいては、革命派の中に統一ある政治指導《リーダーシップ》を確立するということは非常に困難な問題であった。しかし、彼らの間には統一への動向も存在しないわけではなかった。独立社会民主党左派の有力な組織であった「革命的オプロイテ」の立場は、スパルタクス団のそれと近く、たとえば、一二月一五日に開かれたベルリン独立社会民主党大会においては、人民委員政府における党幹部の行動に対する攻撃及び党大会の招集に関して、両者の意見は完全に一致していた。＊かかる事情のため、両者は一二月はじめ以来しばしば会合して、相互に意見の交換をしていた。しかし、これらの会合において、独立社会民主党を去って新しい党を創設することが提案されたとき、「革命的オプロイテ」は、党内に留まってその勢力を伸張すべきことを主張して、これに反対した。更に、「革命的オプロイテ」は、先ず第一に、強固な組織をもつ集団であり、従って自己の組織力に対する自信をもっていたこと、第二に、彼らは元来労働組合内部の一反対派であって、日常的な急進的政治行動には必ずしも習熟していなかったこと、の故に、スパルタクス団の街頭戦術、たとえば、政府とくに社会民主党の機関紙「フォアヴェルツ」に対して、ある場合には直接的な行動にさえ出るよう示唆する同団のビラや演説に対しては容易に共鳴することが出来なかった。[48] しかも、政府と「人民海兵団」(Volksmarine-Division)との武力衝突(これについては後述)が行われた翌日、すなわち、一二月二五日に、激昂した一部民衆による「フォアヴェルツ」発行所の占拠という事件が発生したが、このときスパルタクス団は、一二月二七日の機関紙「ローテ・ファーネ」において、その一部民衆の行動をほめたたえるとともに、他方、かかる大衆行動に加わらなかった「革命的オプロイテ」の態度を非難した。因みに、この「フォアヴェルツ」占拠事件は、のち、「ローテ・ファーネ」自身によって、その一揆主義的性格の故に批判された。[49] 両者統一に関する交渉が行われたのはかかる事情の下においてであり、従って、統一が実現されうるためには、両者の側における多くの譲歩を必要とした。さて、スパルタクス団のイニシアティヴの下に交渉が開始されたとき、「革命的オプロイテ」は、(一)国民議会選挙不参加の決議を撤廃すること、(二)党幹部会、新聞委員会等の構成は両者によって平等になされること、(三)街頭戦術を詳細に規定し、街頭闘争を行うときは「革命的オプロイテ」の同意をうること、(四)新聞及びビラの内容に対する「革命的オプロイテ」の発言権を認めること、(五)スパルタクス団という名称を削除すること、という五つの条件を提出した(50)。これらの条件は結局スパルタクス団の容れるところとならず、ここに、ドイツにおける革命勢力の陣営は、組織的に二つに分裂したまま、剰え困難な革命闘争を押し進めなければならぬこととなった。

＊　この大会において、ハーゼは「国民議会」召集に賛成し、ローザ・ルクセンブルクは協議会独裁を主張したが、投票の結果は、ハーゼに賛成するもの四八五名、これに反対するもの一九五名で、この段階においては、急進的なベルリンでさえなお右派が主流を掌握していた(51)。

一九一八年末における革命派の状態は以上のごときものであった。先ず、ドイツ共産党は党自体が劣勢であると同時に、革命の組織である協議会《レーテ》に対してもその力を浸透させることが出来なかった。他方、党内においては、極端な急進主義者が擡頭し、党幹部の規制を逸脱するがごとき事態を現出していた。これに対し、党幹部には統一ある強力な政治指導《リーダーシップ》に欠けるところがあり、その革命理論においても、革命における政治指導《リーダーシップ》の役割が高く評価されていなかった。プロレタリア革命の指導権を掌握すべき共産党の状況がかくのごときものであった上に、更に、ドイツにおける革命的陣営は二つの組織に分裂していたので、彼らの間に統一的な政治指導《リーダーシップ》を確立するということは、甚しく困難な問題となっていた。そして、革命派は、かかる状態のまま、ドイツ革命における一つのエポック・メイキングな事件を迎えることとなった。すなわち、それは一月五日から凡そ一週間に亙って行われた所謂「一月闘争」である。

前述したように、一二月六日の事件以来、社会民主党と独立社会民主党との対立は次第にその度を深め、一二月中旬に行われた全国労兵協議会においても、その執行機関として新たに設立さるべき中央協議会（Zentralrat）の権限をめぐって、社会民主党と独立社会民主党との間にはげしい論戦が戦わされ、結局、独立社会民主党はその意見の容れられないことを理由として中央協議会に参加することを拒絶したので、ここに、中央協議会は社会民主党員のみから構成されることとなり、政府における独立社会民主党所属の人民委員は全く孤立無援の状態に陥った。そして更に、一二月二四日、参謀本部の命令及び政府における社会民主党委員の要請に応じて、将校によって統率された前線部隊が出動し、独立社会民主党への傾斜の色を濃くしていた「人民海兵団」を攻撃するという事件が発生した。ここに至って遂に、独立社会民主党委員は政府から離脱することを決意するに至り、ここに、独立社会民主党右派もまた野に下ることとなった。このようにして、これまで辛うじて保たれてきた両党の協調は全く打ちこわされるに至った。両党指導部のかかる対立と相照応して、労働者大衆の対立もまた険悪の度を加えていた。一二月二九日に催された当事件の犠牲者を葬る式典においては、相異る陣営に属する二つのデモンストレーションが鋭く対立し、凡そ一ヵ月前に行われた一一月九日の犠牲者を葬る式典が労働者大衆の統一を目のあたりに示したのと、全く対照的な様相を呈した。「一月闘争」はかかる状況の下に行われた。そもそも、独立社会民主党左派に属するアイヒホルン（E. Eichhorn）は、革命勃発以来ベルリン警視総監の地位にあり、彼及び彼の率いる保安隊（Sicherheitswehr）の存在は社会民主党にとって大きな障碍となっていた。そして、(一) アイヒホルンが一二月二四日の事件において水兵の活動を援助したという理由、(二) 彼が国民議会の召集に反対していたこと、(三) 先にのべた「フォアヴェルツ」占拠事件を契機に同所に発見された武器をアイヒホルンが押収したことの故に、今や彼は社会民主党の憎悪の的となり、独立社会民主党が政府から訣別して以来、「フォアヴェルツ」を中心に、アイヒホルンに対する中傷が盛んに行われるに至った。そして、独立社会民主党が一月三日、更にプロイセン政府からも脱退し、また、共和国兵士隊（Republikanische Soldatenwehr）の長フィッシャー（A. Fischer）からアイヒホルンは保安隊内部でも孤立している旨の報告を受けるや、翌四日直ちに、プロイセン政府はアイヒホルンに対し罷免の辞令を手交するに至ったのである。

他方、四日夕方、一般的な諸問題を討議する目的で、独立社会民主党のベルリン支部幹部及び「革命的オプロイテ」の会合が行われたが、席上アイヒホルン罷免の情報が伝えられるに及び、彼らは急に議題を変更して、政府のかかる処置に対して翌五日デモンストレーションを行うことを決議した。他方、共産党もまたこれと殆ど時を同じうしてデモンストレーションへの檄を発した。ここにおいて注意さるべきことは、独立社会民主党ベルリン支部も、また共産党も、攻府打倒を目標としてデモンストレーションへの檄を発したのではないということである。当時、共産党の党中央指導部は、今この際に政権を奪取することはナンセンスであり、仮りにそのような政府が成立したとしても、それを二週間と保持することは出来ないであろう、という見解を持していた(52)。しかし、五日のデモンストレーションはその指導者が予期した以上に大規模なものとなった。また、このデモンストレーションに参加した人々の一部には感情的に非常に激昂した分子も存在していた。そして、デモンストレーションに参加した群衆は、警視庁の前に集り、アイヒホルンが姿をあらわすことを要求した。そこで、レーデブーア、リープクネヒト、ドイミッヒ、アイヒホルンが相次いでバルコニーにあらわれて演説し、はげしく政府の措置を攻撃した。しかし、このとき彼らはなお、大衆に対して実力の行使を慫慂することをしなかった。大衆はデモンストレーション指導者の命令を待ち尽していた。しかし、彼ら指導者はただ協議を重ねるのみで結論に到達せず、結局決定は夕方の会合に延期されることになった。この夕方の会合には約七〇名のオプロイテ（このうち五分ノ一が共産党に所属していた）、独立社会民主党支部幹部及び共産党代表のリープクネヒトとピークとが参加した。この席上、「人民海兵団」の指導者ドレンバッハ(Dorrenbach)は、「人民海兵団」のみでなく、ベルリンにおける他のすべての聯隊もまた、エーベルト＝シャイデマン政府を打倒するために武器をもって立上るであろう、また、シュパンダウ（Spandau）からも大量の増援軍が来援するであろう、と演説した。なおこのとき更に、フランクフルト（Frankfurt an der Oder）からもまた同様な援助の手が差しのばされるであろうという情報が入電した、と報ぜられた。[53] かくして、会場の雰囲気は急激に昂揚したが、更に、デモンストレーションの一隊による「フォアヴェルツ」その他の新聞社占拠の報道は、かかる雰囲気を一層急進化させた。このような状況の下に、リープクネヒトは遂に、この際はアイヒホルンを守るにとどめず、政府を打倒することが可能であり、且つ絶対に必要であるとのべ、ピークもまた、慎重論を唱えたR・ミュラーに反対して、即時採決、戦闘の開始を主張した。[54] これら共産党二指導者の行動は、明らかに前日の党指導部の決定と矛盾するものであったのみでなく、経済闘争の激化とともに昂揚する労働者大衆のエネルギーを掌握し、その力を協議会《レーテ》に結集せしめることによって、政府の根柢を掘り崩そうと定めた党大会の方針ともまた相反するものであった。これらの日々における「ローテ・ファーネ」の論説を概観すれば*、共産党が政府打倒というがごとき急進的な行動に出ようとしていなかったことは疑いがない。それ故に、ローザ・ルクセンブルク及びヨギヒェスは、リープクネヒトが党本部との連絡なしに政府打倒を直接的な戦闘目的としたことに関し、彼とはげしい論争を展開したのであった。[55] リープクネヒト及びピークは、一部群衆の過激な行動、及び革命情勢に関する誇張的な報告とそれに基く指導者たちの革命的雰囲気に刺戟されて、前日までの冷静な判断を喪失した。何となれば、ドレンバッハの報告が誤りであったことは翌日の経過によって証明され、また、「フォアヴェルツ」発行所の占拠は、実際には、革命的情勢をつくり出し、それによって報酬をえようとした煽動者を混えた、極めて少数の集団によって行われたものであったからである。[56] しかし、この会議の帰趨は、「革命的ォプロイテ」及び党内左派が優越を占めていた独立社会民主党ベルリン支部幹部の掌中に握られていた。彼らは、共産党指導者と同じく、すでに会場の急進的な雰囲気につつまれ、行動への衝動に駆りたてられていたが、更に、彼らは、従来スパルタクス団によって革命的エネルギーの欠如をはげしく非難されていたので、この際にこの汚名を一挙に克服しようとして、共産党と革命的エネルギーの多寡を競うに至り、[57] 彼らの多くは、ドイミッヒ及びR・ミュラーの反対を押して、政府打倒を絶叫するに至った。バルトは、《何をすべきか》ということではなく、《誰がするか》ということにとらわれすぎたことがドイツ革命の悲劇であったとのべているが、[58] 信を置けない大言壮語家といわれるバルトの批判もこの会合に関しては充分妥当しうるであろう。かくして、政府打倒の決議はドイミッヒ、R・ミュラーを含む僅か六名の反対のみで、圧倒的多数をもって可決された。出席者の一人R・ミュラーによれば、この会合のはじめには、自らの行動に対する責任感が鉛のように重く会場を覆っていたが、採決の際には、このような重苦しい雰囲気は、幻想への陶酔によって全く葬り去られるに至った、[59] という。まことに、革命派のエリートは、その行動に主体性を欠いていたが故に、会場の瞬間的な雰囲気に押し流されてしまったのである。このようにして、政府打倒の闘いがはじめられた。そして、この闘いを指導し、政権獲得後、臨時に政務を担当する機関として革命委員会が設立され、レーデブーア、リープクネヒト、ショルツェ（P. Scholze）が議長に選出された。

＊　一月一日以降の「ローテ・ファーネ」における論説は次のごときものであった。[60]
一月一日、「反革命の舞台裏」（これは、ソヴェト・ロシアに対して行われた義勇軍《フライコール》 Freikorps の行動を非難したものであ

る)。

一月二日、「奴隷商人」(同上)。
一月三日、「第一回党大会」。
一月四日、「イタリアにおける革命の展望」。
一月五日、「炭鉱資本の刑吏の僕」。
一月六日、「失業」。

六日のデモンストレーションもまた大規模なものとなった。しかし、この日には、社会民主党を支持する大衆もまた旧宰相官邸の前に集合して、政府を擁護しようとする態勢を示し、ベルリンは緊張した対立の様相を呈するに至った。しかし、革命派のエリートは、街頭で待機する大衆をよそに、「協議し、協議し、また協議した。」(61)これに対して、政府は、革命派を打倒するためには実力を行使するより他はないと決意し、ノスケを総司令官に任じて、すでに参謀本部将校等によって組織されつつあった義勇軍《フライコール》の統合に着手した。政府指導者が、すでに「一月闘争」以前に、緊迫した空気に包まれていた首都ベルリンに対し、政府の軍事力を強化してこれに対処しようとしていたことは疑問の余地がない。一月のはじめ、義勇軍《フライコール》指導者はベルリンの総司令部ビルに集り、ベルリン進駐に関する細目を協議したが、この会合には政府の一員であったノスケもまた出席していた。(62)しかし、「一月闘争」が開始されたとき、政府指導者がいかに自信を欠いていたかは、エーベルトがH・ミュラー(H. Müller)を呼んで、もしもベルリンにおいて政府が打倒されるがごとき事態が発生した場合には、社会民主党の政権を維持するために、ベルリン以外の地においてミュラー政府を樹立するよう依頼したことからも理解することが出来る。(63)まことに、当時ベルリンには約二〇、〇〇〇名の武装隊が存在していたが、政府が信頼を置くことの出来る兵力は一〇〇名にも満たなかったのである。(64) しかし、六日午後以降、ベルリンの情勢は次第に政府側に有利に傾いた。これは革命派が自己の陣営に投ずるものと予定していた兵力は、「人民海兵団」をはじめとして殆ど中立を宣言するに至ったのに対し、他方、政府側においては、社会民主党員からなる武装部隊の編成が進捗するとともに、* ベルリン守備部隊を自軍に引き入れようとする政府の工作が次第に功を奏するに至ったからである。

＊ この社会民主党の組織した「共和国防衛隊」(Republikanische Schutztruppe) は三大隊、四、〇〇〇名を数えたという。(65)

六日のベルリンは、政府と革命派との対立のうちに暮れたが、党内右派に属する独立社会民主党幹部は、この日昼以来、両者の調停に着手しはじめていた。しかし、政府は力をもって革命派を制圧しようと考え、また、革命派はこれに応じはしたものの、なお「フォアヴェルツ」発行所の保持に固執したので、この調停は遂に功を奏せず、八日にはこの独立社会民主党幹部の努力は挫折した。しかし、九日には、A・E・G (Allgemeine Elektricitäts-Gesellschaft) 及びシュヴァルツコップフ工場の数千名にのぼる労働者が、フムボルト林苑 (Humboldthain) に会合し、労働者階級の相互の殺戮に終止符を打つために、社会民主党、独立社会民主党、及び共産党から夫々二名ずつ、計六名の労働者からなる調停委員会を新たに設立するに至った。しかし、この委員会の調停も一向に進捗をみないうちに、政府は攻撃を開始し、一一日朝には「フォアヴェルツ」発行所が政府の掌中に帰し、一一日から一二日の朝にかけては警視庁もまた政府の手に奪還された。更に、革命派によって占拠された他の新聞社も、これらと前後して相次いで政府軍の手に落ちた。そして、ノスケは、一一日三、〇〇〇名の義勇軍《フライコール》を率いてベルリンに進駐したが、強力なこの義勇軍《フライコール》の援軍をえることによって、ここに、政府軍の勝利は不動のものとなった。

さて、この間、労働者大衆はどのような動向を示したであろうか。すでにのべたように、五日及び六日のデモンストレーションにおいては、彼らは、革命運動のエリートに対し、厖大なエネルギーを提供したが、エリートはただ協議に日を送り、このエネルギーに対して適切な指導を与えることが出来なかった。そこで、これら大衆は、何らなすところなく日の暮れ行くとともに家路についたのであった。そして、九日革命委員会のゼネラル・ストライキ宣言に従って再び労働者大衆の大デモンストレーションが催されたが、すでにこのときには、ベルリン労働者の間には流血の闘争の中止を叫ぶものが少くなく、非難の声は、政府指導者に対してあげられただけでなく、また、革命運動の指導者にも向けられ、労働者はこれら指導者の頭をこえて統一しなければならぬとすら主張されるに至った。(66) このように革命闘争が宣言されてから僅か数日にして、大衆は革命派のエリートから遊離しはじめたのである。

他方、革命派のエリートが闘争のはじめにいかに行動したかについてはすでにふれたが、「革命的オプロイテ」及び独立社会民主党ベルリン支部の幹部は、六日夕方、独立社会民主党幹部の斡旋を受諾し、前日打倒すべきことを決定したばかりのその政府と妥協を試みようとするに至った。* まことに、これら指導者には、大衆を指導する決断と能力とが全く欠けていた。政府打倒の宣言公布後彼らが積極的に行った処置としては、翌六日にジーゲスアレ(Siegesallee)においてデモンストレーションを行う旨を宣言したこと、及び兵士獲得のために若干の宣伝活動をしたことを除けば、あとは九日に再びデモンストレーションへの檄を発したにとどまるといっても決して過言ではなかったのである。

* 一月七日、彼らは、新聞社の占拠は単に闘争を遂行するための手段にすぎない、従って、満足しうる協定が成立した場合

は、われわれはこれらの建物から撤収するであろう、と宣言するに至った。コパー(R. Copper)はこれを評して、歴史上最初の《交渉革命》であったとのべている。(67)

それならば、この間共産党指導者はいかなる行動をとったのであろうか。リープクネヒトが党本部との連絡なしに独断的な行動をしたことに対し、一月八日、中央指導部の会合において、彼とローザ・ルクセンブルク及びヨギヒェスの間にはげしい論争が交されたことについてはすでにふれたが、「一月闘争」の間における党中央指導部の行動についてはなお明らかでないところが多い。リープクネヒトはこれらの日々つねに戦闘員の隊伍にあり、常時生命の危険に曝されつつ、戦闘部署から戦闘部署へと移動していた。彼は局地的な小ぜり合いに身をもって参加し、戦闘員の精神的支柱となっていた。他方、ローザ・ルクセンブルクは政府打倒というスローガンに対してはじめから反対であったが、実際にかかる闘争がはじまった以上はこの闘争に反対することは出来なかった。そこで、彼女はこの闘争を一つの防衛闘争であると規定しようとした。すなわち、彼女の見解によれば、エーベルト政府の打倒は革命的プロレタリアを結集するための宣伝的なスローガンにはなりうるが、革命闘争そのものの目的にはなりえない、かかる闘争は、もっとも上首尾に運んでも、ベルリン・コミューンの成立を可能にするだけである、従って、この闘争は反革命の防禦でなければならなかった。かくして、彼女は、アイヒホルンの警視総監復活、ベルリンの革命的プロレタリアを弾圧した軍隊の武装解除、プロレタリアの武装、軍隊における指揮権の革命代表への移管、労兵協議会の改選等を要求し、この諸要求実現のためには、協議をしてはならない、行動をしなければならぬとしたのである。(68) しかし、当時の共産党指導者の中で、この闘争に対しもっとも否定的であったのは、ラデックであった。彼は一月九日党中央指導部にあてた書翰において、労働者政府は大衆組織、すなわち労働者協議会なしには成立しえない、ところで、この労働者協議会は現在有名無実に近いのであるから、現在プロレタリア政権獲得など考えることは出来ないとし、闘争を中止するよう「革命的オプロイテ」に勧告することを要求し、今や運動は協議会をめぐる闘争に移らなければならないとのべている。(69) 党はローザ・ルクセンブルクの見解に従っていたので、ラデックのこの要求は党中央指導部の容れるところとならなかったといわれている。(70) しかし、一〇日には党中央指導部も遂に、リープクネヒト及びピークに対して、革命委員会への参加を禁止する処置を講ずるに至った。ところで、「一月闘争」の期間中、党中央指導部の各メンバーが抱いていた見解及び同指導部の具体的な措置の詳細については、前述したごとく依拠すべき史料が殆ど存在していないが、(71) リープクネヒトの行動に見られるごとく、党指導者の間に充分な連絡、調整がとれず、従って、党として統一ある指導を行うことが出来なかったこと、また、それと聯関して、党中央指導部が革命闘争の過程に殆ど影響を及ぼすことが出来なかったということは、否定することの出来ない事実であろう。このようにして、「一月闘争」というドイツ革命におけるもっとも重要な闘争の一つにおいて、党中央指導部はその指導力の欠如を遺憾なく暴露することになったのである。

かくして、革命派の敗色は覆うべくもなく、遂に一三日には、「革命的オプロイテ」及び独立社会民主党ベルリン支部幹部会も労働者に就業を勧告するに至り、ここに、「一月闘争」は革命派の敗北のうちに終焉した。(72)

以上のように、革命派は、誇張された、更にはまた、多分に作為的に盛り上げられた革命的雰囲気に刺戟されて、政府に決戦を挑んだのであったが、決戦の布告ののち、大衆運動の昂揚を目のあたりにするや、今度は専ら協議を重ねることに時を費し、時期尚早のベルリン蜂起は全く失敗に終った。* もしも闘争の指導者が決断力ある行動に出たとするならば、政府軍の兵力が弱体であった点から考えて、この闘争は、少くともベルリンにおいては、成功を収めえたであろう、という主張は、当事者乃至同時代人によってしばしばのべられている。** しかし、かかる「仮説《イフ》」の問題は別としても、この時期尚早の蜂起と失敗とは、たしかに、革命陣営における政治指導《リーダーシップ》の欠如と革命勢力の分裂に負うところ大であった。すなわち、革命勢力の間に真の指導力が確立されていなかったが故に、彼らは、大衆のエネルギーを革命の組織である労兵協議会に結集、拡大するという戦術を無視して、直ちに急進主義的行動に走ったのであり、また、革命勢力の分裂は、彼らの間に革命性の競合という現象を生み出すことによって、かかる政治指導《リーダーシップ》の欠如を一層助長することになったのである。そして更に、一たび大衆運動が昂揚するや、彼らは行動から逃避することによって大衆のエネルギーを空しく放散させ、ここに再び政治指導《リーダーシップ》の欠如が遺憾なく暴露されることとなった。ところで、このような傾向は「一月闘争」においてはじめてあらわれた現象ではなく、すでにそれ以前から存在していたことは前述したところから明らかであろう。「一月闘争」はこのような条件を背景にしてはじめて起りえたのであり、従って、それを単なる偶発的な現象であるとすることは出来ないであろう。しかし、このような失敗は、革命派のエリートにとって、決して徒爾に終ったわけではない。ローザ・ルクセンブルクはすでに、一月一一日の「ローテ・ファーネ」において、「……大衆のエネルギーの結集と、闘争に当ってかかるエネルギーを指導するにふさわしい機関の創設——それは、次の時期における焦眉の課題であり、大衆の恐るべき前進と指導者の悲しむべき無能とが示された過去五日間の教訓の中で、もっとも重要なものである」とのべている。[73] このように、大衆のエネルギーとエリートの政治指導《リーダーシップ》とを結合することの重要性は、「一月闘争」における失敗の経験を契機に、革命派のエリートによって強く認識されるに至った。しかし、「一月闘争」における政治指導《リーダーシップ》の欠如が生んだ悲劇は、「一月闘争」の敗北だけには終らなかった。一月一五日夜、リープクネヒト及びローザ・ルクセンブルクは、「一月闘争」における彼らの行動の故に、義勇軍《フライコール》の手に捕えられ、彼らの手で虐殺された。ただでさえ、指導力に欠けていたドイツの革命運動は、その欠如に基く闘争の敗北によって、更に政治指導《リーダーシップ》の支柱を失ったのである。ここに至って、ドイツにおけるプロレタリア革命の前途は殆ど閉されてしまったかのように思われた。蓋し、ヒルファーディンク（R. Hilferding）は、この「一月闘争」を、「ドイツ革命におけるマルヌの戦い」と呼んでいる。(74)

＊　ドイツ統一社会党の指導者ウルブリヒトは「一月闘争」を批判して次のようにのべている。「アイヒホルン罷免の撤回、ノスケ白軍の武装解除、プロレタリアの武装のために、大衆ストライキ及び政治ストライキに訴えた檄は、一一月革命の成果を確保するために歴史的に必須の措置であった。しかし、革命委員会がそれをこえて、エーベルト＝シャイデマン政府の打倒を唱えたことは誤りであった。何となれば、そのための諸条件はなお存在していなかったからである」(75)と。

＊＊　ノスケは、この点について、「もしも、群衆が、大言壮語家ではなく、決断力のある、目的意識性をもった指導者に恵まれていたならば、彼らは、この日の正午に、ベルリンをその掌中に収めることが出来たであろう」とのべている。(76) 他方、当時の共産党指導者の一員であったフレーリッヒもまた、「この決戦のイニシアティヴは完全に反革命が握っていた。しかし、労働者階級はなお強力な切札をもっていた。彼らはなお武器をもち、戦闘意志をもっていた。決然たる行動に出たならば、恐らく、中立を声明していたベルリンの諸聯隊をも自己の味方に引き入れることが出来たであろう。街頭闘争が精力的に賢明に指導せられたならば、それは、政府軍にとって非常な重荷となったであろう。ベルリンにおける勝利は不可能ではなかった。危険はこの勝利の背後に、すなわち、地方における運動の後進性の中に潜んでいた」といっている。(77)

（1）E. Stadler, *Die Weltkriegsrevolution*, 1920, S. 65.
（2）M. Fainsod, *International Socialism and the World War*, 1935, p. 179.
（3）Rosa Luxemburg, *Ausgewählte Reden und Schriften*, Bd. II, 1951, S. 597.

（4）O. Flechtheim, *op. cit.*, S. 245, "Was will der Spartakusbund" の一節。

（5）レーニン二巻選集、第一巻第六分冊、二七七—二七八頁。

（6）H. Kohn, *The Twentieth Century*, 1950, pp. 64—65.

（7）A. Rosenberg, *Geschichte der Bolschewismus*, 1932, SS. 37—41 und S. 91; E. H. Carr, *The Bolshevik Revolution 1917—1923*, vol. I, 1950, pp. 84—85.

（8）なお、シュレジンガーは、協議会《レーテ》のうち、政治的なもののみをソヴェトとよび、協議会《レーテ》とソヴェトとを相異る概念と考えている。R. Schlesinger, *op. cit.*, p. 189.

（9）E. H. Carr, *op. cit.*, vol. II, p. 57 sq.

（10）*Reichs=Gesetzblatt* 1916, Nr. 276, SS. 1333—1339.

（11）"Verordnung über Tarifverträge, Arbeiter— und Angestelltenauschüsse und Schlichtung von Arbeitsstreitigkeit", *Reichs=Gesetzblatt* 1918, Nr. 192, SS. 1456—1467.

（12）R. Müller, *op. cit.*, Bd. II, S. 32.

（13）H. Müller, *op. cit.*, S. 92.

（14）『ソヴェト同盟共産党史』、スターリン全集第一五巻、昭和二五年、一八〇頁。

（15）E. H. Carr, *op. cit.*, vol. I, pp. 40—41.

（16）『ソヴェト同盟共産党史』、一七八頁。

（17）O. Grotewohl, *op. cit.*, S. 56.

（18）P. Price, *Germany in Transition*, 1923, p. 235.

（19）W. Pieck, *op. cit.*, Bd. I, S. 96（邦訳、前掲書、五九頁）。

（20）全国労兵協議会における代議員の勢力分布

総数 488		
	社会民主党	289
	独立社会民主党	90
	内（スパルタクス団）	(10)
	民　主　党	25
	統一革命派	10
	兵士の特殊集団	27
	無　所　属	47

W. Tormin, *op. cit.*, S. 93.

なお、代議員の総数及び勢力分布については、文献によって夫々若干の差異が見受けられる。たとえば、R. Müller, *op. cit.*, Bd. II, SS. 203—204; *Illustrierte Geschichte*……, SS. 249—250; R. Fischer, *Stalin und der deutsche Kommunismus*, 1948, S. 85; O. Grotewohl, *op. cit.*, S. 73 参照。

(21) *Ibid.*, S. 56.

(22) R. Müller, *op. cit.*, Bd. II, SS. 234—235.

(23) *Ibid.*, S. 253 und SS. 258—259; W. Tormin, *op. cit.*, S. 77.

(24) R. Müller, *op. cit.*, Bd. II, S. 56; W. Tormin, *op. cit.*, SS. 74—75.

(25) *Ibid.*, SS. 89—92.

(26) R. Müller, *Der Bürgerkrieg in Deutschland*, 1925, S. 86.

(27) P. Fröhlich, *op. cit.*, S. 327.

(28) F. Borkenau, *The Communist International*, 1938, S. 144.

(29) A. Rosenberg, *Geschichte der deutschen Republik*, 1935, S. 29.

(30) H. Schüler, *Die politische Arbeiterbewegung Deutschlands.* 1933, S. 29, zitiert bei O. Flechtheim, *op. cit.*, S. 41.

(31) H. Schüler, *op. cit.*, S. 29.

(32) O. Flechtheim, *op. cit.*, S. 41.

(33) P. Fröhlich, *op. cit.*, SS. 311—312; W. Pieck, *op. cit.*, Bd. I, SS. 99—101（邦訳，前掲書，六二—六四頁）。

(34) Rosa Luxemburg, *op. cit.*, Bd. II, SS. 594—595.

(35) F. Oelssner, *Rosa Luxemburg*, 1952, SS. 128—129.

(36) O. Grotewohl, *op. cit.*, S. 9 sq. und S. 66 sq.; F. Oelssner, *op. cit.*, S. 127 sq.; W. Ulbricht, *Der Zusammenbruch Deutschlands im ersten Weltkrieg und die Novemberrevolution*, 1952, S. 19 sq.; W. Pieck, *op. cit.*, Bd. I, S. 409 sq.（邦訳，前掲書，九一頁以下）。

(37) F. Oelssner, *op. cit.*; P. Fröhlich, *op. cit.*

(38) 猪木正道，前掲書及び吉村勵，「ドイツ労動運動史の一視角—猪木正道氏による歴史の歪曲」，経済学雑誌，第二四巻，第四号。

(39) Rosa Luxemburg, *op. cit.*, Bd. II, S. 594 sq.; O. Flechtheim, *op. cit.*, SS. 237—245.

(40) W. Warski, *Rosa Luxemburgs Stellung zu der taktischen Problemen der Revolution*, 1922.

(41) P. Fröhlich, *op. cit.*, S. 296.

(42) O. Flechtheim, *op. cit.*, S. 240, "Was will das Spartakusbund" の1節。

(43) A. Rosenberg, *op. cit.*, S. 62.

(44) H. Ströbel, *The German Revolution and After*, p 107.

(45) P. Fröhlich, *op. cit.*, SS. 329—330.

(46) R. Coper, *op. cit.*, p. 150 sq.; R. Müller, *Vom Kaiserreich zur Republik*, Bd. II, S. 165 sq.; *Illustrierte Geschichte* ……, S. 242 sq.

(47) C. Geyer, Der Radikalismus in der deutschen Arbeiterbewegung, 1923, zitiert bei W. Tormin, *op. cit.*, S. 111.

(48) R. Müller, *Bürgerkrieg in Deutschland*, S. 87.
(49) *Ibid.*, SS. 88—89.
(50) *Illustrierte Geschichte*……, S. 267; R. Müller, *op. cit.*, S. 89.
(51) W. Tormin, *op. cit.*, S. 86.
(52) R. Müller, *op. cit.*, S. 30.
(53) *Georg Ledebour*, S. 92.
(54) R. Müller, *op. cit.*, S. 33.
(55) *Illustrierte Geschichte*……, S. 283.
(56) R. Müller, *op. cit.*, SS. 41—42.
(57) *Ibid* SS. 35—36.
(58) E. Barth, *op. cit.*, S. 129.
(59) R. Müller, *op. cit.*, S. 36.
(60) P. Fröhlich, *op. cit.*, S. 334.
(61) 一年後，「ローテ・ファーネ」は，大衆が行動を欲しているとき，指導者は協議し，協議し，また協議したと，彼らの態度を難詰した。G. Noske, *Von Kiel bis Kapp*, 1920, SS. 69—70.
(62) L. R. Maercker, *Vom Kaiserheer zur Reichswehr*, 1921, SS. 64—65.
(63) H. Müller, *op. cit.*, SS. 257—258.
(64) G. Noske, *Erlebtes aus Aufstieg und Niedergang einer Demokratie*, 1947, S. 83.
(65) L. R. Maercker, *op. cit.*, S. 36.
(66) R. Müller, *op. cit.*, SS. 58—59.
(67) R. Coper, *op. cit.*, p. 208.
(68) P. Fröhlich, *op. cit.*, SS. 339—341; *Illustrierte Geschichte*……, SS. 283—284.

(69) *Ibid.*, S. 282.
(70) P. Fröhlich, *op. cit.*, S. 341.
(71) *Ibid.*, S. 342.
(72) 「一月闘争」については，*Illustrierte Geschichte,*……, S. 267 sq.; W. Pieck, *op. cit.*, Bd. I, S. 112 sq.（邦訳，前掲書，七八頁以下）; P. Fröhlich, *op. cit.*, S. 339 sq.; *Georg Ledebour*, S. 80 sq.; R. Müller, *op. cit.*, S. 15 sq; H. Müller, *op. cit.*, S. 246 sq.; E. Bernstein, *op. cit.*, S. 128 sq.; G. Noske, *Von Kiel bis Kapp*, S. 66 sq.; L. R. Maercker, *op. cit.*, S. 67, sq.; P. Gentizon, *op. cit.*, p. 189 sq.; Th. Wolff, *op. cit.*, p. 147 sq.; E. O. Volkmann, *op. cit.*, S. 172 sq.; G. Schultze-Pfaelzer, *op. cit.*, S. 221 sq.; R. G. L. Waite, *Vanguard of Nazism*, 1950, p. 58 sq.; W. Tormin, *op. cit.*, p. 113 sq.; R. Schlesingenr, *op. cit.*, p. 161 sq.; R. Coper, *op. cit.*, p. 197 sq. 参照。
(73) Rosa Luxemburg, *op. cit.*, Bd. II, SS. 701—702.
(74) H. Müller, *op. cit.*, S. 246.
(75) W. Ulbricht, *op. cit.*, SS. 35—36.
(76) G. Noske, *op. cit.*, S. 69.
(77) P. Fröhlich, *op. cit.*, S. 338.

第二節　大衆のエネルギーの放散

前節でのべたように、ドイツにおける革命派は、政治指導《リーダーシップ》の欠如と組織の分裂との故に、時期尚早の蜂起を起して敗北した。そして、首都ベルリンにおける革命派のこの挫折によって、ドイツにおけるプロレタリア革命の前途は暗澹たるものとなった。事実、一月一九日には、第一回全国労兵協議会の決定通り、国民議会の選挙が平穏裡にとどこおりなく挙行され、*この国民議会は二月六日からその活動を開始することになった。このようにして、革命後のドイツは一応安定への途を歩むかに思われた。しかし、それと殆ど時を同じうして、ドイツ国内の各地に、大衆の現状不満のエネルギーが著しく昂揚してきた。これは、革命の二大支柱をなしてきた労働者階級及び兵士層が、革命の発展に対しはげしい幻滅を感じはじめたがためであった。

＊　一九一九年一月一九日の国民議会選挙の結果は次の通りであった。(1)

ドイツ社会民主党（S. P. D.）	165
キリスト教人民党〔中央党〕（Christliche Volkspartei）	90
ドイツ民主党（Deutsche Demokratische Partei）	75
ドイツ国家人民党（Deutschnationale Volkspartei）	42
ドイツ人民党（Deutsche Volkspartei）	22
ドイツ独立社会民主党（U. S. P. D.）	22
バイエルン農民聯盟（Bayerische Bauernbund）	4
ドイツ・ハノーファー党（Deutsche Hannoversche Partei）	2
諸　派	1

この結果、前三者からなるワイマール連合（Weimarer Koalition）のシャイデマン内閣が出来、エーベルトが大統領に選出された。

さて、のちに第三章において詳細に論及するごとく、社会化（Sozialisierung）というスローガンは、一般大衆に対して、新しい生活設計のための建設的象徴《ブラス・シンボル》として機能し、革命後いくばくもなくして時代の流行語となった。そして、当時労働者階級は、四年有余に亙る戦時下の辛苦に打ちひしがれ、革命勃発後においてもなお、物資の欠乏とインフレーションの下で塗炭の苦しみにあえいでいたので、資本主義の克服を目的とするこの象徴《シンボル》は、労働者階級の間から、とくに強力なエネルギーを吸収することが出来たのである。このような事態に臨んで、人民委員政府は、一九一八年一一月末に社会化委員会（Sozialisierungskommission）を設立し、これに社会化実現の方法を討議させることにした。しかし、政府及び社会化委員会は社会化に対しては何ら実質的な処置を講じようとはしなかった。そこで、労働者階級の間に、社会化の実現及びその実施機関としての経営協議会の確立を求める運動が急速に拡大し、ここに先ず、労働者階級の間に、厖大な反政府的エネルギーが醸成されることになった。

次に、第四章において詳述するように、革命勃発後、兵士の将校に対する反感は非常に強く、彼らは、軍隊における将校の権限を剥奪し、兵士協議会をもってこれに替えるべきことを強く主張していた。一月一九日の命令が兵士協議会の権限を剝奪して将校の権限を復活させたことは（これについては第四章第三節参照）、兵士協議会の態度を極度に刺戟したが、更に、一二月末以来将校を中心に進められてきた義勇軍《フライコール》の形成及び労働者階級に対する彼らの攻撃は、なお兵士たる身分にとどまっていた人々のはげしい憤怒をよび起した。かくして、兵士層は、兵士協議会の権限維持と義勇軍《フライコール》の解散とを求めて立上り、ここに、反政府的エネルギーは兵士層の周囲にもまた醸成されることになった。

以上のようにして、労働者階級及び兵士層の間には、次第に現状に対する不満が累積していった。かかる状況の下においては、革命の帰趨は、いつに、革命派のエリートがかかる大衆のエネルギーをいかに統合し、またいかに嚮導するかということにかかっていた。以下、革命運動の具体的経過のあとを追うことによって、この問題の解明を試みることにしたい。

さて、政府軍と革命派との闘争の発端は、ブレーメンに対する政府軍の攻撃にはじまる。ブレーメンにおいては、これまでも、独立社会民主党及び共産党が優勢な地位を占めていたが、ベルリンにおける「一月闘争」の影響はいち早くこの町に波及した。すなわち、一月一〇日、ブレーメンの共産党は市役所（Rathaus）前にデモンストレーションを催し、エーベルト＝シャイデマン政府の打倒、市参事会（Senat）の総辞職、兵士協議会からのブルジョア的及び右翼社会主義的分子の排除、人民委員（Volkskommissariate）の任命等を要求した。これに対し、ブレーメン労兵協議会はこれらの要求を容れ（この決定に際して社会民主党員は退席）、独立社会民主党、共産党及び兵士協議員からなる人民委員政府（Rat der Volkskommissare）を選出するに至った。このとき、当時病床にあった共産党ブレーメン地区の指導者クニーフ（J. Knief）は、ベルリン事件の過大評価を戒め、ブレーメンにおける時期尚早な政権獲得に反対した[2]。しかし、彼の忠告は急進主義者の容れるところとならず、ここに、ブレーメンは他に先がけて革命派の支配の下におかれることになった。これに対し、ノスケを総司令官とする義勇軍《フライコール》の形成は、「一月闘争」を境に次第に進捗し、一月末には、リュトヴィッツ（Lüttwitz）将軍は、ノスケに対し、地方に兵を派遣することが出来るまでになったと報告している[3]。そこで、ノスケはこの義勇軍《フライコール》を使用して、革命派の統治下におかれたブレーメンを制圧することに意を決した。しかし、先ず第一に、ノスケ自身の認めているように、当時革命派鎮圧のために使用しうる政府軍の兵力はなお僅少であったため、第二には、もしも、ブレーメンをめぐる緒戦に政府軍が敗北するならば、それは革命派に対するのちの作戦に重大な影響を及ぼすであろうという考慮から、ブレーメンに対する攻撃は慎重に行われなければならなかった[4]。そして、政府軍は種々の準備工作を行ったのち、遂に二月三日攻撃を開始した。これに対し、ブレーメンの革命派は何ら外部からの援助をうることが出来ず、はげしい闘争ののち、遂にブレーメンは政府軍の手に帰した。このようにして、「一月闘争」の影響に基くブレーメン革命派の政権獲得は、政府軍による革命派攻撃のいとぐちとなり、しかも、彼らは孤立無援のまま政府軍の攻撃の前に倒れたのである。(5)

さて、ブレーメンに対するかかる政府軍の攻撃は、政府と独立社会民主党・共産党との間の闘争の導火線となった。先ず、火の手はラインラント及びヴェストファーレンにあがった。革命勃発以来この地方にはストライキが頻発していたが、初期の階段においては、かかる経済闘争の中心的な目標は賃銀の値上げにおかれていた。しかるに、社会化への要求が普遍化するにつれ、これらの運動は社会化の実現をその主たる闘争目的とするに至った。しかし、前述したごとく政府及び社会化委員会はこれに対し何ら積極的な対策を講じようとしなかったので、労働者階級は自らの手でこの社会化を実現しようとした。かくして、一月一〇日、エッセン労兵協議会は、統制委員会（Kontrol-kommission）を設けて、これを石炭シンヂケート（Kohlensyndikat）及び鉱山協会（Bergbaulicher Verein）に対する監督機関とすることを、満場一致で可決した。一一日の「エッセナー・アルバイターツァイトゥンク」（Essener Arbeiterzeitung）によれば、エッセン労兵協議会は、この措置をもって鉱山社会化の前提であると考えたのである。(6) しかし、社会化への前進はエッセンのみにあらわれた現象ではなかった。すなわち、一三日には、エッセンにおいて、ラインラント・ヴェストファーレン地区の労兵協議会が催され、石炭鉱業の即時社会化を断行することが決議されるとともに、それを実施する機関として、社会民主党、独立社会民主党及び共産党夫々三名からなるいわゆる九人委員会（Neuner-Kommission）が設立されるに至った。このような事態に直面して、政府は何らかの処置を講じなければならない立場に追いやられた。かくして、政府は一月一八日に命令を発して、鉱山地区にライヒ全権委任官（Reichsbevollmächtigte）を派遣することとし、石炭の採掘・販売に関するあらゆる経済問題を監督する権限をこれに与えたが、更に、政府は、労資双方を平等に代表する労働会議所（Arbeitskammer）を設立して、これをもって社会化であると喧伝した。政府のこのような政策に対する賛否をめぐって、社会民主党と独立社会民主党・共産党とは鋭く対立した。そして、ミュンスター（Münster）の第七軍団兵士協議会は、独立社会民主党の立場を擁護し、しかも、一月一九日の命令は第七軍団には適用しないこと、及び「ハムブルク七箇条」*の実現を期することを決議するに至った。そこで、政府は二月一一日、リヒトシュラーク（Lichtschlag）大尉麾下の七五〇名からなる義勇軍《フライコール》をミュンスターに派遣して、政府に対して叛旗をひるがえしたこの兵士協議会を解散し、政府に忠実な新しい軍団兵士協議会を組織するに至った。しかし、義勇軍《フライコール》のかかる行動は、ルール地区の独立社会民主党及び共産党を極度に刺戟した。かくして、両党の指導者は二月一六日ミュールハイム（Mülheim）に集合して、軍国主義の廃棄、エーベルト＝シャイデマン政府の打倒、北ドイツ共和国の宣言、政府への石炭引渡しの拒否、革命的労働者の武装を要求し、同時にゼネラル・ストライキに突入することを決議した。更に一八日には、エッセンにおいて、ラインラント・ヴェストファーレン地区労兵協議会が開催され、軍隊が撤退するまでゼネラル・ストライキを継続することが決議され（決議に際し、社会民主党は退席した。そして、このとき以来、社会民主党はこの運動から脱落することになった）、翌一九日の会合においても、鉱山の社会化が実施せられない限り、ゼネラル・ストライキを中絶しないことが確認された。かくして、ラインラント・ヴェストファーレン地区は厖大なゼネラル・ストライキの波に襲われ、ミュールハイム、デュッセルドルフをはじめとする多くの地域には、労働者及び兵士からなる武装部隊が形成されるに至った。かかる労兵協議会の行動に対して、政府は、当時戦火がおさまったばかりのブレーメンに駐屯していたレーダー（v. Roeder）将軍麾下の二、〇〇〇名の義勇軍《フライコール》と、七五〇名からなるリヒトシュラークの部隊とをもって、対抗した。しかし、情勢は政府軍にとって必ずしも有利ではなかった。首相シャイデマンはかかる情勢を目のあたりにして、二月二一日国民議会において演説し、「われわれの立っている土台は動揺している。ルール地区における妄想と犯罪とを断絶することに成功しないならば、恐らくわれわれの土台はたちどころに崩壊してしまうであろう」(7)とのべ、その憂慮の程を表明した。しかし、一方においては、大衆運動の指導者が昂揚してきた大衆のエネルギーに対して有効な政治指導を与えることが出来なかったため、また、他方においては、政府軍が革命派を鎮圧しうるほどの優勢な兵力をもっていなかったために、結局両者は、出来うる限り決戦を回避しようとする態度をとるに至った。ミュンスターにおいて、軍総司令部と運動の指導者との間に休戦の交渉が開始されたのは、両陣営における以上のような事情に基くものであった。この席上、両者は相互に夫々の条件を提案したが、このとき運動の指導者は、独立社会民主党と共産党との対立、戦闘行為に対する大衆の恐怖及び生活の窮迫化によって、一段と弱体化していたため、遂に彼らは政府軍の要求を受け入れなければならない立場に陥った。そして、二一日夕方、エッセンに開かれた労兵協議会においても、総司令部の提案した条件を受諾することが可決され、同時に、ゼネラル・ストライキの廃棄が宣言されるに至った。(8)この日ストライキに参加した鉱山労働者はなお一五四、〇〇〇名を数えたといわれているにもかかわらず、ラインラント・ヴェストファーレンにおける二月のストライキは、大きな成果を収めることなく終焉した。(9)

＊　「ハムブルク七箇条」とは、第一回全国労兵協議会において可決された決議であり、兵士協議会に軍隊における最高の権限を与えた七つの原則から成っている。なお、これについては第四章第一節参照。

ところが、ルール地区の闘争が平穏に復するや否や、二月二四日、中部ドイツの工業及び鉱山地区にはげしいストライキ運動が勃発した。そもそも、社会化及び経営協議会に対する労働者の要求の無視、軍隊における指揮権に関する一月一九日の命令、ゴータ（Gotha）、オールドゥルフ（Ohrdruf）、アイゼナッハ（Eisenach）、ミュールハウゼン（Mühlhausen）及びマイニンゲン（Meiningen）への義勇軍《フライコール》の侵入及びバイエルン首相アイスナーの暗殺は、中部ドイツにおける労働者及び兵士の不満を醸成し、当地方におけるストライキの勃発は、二月中旬以降もはや時間の問題と考えられるに至っていた。そして、二三日、ピルナ（Pirna）において催された中部ドイツの坑夫大会は、労兵協議会及び他産業の代表者参加の下に（この大会における勢力分布は、独立社会民主党二分ノ一、社会民主党・共産党各〻四分ノ一であった）、翌二四日にゼネラル・ストライキを断行することを満場一致で可決した。ラインラント・ヴェストファーレン地区においては、その運動は、鉱山労働者及び鎔鉱夫のみによって行われ、他の労働者団体はただ分散的にこれに参加したにすぎなかったが、中部ドイツにおいては、この運動には、鉱山労働者とともに他の産業労働者及び鉄道その他の運輸関係労働者の大多数が加わり、また、党派的にみれば、社会民主党もまたこれに参加した。闘争目的についてみても、この運動においては、炭鉱の社会化のみでなく、社会化の前段階として全経営の民主化が要求されていた。かくして、このゼネラル・ストライキは非常に大規模なものとなり、時恰もワイマールに開催されていた国民議会は、交通機関の杜絶のために全国各地との連絡を断たれ、孤立無援の状態に陥った。かかる窮地から脱却するために、政府は威嚇と説得という二つの手段に訴えた。すなわち、政府は三月一日に檄を発して、一方においては、狂暴な社会化の試み、労働者階級に対する暴力的強制、武装蜂起に対しては徹底的に戦うであろう、革命は剝奪、殺戮その他ありとあらゆる暴力行為に自由免許証を与えるものではない、国民の生活を阻害するものは法によって厳罰に処せられるであろうと威嚇しつつ、他方においては、統一的な社会主義的労働権、経営協議会、民主的な工場、社会化を実現することを約して、労働者階級を鎮撫しようと試みた。(10) しかし、このような檄文の公布によって事態の進展をとどめることは出来なかった。さて、この運動の中心点はハレ（Halle）であった。ハレ地区においては、独立社会民主党左派に指導された労兵協議会が統治を行い、ハレ保安隊（Sicherheitswehr）もまたこの労兵協議会を支持していた。これに対し、ハレの医師及び官吏は行動委員会（Aktionsausschuss）を設け、二六日にはゼネラル・ストライキに対して対抗《カウンタ》ストライキを断行するに至り、ここに、ハレの情勢は日毎に悪化の途を辿った。このようなとき、三月一日メルカー（L. R. Maercker）の率いる義勇軍《フライコール》がハレに到着した。そして、市内においては、三月二日夕方からはげしい戦闘の火蓋が切られ、約二四時間ののち、ハレは義勇軍《フライコール》の手に落ちた。これまで激化の一途を辿っていた中部ドイツ各地の運動は、このハレの陥落を契機に次第に凋落の途を歩み、社会民主党の反ストライキ的活動が擡頭するに至った。ストライキ運動の指導者はすでにこれまで政府との間に交渉を繰返していたが、かかる情勢の悪化の下に、三月四日、両者の間に協定が成立した。かくして、ストライキ運動の代表者会議はゼネラル・ストライキの廃棄を決議し、三月六日及び七日に中部ドイツにおいては再び生産が開始されることになった。以上のように、このストライキ運動はこれまでにないほどの厖大な反政府的エネルギーを醸成したにもかかわらず、指導者は政府から譲歩をかちうることに没頭し、大衆のエネルギーに対し何ら政治指導を与えることをしらなかった。これに対し、政府軍は反政府運動のかかる混乱に乗じて武力による攻撃を押し進め、着々と運動の拠点を攻略し、遂に大衆のエネルギーを鎮圧することに成功した。しかし、中部ドイツにおける運動の弱さは運動の内部に存しただけではない。更に、この運動は、それが単に一地方的な運動にとどまり、他の地域からの援助をうることが出来なかったというところに、致命的な弱点をもっていた。すでに二三日のピルナの大会においてゼネラル・ストライキが決議されたとき、同時に、ベルリンの労働者階級もまたこのストライキに参加することが強く要望されていた。(11) しかし、中部ドイツにおけるストライキ運動は、遂にベルリン労働者の援助をうることが出来ないうちに終焉した。(12)

さて、中部ドイツの運動が終ったその瞬間に、ベルリンの労働者が立上った。ところで、ベルリンにおけるストライキ運動の帰趨を握るものは、ベルリン労働者協議員総会（Vollversammlung der Berliner Arbeiterräte）であり、「一月闘争」の組織的な弱さは、たしかに、この闘争がかかる協議会との連絡なしに行われたところに基因していた。そこで、ラインラント・ヴェストファーレン及び中部ドイツにゼネラル・ストライキ運動が起るや、独立社会民主党はこの総会を直ちに招集すべきことを要求した。かくして、二月二六日にこの総会が催されたが、この日は議事日程に関する審議に終り、総会は二八日に延期された。これまで、労働者階級の政府に対する不信は日毎に昂まっていたので、これを反映して、ベルリン労働者協議員総会においても、独立社会民主党・共産党の進出が目立っていた。すなわち、一九一八年一一月における労働者協議員の選挙においては、独立社会民主党は総数の四分ノ一を占めていたにすぎなかったのに対し、新たな選挙に基いて開催された一月一七日の総会においては、社会民主党三四六名、独立社会民主党三三一名、ブルジョア政党に所属するもの一一七名となり、更に、二月二八日には、社会民主党二七一名、独立社会民主党三〇五名、共産党九九名、民主党九五名となっていた（因みに、四月一九日の総会における勢力分布は、社会民主党一六四名、独立社会民主党三一二名、共産党一〇三名、民主党七三名となった）。(13) かかる独立社会民主党及び共産党の進出にもかかわらず、二八日の総会もまた激論を戦わすのみで、結論を出すまでに至らなかった。これは、社会民主党と独立社会民主党・共産党との対立がはげしく、また、後者がかかる対立を乗りこえてまで積極的な行動に出ることが出来なかったがためであった。R・ミュラーの言に従えば、ベルリンにおいては、「一月闘争」による打撃が未だ充分克服されていなかったのである。[14] そして、社会民主党に所属する労働者協議員は三月二日にもなお、ゼネラル・ストライキに対して強い反対の態度を示した。しかし、事態の進展するにつれ、彼らもまた、大衆の支持を失わないためには、ゼネラル・ストライキに加わらなければならなかった。かくして、三月三日のベルリン労働者協議員総会において、社会民主党協議員団は、ゼネラル・ストライキは各工場における個別的な投票によって決定さるべきであるから、票決には参加しないが、しかし、もしも総会においてゼネラル・ストライキが決議される場合には、彼らもまた、ストライキ参加者と肩を組合せて（Schulter an Schulter）戦うであろうことを宣言した。[15] ところで、ゼネラル・ストライキは、この総会において、若干の社会民主党員をも含む圧倒的多数をもって可決された。そして、社会化を中心とする経済的な要求はすでにルール地区及び中部ドイツの運動において提出され、これに対しては政府もまた一応部分的な承認を与えていたので、このベルリンのゼネラル・ストライキにおいては、協議会制度の承認、「ハムブルク七箇条」の即時実施、政治犯の釈放、軍事裁判の廃止、即決裁判の廃止、政治的虐殺を犯した犯人の即時逮捕、義勇軍《フライコール》の即時解散、ソヴェト政府との外交関係の即時復活等が要求され、ここにおいては、政治的な要求、とくに兵士協議会の権限の確保及びノスケ軍の解散等、軍隊に関する要求が強く前面に押し出された。更に、ストライキの指導機関としては、独立社会民主党と社会民主党とを平等に代表する闘争指導部が設けられたが、共産党は社会民主党との協同を嫌い、独立した闘争本部を設立するに至った。かくして、ベルリンのストライキ運動は指導者の足並の揃わないまま船出をすることになった。なお、社会民主党のベルリン地区指導部及び「フォアヴェルツ」は、ゼネラル・ストライキが宣言されたのちも、それを直ちに終結させるよう自党の労働者協議員に働きかけ、四日にも秘密投票によってゼネラル・ストライキを可決した工場のみがストライキに入るべきであるとの檄を発したが、これは、五日の総会において自己の陣営に属する労働者協議員の側からも憤怒を買い、ストライキ運動はますます拡大への途を辿った。しかし、かかる運動の進展に対し、政府もまた積極的な対抗策に乗り出した。すなわち、政府は直ちに戒厳令をもってこれに答え、三月四日には、すでに数週間以前から義勇軍《フライコール》に出されていたベルリン占領の命令が実施に移されるに至った。ここにおいて、ベルリンの闘争は決戦の段階に突入した。それならば、当時のベルリンにおける兵力分布はいかなる状況にあったのであろうか。先ず、ベルリンにおいては、リュトヴィッツ将軍の命令下にある近衛騎兵・狙撃兵師団（Gardekavallerie-Schützen-Division）（義勇軍《フライコール》の一種）がその力を恣にしていたが、更にベルリンには、革命後社会民主党の指導者ヴェルス（O. Wels）によって設けられた「共和国兵士隊」が存在し、当時その数は凡そ一五、〇〇〇名に達していた。[16] ところで、当時における「共和国兵士隊」は、「一月闘争」において政府に加担し、或は中立を守った人々のみから構成され、しかも、政府は、共和国兵士隊の中から危険と思われる分子を排除することに尽力していたので、この部隊は元来反政府的な色彩をもつものではなかった。このようにして、当時政府は、武力の点において、反政府運動に対し圧倒的な優越性をもっているかのように思われた。しかし、三月におけるこのベルリンの闘争においては、義勇軍《フライコール》の行動に刺戟されて、「共和国兵士隊」のうち約三分ノ一の兵士がゼネラル・ストライキの側に加担した。かくして、ゼネラル・ストライキ側は労働者階級の闘争力のみでなく、相当数の武力をもまた所有することになったのである。そして、市街戦は五日、「共和国兵士隊」に所属する「人民海兵団」とリュトヴイッツ義勇軍《フライコール》との衝突を機として開始された。しかし、政府軍は迫撃砲その他の重砲火を使用することによって勝利を収め、以後ベルリンは、即決裁判の濫用をはじめとする白色恐怖の脅威に曝されることとなった。他方、ストライキ運動の指導者は、かかる事態の尖鋭化に臨み、闘争の体制を一段と強化しようと試みるに至り、六日に労働者協議員総会を召集して、ゼネラル・ストライキを強化する目的で、ガス・水道・電気事業の操業停止を決議した。これに対し、社会民主党はかかる強行措置を不満として総会から退席し、ここに早くもストライキ運動は分裂をみるに至った。このようにして、ゼネラル・ストライキ側は時とともに次第に不利な情勢に追いやられた。かかる状況の下に、七日労働者協議員総会が開かれ、先に政府と交渉を行うためにワイマールに派遣されていた交渉委員から、その報告を聴取することになったが、政府との交渉の結果は、すでに中部ドイツの運動に与えられた諸条件と全く同一のものにすぎなかった。そこで、独立社会民主党はこれを不満として、更にノスケとの間に交渉を進めた。しかし、この交渉は何らの成果をも齎さず、八日の総会はゼネラル・ストライキの廃棄を決議するに至った。共産党によって指導された労働者、及び「共和国兵士隊」の一部はなお熾烈な闘争を続けたが、この抵抗もまた義勇軍《フライコール》の攻撃のためにまもなく終熄した(17)。

　以上のように、三月の首都ベルリンにおけるゼネラル・ストライキは、社会民主党に所属する労働者協議員＝下《サ》層《ブ》エリートもまた参加せざるをえないほど大規模なものとなり、これまで政府に対し少くとも中立を守ってきた「共和国兵士隊」の一部も、ゼネラル・ストライキの側に加わった。しかし、ベルリンにおいては「一月闘争」の打撃がなお癒えず、このため、ゼネラル・ストライキは遷延を余儀なくされ、中部ドイツにおけるゼネラル・ストライキと相呼応して発生するが出来なかった。また、ゼネラル・ストライキに突入したのちも、指導部は対立し、或は政府の檄に呼応し、或は政府との交渉に時を費して、大衆のエネルギーに対し有効な指導を与えることが出来なかった。これに対し、この間次第に兵力を蓄積しつつあった義勇軍《フライコール》は、重砲火を利して攻撃をすすめ、ゼネラル・ストライキの力を挫折せしめるとともに、熾烈な抵抗を行う労働者及び兵士の一部を徹底的に抑圧した。かくして、首都ベルリンにあがった厖大な反抗のエネルギーは、何ら新しい効果を齎すことなく、空しく終焉したのである。

ベルリンにおける三月の闘争が終熄したのちも、ラインラント・ヴェストファーレンをはじめとして、マグデブルク（Magdeburg)、ブラウンシュヴァイヒ（Braunschweig)、ドレスデン、ライプツィヒ（Leipzig）及びミュンヒェンに、なおストライキ運動が続発した。先ず、ラインラント・ヴェストファーレン地区においては、三月に入ってもなお、労働時間の短縮をめぐる経済闘争が続けられ、かかる緊張は時の経過とともに深化した。このような情勢の下においては、社会民主党の勢力下にあった炭鉱労働組合の指導部もまた何らかの行動に出なければならなかった。そこで、彼らは三月二八日に、資本家側に対して、七時間半労働制の実施を要求し、これが実現されなければ、ストライキ運動を中止させることは出来ないであろうと声明するに至った。資本家側はこれを承認し、以後これらの地区においては七時間半労働制が実施されることになったが、かかる処置も運動の進展を阻止する役には立ちえなかった。すなわち、三月三〇日、独立社会民主党及び共産党に所属する炭鉱労働者の大会が催され、六時間労働制の確立、「ハムブルク七箇条」の実施、義勇軍《フライコール》の解散等の諸要求が容れられない場合には、四月一日にゼネラル・ストライキに入る旨の決議がなされ、同時に、炭鉱労働組合に対抗する組織として、炭鉱労働者総同盟（Allgemeine Bergarbeiter-Union）が結成された。このようにして、四月一日には多くの炭鉱がストライキに突入した。これに対し、政府は直ちに全地域に戒厳令をしくとともに、ストライキ参加者には輸入食糧を与えないことを宣言して、彼らの抑圧に乗り出したが、また、軍司令官ヴァッター（Watter）もストライキ煽動者の逮捕を命令し、武力をもって運動の進展を阻止しようと試みた。しかし、政府側のかかる措置にもかかわらず、ストライキ運動はなおその烈しさを加えた。そこで、炭鉱労働組合は四月四日に行動委員会（Aktionsausschuss）を招集し、この席上、六時間労働制を今直ちに実施することは出来ないが、趣旨としてはこれに賛成である旨の声明を発表し、それによって運動の拡大を妨げようとした。しかし、これに対し、総同盟側も同日会合を催し、政府が彼らの要求に対して譲歩をしない場合には、四月九日に保安要員を引上げることを決議し、闘争の態勢を一段と強化するに至った。ここに至って、諸労働組合の幹部は、炭鉱資本家に対して六時間労働制の実施を要求して、それとの交渉に入ることにした。もとより、資本家側はこの要求を受け入れようとはしなかったので、交渉は難航したが、当地区のライヒ委員（Reichskommissar）に任命されていたゼフェリンク（C. Severing）らの仲介によって、九日、両者の間で七時間労働制その他に関する妥協が成立した。かかる妥協と、この間ストライキ参加者に加えられた直接的及び間接的な抑圧とによって、運動は一〇日を境に次第に凋落し、四月末には、ラインラント・ヴェストファーレン地区は再び平静に復するに至った。(18) 以上のように、ラインラント・ヴェストファーレン地区においては、第一回のゼネラル・ストライキが廃棄されたのち、約一ヵ月後に再びはげしいゼネラル・ストライキが勃発した。このことは、先ず第一に、労働者階級の反政府的エネルギーは二月のゼネラル・ストライキによって汲み尽されてはいなかったこと、第二に、このように、反政府的エネルギーは短期間の間に二回に亙って爆発したが、これらが適当に指揮統合されれば、その力は計り知ることの出来ないほど大きなものとなりえたであろうということ、を示唆している。また、第二回目のゼネラル・ストライキと第一回目のそれとを比較すれば、前者においては、新たに炭鉱労働者総同盟が結成されたことからも理解されるように、独立社会民主党・共産党と社会民主党との対立が闘争のはじめから極めて熾烈であり、しかも、前者においては、政府及び政府軍が、ゼネラル・ストライキの宣言と同時に、直ちに積極的な対抗策を講ずるに至ったことが注目される。

次に、マグデブルクにおいては、兵士の間にかねてから一月一九日の命令に対する反感が強く存在していたが、第二一軍団司令部が将校団を除く軍団の解散を決定したことから、事態は急速に悪化した。そして、ノスケは、協議会《レーテ》共和国を宣言したという嫌疑で、労兵協議会の議長ブランデス（A. Brandes）他二名を逮捕するに至った。これに対し、労兵協議会は四月七日ゼネラル・ストライキの宣言をもって対抗した。しかし、政府は直ちにメルカー義勇軍《フライコール》、ゲルリッツ義勇軍《フライコール》及び武装快速艇を出動させ、ここにマグデブルクははげしい抵抗もなく政府軍の軍門に降った。ブラウンシュヴァイヒにおいても、四月八日革命派からなる行動委員会が、《すべての権力を協議会《レーテ》へ》というスローガンの下にゼネラル・ストライキを宣し、マグデブルク等に発生したストライキ運動と相呼応した。ストライキ指導部はゼネラル・ストライキの宣言とともに、ブラウンシュヴァイヒにおける事実上の権力を掌握するに至ったが、これに対し、市民階級もまた行動委員会を設立し、医師、薬剤師、産婆をも加えた対抗《カウンタ》ストライキが断行された。政府は、メルカー義勇軍《フライコール》、リュトヴィッツ義勇軍《フライコール》その他一〇、〇〇〇名を数える軍隊に、ブラウンシュヴァイヒの占領を命令したが、ブラウンシュヴァイヒ政府の仲介が成功し、一七日義勇軍《フライコール》は戦闘を交えることなくこの町を占領した。ゼネラル・ストライキ側は、航空部隊をはじめとして、相当数にのぼる兵力を所有していたが、彼らは殆ど戈を交えることなく、政府軍の軍門に降った。次の闘争の舞台はザクセン（Sachsen）であった。ザクセンにおいては、社会民主党からなる政府とライプツィヒその他の都市において優越を占めていた独立社会民主党及び共産党との間に、しばしば軋轢が繰返されていたが、四月一二日、ノスケは、ザクセン政府の要請に応じてゲルリッツ義勇軍《フライコール》を派遣し、ドレスデンを制圧した。これに安堵した邦政府はザクセンの全土に戒厳令をしくに至ったが、革命派の牙城であったライプツィヒ労兵協議会はこの戒厳令の施行を拒否する態度に出た。そこで、ザクセン政府はライプツィヒに対してもまた政府軍の出動を依頼した。しかし、このとき、ミュンヒェンに革命が勃発したので、ライプツィヒの攻略はミュンヒェン革命の鎮圧されるまで延期されることになった。そして、五月一一日、二〇、〇〇〇名の政府軍が出動して戦闘を交えることなくライプツィヒを占領し、彼らは市民委員会（Bürgerausschuss）の先導の下に、ゼネラル・ストライキ関係者の家宅捜索、逮捕及び労働者階級の武装解除を断行した。このようにして、革命派の牙城であったライプツィヒもまた政府軍の手に帰することとなった。(19)

　しかし、三月におけるベルリンの運動が抑圧されたのちにもっとも活潑な闘争が行われたのは、いうまでもなくミュンヒェンであった。すでにのべたごとく、バイエルンにおいては、他に先がけて革命が勃発し、独立社会民主党のアイスナーが首相として統治を行っていたが、一月一二日には邦議会選挙が行われ、独立社会民主党は総議席一八〇の中僅か三つの議席をえたにすぎなかった。このように社会民主党及びブルジョア政党の圧倒的優勢のうちに、二月二一日邦議会が開催されることになった。しかし、この日アイスナーが暗殺され、この突発事件の発生によって、バイエルンには再び革命的なエネルギーが醸成されることになった。かくして、これ以後バイエルンにおいては、労兵農協議会《レーテ》による統治が施行されることになり、三月一七日には、邦議会の承認をえて、社会民主党と独立社会民主党とからなるホフマン（J. Hoffmann）政権が成立をみた。しかし、三月二一日のハンガリアにおけるソヴェト共和国の成立、三月から四月に亙って発生した、ラインラント地方をはじめとする各地のストライキ運動、並びに義勇軍《フライコール》の行動に対する憤怒ととくに邦分権主義の見地からするそれへの恐怖とは、ミュンヒェンにおける革命的エネルギーを著しく昂揚させ、遂に四月六日から七日にかけて協議会《レーテ》共和国が宣言されるに至った。ホフマン政府はバムベルク（Bamberg）に逃避したので、以後バイエルンは二つの政府をもつことになった。しかし、この協議会《レーテ》政府はユートピアンによって支配され、何らプロレタリア革命のための具体的な処置を講じなかったので、たちどころに瓦壊の運命に曝された。すなわち、四月一一日、ホフマン政府を支持する軍隊と協議会《レーテ》政府のそれとの間に戦闘が展開されたが、このとき、共産党のレヴィネ（E. Leviné）、レヴィエン（M. Levien）、アクセルロート（T. Axelrod）らはこの混乱を利して、ユートピアンらによる協議会《レーテ》政府を打倒し、一三日、新たにソヴェト風の協議会《レーテ》共和国を樹立するに至った。この政府は労働者階級の武装、銀行の国有化など積極的な政策を行ったが、もとより、ライヒから孤立して、バイエルンのみに協議会《レーテ》共和国を確立することは出来なかった。かくして、混乱のうちに二七日、レヴィネらの政府は退陣し、新たに成立したトラー（E. Toller）の政府はホフマン政府と妥協のための交渉を開始するに至った。しかし、この交渉は功を奏せず、バイエルンにおける協議会《レーテ》共和国は、五月一日及び二日、一〇、〇〇〇名にのぼる政府軍のために完全に打破られ、ホフマン政府は再びミュンヒェンの地に帰り咲いたのである。[20]

上述したごとく、ベルリンにおける三月のゼネラル・ストライキの敗北以後、ドイツにおける反政府運動は、ラインラント地方に集中的に発生した以外は、若干の地方にただ分散的に勃発したにとどまった。しかも、これらの闘争においては、先ず第一に、政府軍の兵力が圧倒的な優勢を示し、それに応じて、政府の対運動策も非常に積極性を増すに至ったこと、第二に、社会民主党と独立社会民主党・共産党との対立が一層尖鋭化したこと、第三に、ブラウンシュヴァイヒ、ライプツィヒにみられるごとく、市民階級の抵抗が次第に顕著になったこと等ゼネラル・ストライキ乃至反政府運動の側に不利な条件が累積していた。かくして、これらの運動ははげしい戦闘をみることもなく義勇軍《フライコール》の足下に蹂躙され、バイエルンにおける協議会《レーテ》共和国の成立という、ドイツ革命におけるもっとも革命的な事件もまた、単に一時的な現象として終らざるをえなくなったのである。

以上のように、二月から五月、とくに三月初旬にかけて、ドイツ各地にかけて発生した運動は、社会民主党、少くともそれを支持する大衆及び下層《サブ》エリートをも含んだ広汎な運動であり、ここにおいては、一一月革命の支柱であった労働者階級と兵士層とが相提携して、政府の施策に対して叛旗をひるがえしたのである。このようにして、一九一九年春の闘争に動員された大衆のエネルギーは、非常に厖大なものとなった。この春の闘争は、一一月における諸事件よりもむしろ革命とよばれるにふさわしい現象であったと、従来しばしばいわれているが[21]、これは、当時における大衆の現状打破のエネルギーが、革命成立の一条件として充分機能しうるものであったという認識に基くところが少くない。しかし、すでにのべたごとく、革命が成功しうるためには、これらの大衆のエネルギーを統合し、一定の方向へ嚮導《キャナライズ》するエリートが存在しなければならない。それならば、一九一九年春のこれらの闘争においては、大衆のエネルギーはいかに指導されたであろうか。先ず、全国的な規模において考察するならば、ラインラント・ヴェストファーレン地区のストライキ運動が終焉すると同時に、中部ドイツにより広汎なゼネラル・ストライキが起り、中部ドイツの運動が抑圧されると同時に、ベルリンに一層はげしい闘争が開始された。それらのゼネラル・ストライキにおいては、相互の援助が強く希望されていたにもかかわらず、それらの間を調節し、指導する国民的《ナショナル》なエリートの欠如から、運動は分散的に発生し、遂に一本の力に統合されえずに終った。しかし、政治指導《リーダーシップ》の欠如はかかる全国的な規模においてのみみられたのではない。それは個々の運動においてもまた明瞭であった。上述したような経緯によって、この時期においては、独立社会民主党の右派もまた政府と対立する立場にあったので、彼らもまたこれらの運動に加わった。かくして、闘争の指導部には雑多な分子が混入することとなり、ゼネラル・ストライキを背景に政府から専ら妥協による譲歩をかちえようとする分子と、妥協をこえて更に前進しようとする分子とが種々のニュアンスをもって複雑に交錯した。そして、このように、大衆運動を指導するエリート（＝下層《サブ》エリート）の中に、革命派としての意志乃至能力を全く欠いた分子が混入しただけでなく、革命派のエリート（＝下層《サブ》エリート）と数えられるものの間にも依然として分裂――独立社会民主党左派（彼らは協議会《レーテ》制度の樹立を主張する立場に立っていた）と共産党との分裂――が続き、かくして、これら大衆運動の指導部は危機に臨むや全く支離滅裂の状態に陥ったのである。これに対し、政府は、一方において、大衆にアピールするスローガンを掲げてその説得に努めるとともに、他方においては、峻烈な言辞を弄して威嚇に努めたので、政府の作為乃至不作為に対する憤りから発生した大衆の厖大なエネルギーも、遂にエリート及び下層《サブ》エリートの利用をまつことなく、次第に減退の道を辿るに至ったのである。しかし、革命への見通しを論ずるに当っては、革命を志向するエリート及び下層《サブ》エリートの問題のみでなく、更に、物理的強制力乃至武力の問題に着目しなければならないことは、ここに改めていうまでもないことである。それならば、当時の権力的＝物理力的状況はいかなる様相を呈していたのであろうか。当時、政府は、革命勢力に対抗しようとする意図をもって、着々と義勇軍《フライコール》の強化を行っていた。しかし、政府軍の総司令官ノケスがのべているように、義勇軍《フライコール》の形成は二月には僅かにその緒についたばかりであり、当時政府が使用しうる兵力としては、メルカーの率いる義勇軍《フライコール》をはじめとして他の少数の部隊が存在したにすぎなかった。(22) しかも、政府軍の主柱であったこのメルカー義勇軍《フライコール》は、国民議会を護衛するためにワイマールに派遣されなければならなかったのである。これに対して、反政府運動の側には、なお兵士協議会の統帥下にある武装兵力があり、ベルリンにおいては、「共和国兵士隊」の一部もこの運動に加わった。しかも、兵士層を反政府的な方向に指導しうる条件はなお存在し続けていたのである。しかし、運動のエリート及び下層《サブ》エリートはこれらの武力を有効に使用することをしらず、しかも、運動は前述のように分散的に発生したので、一つの運動を攻略した義勇軍《フライコール》は直ちに転じて他の運動を鎮圧することが出来、義勇軍《フライコール》は大きな損害もなく、各地の運動を順次その足下に蹂躙することが出来たのである。

ところで、闘争指導部における以上のような政治指導《リーダーシップ》の欠如と組織の分裂とは、一九一九年春の闘争においてははじめてあらわれた現象でないことは、前節において詳細にふれた。いな、むしろ、これらの闘争に先立つ諸事件における革命派の失敗は、このたびの闘争の中にも尾を引いていた。ベルリンの労働者階級が「一月闘争」においていかに打撃を蒙ったかは、独立社会民主党及び共産党が、ローザ・ルクセンブルク及びリープクネヒトの虐殺に抗議する意図をもって行ったゼネラル・ストライキの無力さの中にもあらわれていた。(23) しかし、「一月闘争」の影響はベルリンの労働者階級に対するごとく、消極的《ネガテイヴ》な作用を営んだだけではなく、逆に、歴史の廻転を過度に加速する機能をも果した。すなわち、ブレーメンにおいては、共産党指導者クニーフの反対にもかかわらず、「一月闘争」に対する過大評価から、革命派の政権が樹立され、このことはノスケ軍の攻撃の口実乃至端緒となったのである。そして、かかる一地方における時期尚早の革命運動とそれに対する政府の弾圧とは、各地に反政府運動を誘発し、大衆運動が以後統一的な政治指導《リーダーシップ》を欠いたまま政府軍との武力闘争に入る素因となるに至ったのである。かくして、ベルリン労働者階級が「一月闘争」による打撃を克服して立上ったときには、すでに西部及び中部の運動はそのエネルギーを燃焼し尽していた。かくして、革命における政治指導《リーダーシップ》の欠如と組織の分裂とは、更に政治指導《リーダーシップ》の欠如と運動間の齟齬とを生み、かくして、ドイツにおける革命派は大衆の厖大なエネルギーを空しく放散させ、政府を打倒するための諸条件を利用することが出来ずに、次第にプロレタリア革命への途から遠ざかっていったのである。

ベルリンにおける三月の闘争が失敗したのちは、もはや運動の帰趨は明らかであった。大衆のエネルギーの消尽、三月以降における政府軍の圧倒的優越性、兵士協議会の抑圧（これについては第四章において詳述する）、労働者階級の分裂の激化、市民階級の擡頭等を考えれば、ベルリンにおける三月の闘争後、反政府運動が敗北を余儀なくされたのは決して不思議ではない。かかる情勢の下にあっては、ドイツ革命の過程においてもっとも革命的な事件であった、一九一九年四月のミュンヒェンにおける革命の失敗もまた必然的であり、それは、挫折した運動のフィナーレにすぎなかった。*

＊　革命勃発後における革命情勢の進展に関しては、従来、ローザ・ルクセンブルク及びリープクネヒトが虐殺された一九一九年一月をもって終る叙述が多いのに対して、本章においては、それ以後における大衆のエネルギーを高く評価し、それと政治指導《リーダーシップ》の欠如とを対比しつつ、運動の全体を描写しようと努めてきた。もとより、一月以降における大衆のエネルギーを高く評価する立場自体は決して新しいものではなく（但し、このエネルギーの内容及びそれが描くカーブをいかに評価するかは、立場々々によって異る）、つとに、R・ミュラー、『絵入共産党史』等はこのエネルギーの存在を強く指摘している。[24] しかし、なおドイツ革命の研究及び叙述においては、この時期における大衆運動の全貌が充分脈絡的に把握されない傾向が多い。そして、このことは、単なる歴史的事実に関する認識のいかんによるものではなく、大衆運動に対する歴史家の見方に基くところが少くないように思われる。すなわち、大衆運動を、意識的或は無意識的に、一つの等質的運動とみる立場、と

くにそこにおける指導者の役割にのみ着目する人々の間には、主導的指導者が華やかに活動する場合には、その運動の叙述に多くの力点が注がれるが、ひとたび彼ら指導者がその活動の舞台から姿を没するに至るや、その後の運動に対しては、充分な注意が支払われなくなるという傾向がまま見受けられる（また、労働運動を専ら指導者の功罪という観点からのみ眺める立場――たとえば、従来の統一戦線論に多く見受けられる――も、本質的にはこれと同じ性格をもっている）。従来の研究が、往々にして、一月以降における大衆のエネルギーを正當に位置づけることが出来なかったのは、大衆運動に対する以上のような見方によるところが少くないのではないかと考えられる。本稿においては、このような観点に留意し、史料的に可能である限り、大衆運動をエリート＝下層《サブ》エリート＝大衆の三つの支点の力学《ダイナミクス》としてとらえようと試みられる。蓋し、これら三者は、夫々異る機能をもつものであるとともに、更に、歴史上の諸事例に示されるごとく、利益、行動様式、社会的系譜においてもまた夫々異った側面をもつことが少くないのである。

さて、ドイツにおける以上のような革命の経過を、ロシアの場合と比較するならば、ロシアにおいては、一九一九年二月から一〇月までの間、革命の指導はつねに一つの党、すなわちボルシェヴィキに集中されていた。しかも、一九一七年六月及び七月に、自然発生的なデモンストレーションが起ったとき、ボルシェヴィキはこれに対して、党は未だ大衆の支持を充分獲得していないという認識の下に、このデモンストレーションを出来る限り制止しようとした。そして、九月に入って、体制の統合力が弱化し、これに即応して彼らがペトログラード、モスコーその他多くの大都市のソヴェトにおいて勝利を収めるに至るや、逆に今度は慎重に計画をすすめ、遂に政権の奪取に成功したのであった。これらのことを考えれば、革命の過程においては、大衆のエネルギーと既存体制の動揺とに見合う政治指導《リーダーシップ》、しかも、統一的組織の上に立ったエリートの計画的な政治指導《リーダーシップ》が、いかに決定的な役割を演ずるものであるかを理解することが出来るであろう。* もとより、ドイツ及びロシアの革命運動における発展の形態のかかる相違を、一義的に当時におけるエリートの主観的な問題に帰一してしまうことは出来ないであろう。ドイツにおけるプロレタリア革命の主体とロシアにおけるそれらの相違は、すでにみてきたように、夫々のもつ歴史的条件とそれらが置かれた客観的状況との複合からきた結果によるところが少くないのである。

＊　従来、革命に関して理論的考察が行われる場合、革命は自然発生的（spontan）に生起するものであるか、或は、計画的（planmässig）に遂行されるものであるかということが、しばしば論議の対象となってきた。しかし、本稿においては、このような視野から革命を考察することは故意に回避された。何となれば、第一に、革命という現象を、大衆《マス》の観点からする自然発生性、或はエリートの観点からする計画性という、ともに一面的な視野からのみ考察するということは、現実の説明として著しく妥当性を欠くからであり、第二に、自然発生性及び計画性という用語は、具体的《コンクリート》な現象を説明する概念としては、不正確な乃至は誤解《ミスリーディング》を招きやすい概念であるからである。先ず、革命という政治権力の変動を論ずるに当っては、単に大衆《マス》乃至エリートの側のみからする一面的な考察では極めて不充分であり、一定の生産関係に支えられた支配機構の総体的な抵抗力、大衆《マス》の現状不満のエネルギー、対抗《カウンタ》エリートの政治指導《リーダーシップ》という三者のデリケートな力関係の変動に着目しなければならないということは、すでに縷々のべてきたところであるので、ここに改めて多言するを要しないであろう。ところで、自然発生性及び計画性という概念の内容に関する問題であるが、革命の発生を論ずるに当って、エリート乃至下層《サブ》エリートの活動を全く無視した、大衆《マス》の自発的な行動を考えるということは、全く非現実的であり、R・シュレジンガーのいうように、そのような「自然発生性」は、単なる神話《ミソロジー》にすぎない。(25) このように、エリートの何らかの行動をも含まない大衆運動というものは現実には考えられないが、しかし、運動の中にエリート乃至下層《サブ》エリートの活動が多かれ少かれ見受けられるということのみをもって、直ちに革命における計画性を云々することは、些かミスリーディングであろう。もとより、革命の力学《ダイナミクス》における一支点としてのエリートの計画性如何を吟味することは、充分意味のあることであるが、しかし、少くとも革命が計画的に遂行されたかいなかが問題とされる以上、この計画性という概念は、エリートが明確な目的志向性をもち、且つ既存体制に反撥する大衆《マス》のエネルギーを自己の目的へ嚮導《キャナライズ》することに成功した場合にのみ、使用さるべきではな

かろうか。そして，このように考えるときはじめてロシアの一〇月革命におけるレーニンの卓越した政治指導《リーダーシップ》の意味を評価することが出来るであろう。

さて，以上のようにして，ドイツにおけるプロレタリア革命への途は閉されてしまった。それならば，ドイツは，もはや，ブルジョア・デモクラシーへの途を歩む他はなかったのであろうか。社会主義政策の試みはどのようになされたのであろうか。次には，この問題が論究されなければならない。

（1） C. Horkenbach, *Das deutsche Reich von 1918 bis heute,* 1930, S. 383.

（2） *Illustrierte Geschichte*……, S. 339.

（3） E. O. Volkmann, *op. cit.,* S. 201.

（4） G. Noske, *Erlebtes aus Aufstieg und Niedergang einer Demokratie,* SS. 87—88.

（5） ブレーメンにおける闘争については，*Illustrierte Geschichte*……, S. 334 sq.; E. O. Volkmann, *op. cit.,* S. 201 sq.; R. Müller, *op. cit.,* S. 115 sq.; G. Schultze-Pfaelzer, *op. cit.,* S. 205 sq.; G. Noske, *op. cit.,* S. 87 sq.; G. Noske, *Von Kiel bis Kapp,* S. 78 sq. 参照。

（6） *Illustrierte Geschichte*……, S. 316,

（7） *Die deutsche Nationalversammlung im Jahre* 1919（以下 *Nationalversammlung* と略す）Bd. II, 1919, S. 605.

（8） *Illustrierte Geschichte*……, S. 326.

（9） ラインラント・ヴェストファーレン地区の闘争については，R. Müller, *op. cit.,* S. 127 sq.; *Illustrierte Geschichte*……, S. 311 sq.; G. Noske, *op. cit.,* S. 122 sq.; E. O. Volkmann, *op. cit.,* S. 203 sq.; G. Schultze-Pfaelzer, *op. cit.,* S. 267; R. Coper, *op. cit.,* p. 236 sq. 参照。

（10） R. Müller, *op. cit.,* SS. 144—145.

（11） *Ibid.,* S. 143.

（12） 中部ドイツにおける闘争については，*Illustrierte Geschichte*……, S. 371 sq.; L. R. Maercker, *op. cit.,* S. 128 sq.; E.

O. Volkmann, *op. cit.*, S. 206 sq.; G. Schultze-Pfaelzer, *op. cit.*, S, 244 sq.; R. Coper, *op. cit.*, p. 239 sq. 参照。

(13) R. Müller, *op. cit.*, SS. 149—150 und S. 152.

(14) *Ibid.*, SS. 153—154.

(15) *Ibid.*, S, 154.

(16) *Ibid.*, S. 163. なお，「共和国兵士隊」については，第四章第二節参照。

(17) ベルリンにおける三月闘争については，*Illustrierte Geschichte*……, S. 357 sq.; R. Müller, *op. cit.*, S. 148 sq.; G. Noske, *op. cit.*, S. 101 sq.; P. Fröhlich und A. Schreiner, *Die deutsche Sozialdemokratie*, 1928, S. 72 sq.; E. O. Volkmann, *op. cit.*, S. 210 sq.; G. Schultze-Pfaelzer, *op. cit.*, S. 254 sq.; R. G. L. Waite, *op. cit.*, p. 68 sq.; R. Coper, *op. cit.*, p. 241 sq. 参照。

(18) ラインラント・ヴェストファーレンにおける第二回目の闘争については，*Illustrierte Geschichte*……, S. 357 sq.; C. Severing, *Mein Lebensweg*, Bd. I, 1950, S. 239 sq.; G. Schultze-Pfaelzer, *op. cit.*, S. 274 sq. 参照。

(19) マグデブルク，ブラウンシュヴァイヒ，ライプツィヒの闘争については，*Illustrierte Geschichte*……, S. 377 sq.; G. Noske, *op. cit.*, S. 127 sq.; L. R. Maercker, *op. cit.*, S. 180 sq.; E. O. Volkmann, *op. cit.*, S. 216 sq.; G. Schultze-Pfaelzer, *op. cit.*, S. 250 sq. 参照。

(20) ミュンヒェンの闘争については，R. Müller, *op. cit.*, S. 191 sq.; *Illustrierte Geschichte*……, S. 385 sq.; G. Noske, *op. cit.*, S. 134 sq.; P. Fröhlich und A. Schreiner, *op. cit.*, S. 78 sq.; E. O. Volkmann, *op. cit.*, S. 220 sq.; G. Schultze-Pfaelzer, *op. cit.*, S. 298 sq.; R. G. L. Waite, *op. cit.*, p. 58 sq.; H. Beyer, "Die bayerische Räterepublik 1919", *Zeitschrift für Geschichtswissenschaft*, II (1954), Heft 2, S. 175 sq. 参照。

(21) たとえば，K. Haenisch, *op. cit.*, S. 256.

(22) G. Noske, *Erlebtes aus Aufstieg und Niedergang einer Demokratie*, S. 92.

(23) R. Müller, *op. cit.*, S. 83.

(24) R. Müller, *op. cit.*, S. 115 sq.; *Illustrierte Geschichte*……, S. 311 sq.
(25) R. Schlesinger, *op. cit.*, p. 106.

第三章　社会化の挫折

第一節　革命における建設的《プラス・》象徴《シンボル》

「繰返していう、われわれ昔ながらの党、すなわち、ドイツ人民の大多数の人々から信頼をうけているところの、この、積極的な、創造的な、また建設的な社会主義政党のみが——どうかわたくしのいうことを信じていただきたい——このわれわれのみが、革命をドイツ人民の大いなる祝福とするために、また、この革命が後世ドイツ人民の幸福な未来への偉大なる門出として称讃されるように、当為とされたことを実際になすべく、献身と自制の限りを尽して努力してきたのである。(1)」

社会民主党の一議員は、一九一九年三月二一日国民議会の演壇から、以上のように誇らしげに語ったが、果して、社会民主党は、《積極的な、創造的な、また建設的な社会主義政党》たるにふさわしい政策を実施し、ドイツ革命を光輝ある未来への門出たらしめることが出来たであろうか。

すでにのべたごとく、敗戦に続く革命の勃発は、既存秩序の全面的《トータル》な崩壊を齎し、社会は文字通り解体の危機に当面した。かくして、新たなる価値を創造し、それによって分散したエネルギーを統合して社会関係の再編成を行うことが、時の最大の急務となるに至った。蓋し、平常《ノーマル》な状況においては、その社会はそこに存在する諸利害を調節し、既存の諸価値をそのままに代表するエリート、いわゆる代表的《リプレゼンタティヴ》エリート（representative elite）の手によって円滑に運営される。しかし、革命的動乱乃至政治的真空状態においては、社会の統合は、新しい価値を創造し、新しい社会関係を建設するエリート、いわゆる創造的エリート（creative elite）の手によって行われなければならない。一九一八年のドイツは、まさにこのような指導者、斬新な、開拓者的思考様式をもったエリートの必要に差迫られていた。しかも、のちのワイマール連合政権についてはこれをしばらく措くとしても、少くとも、革命の混乱の中から生れた革命政権には、独裁的な権力が与えられていたので、この政権の主導的地位についた人々の前には、実際に建設的な活動を行う余地が広く開かれていた。ところで、新たなる建設へのかかる要請と可能性とは、《創造的な、また建設的な社会主義政党》たる社会民主党によって、いかに果され、また、利用せられたであろうか。

大衆が街頭に渦巻いて平和と自由とパンを叫び求め、また、支配階級が虚脱の淵に陥っているとき、エーベルトが発した布告の第一は、秩序の維持に関するものであり、(2) またそのとき、社会民主党幹部が新たに打出したスローガンは、《国民議会の召集》であった。しかし、《国民議会》による事態の収拾という構想は革命勃発後にはじめて案出されたものではない。《国民議会》乃至《憲法制定国民議会》（Verfassunggebende Nationalversammlung）という構想は、オーストリア帝国が解体したのち、ドイツとオーストリアとを合併して大ドイツ国家を建設するための便法として、一〇月二九日に社会民主党右派の立場を代表する一月刊雑誌「社会主義月報」（Sozialistische Monatshefte）及び当時における左翼自由主義系の新聞「フォシッシェ・ツァイトゥンク」（Vossische Zeitung）によってはじめて唱えられ、(3) 時の宰相マックスは、すでに一一月六日、このスローガンこそ暴動を抑制しうる唯一つの手段であると考えるに至ったのである。(4) 他方、社会民主党の機関紙「フォアヴェルツ」は革命勃発の日までこの構想に対して何ら関心を示さず、また、社会民主党の指導者ダヴィットは、七日マックスからこの構想に対する意見をただされたとき、「選挙はわが党を非常な混乱に陥し入れるであろう。その際われわれは、共和主義者として、共和国のために煽動をしなければならない。しかし、われわれの多くは共和国よりもむしろ民主的王制に好意をもっている。ドイツが共和国となるならば、われわれは王制主義者と対決しなければならないであろう。そのような場合には、社会民主党にとって、見通しは決してよいものではない[5]」と答え、《国民議会》の召集に対して否定的な見解をのべた。このように、すでに革命以前から時の宰相によって革命運動を逼塞せしめる絶好の戦術と考えられ、また、社会民主党幹部にとっては、余りにも革新的な措置として斥けられたこの構想が、革命勃発後直ちに当の社会民主党幹部によって持ち出されるに至ったことを考えれば、一見新しい制度の到来を告げるかに思われるこの象徴《シンボル》が、どのような意味をもつものであったかは明らかであろう。まさに、《国民議会》というこの象徴《シンボル》の操作は、治安維持に関する布告の公布とともに、革命の勃発という既成事実《フェタ・コンプリ》に当面した社会民主党幹部が、政治的デモクラシーの枠をこえて前進するかのように思われた時の流れを阻止するために、とらざるをえなかった必須の措置であった。それ故に、これ以後社会民主党幹部は執拗にこの構想に固執した。すなわち、先ず、一一月九日から一〇日にかけて独立社会民主党との間に行われた革命政権樹立の交渉において、社会民主党は《国民議会》の召集による事態の収拾を強く主張したが、これは、独立社会民主党の反対にあって成就せず、結局、《国民議会》の召集は革命によってつくり出された諸条件が固定するまで延期するという妥協が成立した。しかし、かかる協定が存在していたにもかかわらず、エーベルトはすでに一一月一四日「フォシッシェ・ツァイトゥンク」の代表者に対して、「われわれは出来うる限り早急に国民議会を召集しようと堅く決意している。市民諸兄の一部の方々がわれわれのかかる意図に対して抱いている疑問は、すべて全く根拠のないものである。われわれはすでに第一段階の準備を終った。そして、一月には選挙を行おうと心に決めている」と語り、一八日にはシャイデマンもまた、「フォアヴェルツ」紙上において同主旨のことをのべている。[6] 一〇月五日、すなわち、マックス内閣成立の日を「デモクラシー生誕の日」と考え、[7] 一般、平等、直接選挙の完全実施を革命のもっとも重要な成果と考えた社会民主党幹部にとっては、[8] 人民委員協議会という一つの独裁政権を出来うる限り早急に解消し、これに代って新たに政治的デモクラシーを打建てることが、彼らの中心的課題であったのである。事実、すでに一一月三〇日には、「ライヒ選挙法」(Reichwahlgesetz) が人民委員政府の閣議で採択され、[9] また、一二月一六日から開催された全国労兵協議会において同党が圧倒的勝利を収めるや、彼らはその圧倒的多数を利用して国民議会選挙の実施を翌一月一九日と決定し、かくして、独裁的地位にあった社会民主党は自らの決定によってその地位を放棄するに至った。このことは、協議会《レーテ》共和国の樹立を主唱していたスパルタクス団及び独立社会民主党左派にとっては、まさに自殺的行為と考えられ、彼らのはげしい難詰を浴びたが、しかし、《国民議会》という象徴《シンボル》を掲げた社会民主党のかかる圧倒的勝利は、この象徴《シンボル》が当時のドイツ大衆の政治意識に少からず適合していたことを示すものといわなければならないであろう。たしかに、かかる象徴《シンボル》を操作するエリートの意図はともあれ、これまで長い間政治的自由の行使を不当に制約されてきたドイツの一般大衆にとっては、この《国民議会》は、政治の分野における新しい建設を告げるものとして、将来に対して一つの希望を与えるものであったということが出来よう。しかし、この革命は、資本主義諸列強の間の凄惨な闘争の結果として発生し、しかも、四年間の戦争は大衆を経済的に極度に貧困な状態に陥し入れていたため、革命によって解放された大衆の現状不満のエネルギーを吸収するためには、単に政治的デモクラシーの樹立のみでは充分でなく、更に経済の分野において新しい建設的な試みがなされなければならなかった。* このような状況において、大衆の心理を収攬し、一躍時代の脚光を浴びるに至った象徴《シンボル》は、他ならぬ《社会化》であった。時代的状況、発想の経緯、大衆の反応等から考えて、これこそまさに、革命における真の建設的象徴《プラス・シンボル》というにふさわしいものであった。

＊　一九一九年における社会民主党の党大会においても、多くの代議員によって、単に形式的、或は政治的デモクラシーのみでは、大衆を満足させえない旨が強調された。[10]

そもそも、《社会化》という言葉がはじめて公の文書で使用されたのは、一一月一七日の「フォアヴェルツ」に掲載されたヴィルブラント（R. Wilbrand）の論文においてであった。ヴァイル（F. Weil）の考証によれば、ヴィルブラント自身がこの論文に附した論題は、「財産問題に対する、もっとも摩擦のない、もっとも効果的な解決のための諸原則」（Grundsätze für eine möglichest reiblose und erfolgreiche Lösung der Eigentumsfrage）であったが、「フォアヴェルツ」編輯部が独断でこれに《社会化》というタイトルをつけたのであった。そして、当時の編輯局主筆シュタンプファー（F. Stampfer）の言によれば、このタイトルは彼自身がつけたのではなく、すでに当時この言葉が「市場価値」をもっていたが故に使用されたのである。[11]これ以後、この言葉は、「医療」の社会化、「司法」の社会化、「文化」の社会化、更に「教養」の社会化、「精神」の社会化と、恰も時代の万能薬のごとくに用いられるに至った。[12]中央党の一党員の言葉を借りれば、今や「社会化」は、一八四八年の革命における《分配》（Teilung）という象徴《シンボル》のごとく、一躍時代の流行語になったのである。[13]もとより、この言葉の語義に関しては、社会主義者の間にも何ら統一的な見解がなく＊、また、この Sozialisierung という用語は、Vergesellschaftung（社会化）、Verstaatlichung（国有化）、Kommunalisierung（市町村有化）等の言葉と何ら区別することなく使用されることが少くなかった。そもそも、戦前、綱領等社会民主党の公の文書において使用されていた用語は Vergesellschaftung であった。しかし、革命勃発後専ら Sozialisierung という言葉が使用され、それが大衆の心理を完全に魅了するに至ったのは、社会主義理論家の論議はともあれ、*この言葉が従来とは異った新しい意味をもっていたからに他ならない。すなわち、Vergesellschaftung という言葉は、従来「社会的所有となる」(gesellschaftlich werden) という意味に使用せられ、歴史における主体的契機を軽視した客観主義的語調をもっていたのに対し、この Sozialisierung という言葉は、「社会化する」という積極的な意味をもち、そこにおいては、歴史的主体の能動的意欲と行動とに力点がおかれていたのである。このようにして、《社会化》は社会主義のシノニムになり、(14)革命勃発後における社会の混乱、経済的疲弊を克服することの出来る真の建設的な企てとして、大衆の厖大なエネルギーを結集することとなった。

* 当時、社会主義理論家の間では、社会化という概念は、単なる自由経済の修正という意味から、賃労働の廃止という意味に至るまで、種々異る内容をもって使用されていた。(15)

革命勃発後における各地のストライキ運動は従来専ら賃銀問題を中心に押し進められてきたが、以上のようにして《社会化》という象徴《シンボル》が一般に普及するにつれ、闘争の主眼は賃銀問題から次第に社会化の実施におきかえられるに至った。一九一八年末から一九一九年初頭にかけて、ルール地方におけるストライキ運動にかかる変貌があらわれるに至ったことについてはすでにふれたが、このような現象は、ミュンヒェンにおいてもまた見受けられた。すなわち、「一月闘争」と呼応してミュンヒェンにはげしいストライキ運動が勃発したとき、バイエルンの政府指導者は、何ら賃銀の値上げを約束することなく、専ら《社会化》の象徴《シンボル》を操作することによって、僅か二日間でストライキを収束することに成功したといわれている。(16) すでに前章においてのべたごとく、以後一九一九年春にかけて、社会化の実現を求める運動はますます激化の一途を辿り、遂に、「経済の社会化か、しからずんば国家の破滅か」とまで主張されるに至った。(17) しかも、《社会化》はただ労働者階級の口々に叫ばれただけではなく、ルール地方をはじめとする多くの地区において、いわゆる「狂暴な社会化」(Wilde Sozialsierung) が行われ、多くの数にのぼる工場及び鉱山は、現に、労働者階級自身の手によって管理されるところとなった。

一般労働者階級のこのような動向を目のあたりにしては、その創設以来ブルジョア民主主義の線を守ってきたヒルシュ＝ドゥンカー労働組合 (Hirsch-Dunckersche Gewerkvereine) の指導者もまた、《社会化》に対して積極的な態度を示さざるをえなくなった。すなわち、ヒルシュ＝ドゥンカー労働組合の書記グライヒアウフ (Gleichauf) は、一二月三〇日の演説において、「純粋に私的な生産を行うものは別として、社会共同の利益と聯関する企業及び運輸機関はすべて社会化されなければならない」とのべている。(18) かくして、労働者階級の陣営に属するものは、殆どあげて社会化の実現のために立上ったのである。

しかし、《社会化》という象徴《シンボル》の効果は、単に労働者階級の間のみではなく、彼らを通じて更にジャーナリズム、ブルジョア民主主義政党、更には、社会的に労働者階級と全く対立する立場にある資本家陣営にまでも浸透した。すなわち、ブルジョア民主主義の立場に立つ新聞「フランクフルター・ツァイトゥンク」(Frankfurter Zeitung) はすでに総選挙の行われる以前に、当時問題となっていた炭鉱の社会化について論じ、「国民議会において、社会主義政党が彼らのみで多数を獲得しようが、或は、社会民主党とブルジョア民主主義者が多数派を形成しようが、炭鉱問題に関しては何ら基本的な差異は存しない。炭鉱独占事業は公用徴収に適している、いな、適しすぎている位である」として、この炭鉱社会化についてなお疑点がないわけではないが、これは是非とも実行されなければならないことであると主張している。[19]

更に、社会民主党とともに、ワイマール連合政府を結成した民主党及び中央党の指導者たちもまた、労働者階級をはじめとする一般大衆の社会化への根強い要求に対し、少からざる譲歩を行わなければならなかった。たとえば、民主党のコッホ（E. Koch）は、二月の国民議会において、「民衆の社会主義に対する信頼を奪うべきではない」と演説し、[20]中央党の労働組合出身議員イムブッシュ（H. Imbusch）もまた、「民衆の広汎な層が経済秩序の変革を熱烈に要求している。彼らは、私的利潤の追求を排除し、経済を社会化すること、すなわち、経済を社会共同の利益に奉仕せしめようとすることを要求している」とのべて、社会化の実施の避くべからざることを主張した。[21]更に、社会化に附随して起る障碍を種々列挙し、それに対して一般の注意を喚起することに努力していた中央党のブラウンス（H. Brauns）ですら、大衆の社会化要求の運動に示されるごとく、現代の革命が単に政治的なものにとどまらず、すでに社会的性質をも帯びていることを一つの既成事実として承認し、「ある種の社会化は全く時代をあらわす表徴《シンボル》となっている。経済のある部門が社会化に適しているかどうかは、すでに旧社会において証明済のことである」とのべている。[22]以上のように、与党の立場にあったブルジョア民主主義政党の代表者は、《社会化》の象徴《シンボル》の下に結集した一般大衆の圧力の前に屈し、これに対して積極的な抵抗を試みようとはしなかった。

しかし、この社会化の実施によってもっとも重大な被害を蒙る、いな、その存在そのものを否定される運命にあったものは、いうまでもなく、当時における産業の支配者、資本家階級であった。これらの状況において、彼ら私的利潤の追求者たちが、政策決定に自己の影響力を及ぼすために、いかなる行動をとったかについては、必ずしも充分な史料が存在していないが、＊ドイツ商工業会議（Der deutsche Industrie- und Handelstag）の代表者が二月一八日に国民議会に提出した請願書をみれば、当時における資本家階級の社会化に対する態度の一端がうかがわれる。すなわち、この請願書は《社会化》の危険をときながらも、なお、「社会化はそれに適合した産業部門に限定されなければならない」とのべており[23]、これはまさに、世上における社会化の風潮に対して若干の譲歩を試みることによって、なお守りうるものを守ろうとする資本家階級の、消極的な、また妥協的な態度をあらわすものに他ならなかった。このことはまた、独立社会民主党右派のヒルファーディンクの証言によって裏付けられる。すなわち、彼は一九一九年六月の労働組合大会において次のようにのべている。「革命の最初の数ヵ月は、資本主義的経営者層に属する多くの人々でさえ、彼らの時代は終ったと思い込んでいたから、労働者階級は社会化に関して非常に有利な地位にあった。たとえば、鉱業の分野における資本主義的経営の時代はすでに過ぎ去ったという考え方が広汎に普及していた[24]」と。

＊　独占資本家が、すでに革命勃発前に、社会化を防衛するために労働組合の幹部《ボンツェン》と妥協することを考え、その結果、「労働共同体」が結成されたことについてはすでにふれた。しかし彼らと「労働共同体」の協定を結んだ当の組合幹部は、その内心のいかんはともあれ、社会化を要求する「下から」[25]の声に答えるために、組合大会の席上、しばしば社会化の決議を通過させなければならないはめに陥ったのである。

以上のようにして、今や《社会化》は、「他のあらゆる音響をも打消し、すべてのものを燃焼し尽す[26]」ところのスローガンとなり、一労働組合指導者ののべたごとく、もはや、社会化は可能性（Können）や意志（Wollen）の問題ではなく、まさに必然（Müssen）の問題となったのである。[27]それならば、かかる時代のはげしい圧力に対して、時の指導者、とくに政治権力の中枢を占めていた社会民主党幹部は、具体的にいかなる処置をとったのであろうか。

(1) *Nationalversammlung*, Bd. IV, S. 2037.
(2) F. Ebert, *Schriften, Aufzeichnungen, Reden*, Bd. II, 1926, S. 93.
(3) L. Quessel, "Nation, Staat, Imperium", *Sozialistische* ***Monatshefte***, XXIV, Bd. II, S. 1001 sq.; W. Tormin, *op. cit.*, S. 68.
(4) Max von Baden, *op. cit.*, S. 598.
(5) *Ibid.*, S. 600.
(6) R. Müller, ***Vom Kaiserreich zum Republik***, Bd. II, S. 80.
(7) F. Ebert, *op. cit.*, Bd. I, S. 93.
(8) 一一月九日の「フォアヴェルツ」、zitierte bei W. Tormin, *op. cit.*, S. 69.
(9) F. Ebert, *op. cit.*, Bd. II, S. 109.
(10) *Protokoll* ***S. P. D.*** *1919*, SS. 387—388.
(11) F. Weil, *Sozialisierung*, 1921, S. 17.
(12) *Ibid.*, SS. 46—47.
(13) *Nationalversammlung*, Bd. II, S. 939. シュパーン (P. Spahn) の発言。
(14) *Protokoll* ***S. P. D.*** *1919*, S. 218.
(15) この点については、M. Sippel, "Sofort verstaatlichen?," *Sozialistische* ***Monatshefte***, XXIV, Bd. II, S. 1123 sq.; Ditto, "Sozialisierungskommission und Kommunalisierungsgesetz", *Sozialistische* ***Monatshefte***, XXVI, Bd. II, S. 1048 sq. 参照。
(16) *Protokoll* ***S. P. D.*** *1919*, SS. 391—392.
(17) F. Staudinger, "Sozialisierung der Wirtschaft", ***Die Neue Zeit***, XXXVII, Bd. II, S. 609 sq.

(18) *Nationalversammlung*, Bd. III, S. 1355.
(19) *Ibid.*, Bd. III, SS. 1860—1861.
(20) *Ibid.*, Bd. II, S. 968. 二月二八日の演説。
(21) *Ibid.*, Bd. III, SS. 1436—1437. 三月八日の演説。
(22) *Ibid.*, Bd III, S. 1366. 三月七日の演説。
(23) *Ibid.*, Bd. III, S. 1355.
(24) R. Müller, *op. cit.*, Bd. II, S. 103.
(25) *Illustrierte Geschichte*……, SS. 428—429.
(26) N. Osterroth, "Was können wir sozialisierung?", *Die Neue Zeit*, XXXVII, Bd. II, S. 512.
(27) F. Laufkötter, "Die Sozialisierung als Entwickelungs- und Erziehungsproblem", *Die Neue Zeit*, XXXVII, Bd. II, S. 377.

第二節　象徴《シンボル》の遺産

前節においてのべたごとく、革命における真の建設的象徴《プラス・シンボル》となった《社会化》は、《国民議会》という象徴《シンボル》のように、政治権力を掌握した人々のイニシアティヴによって唱えはじめられたものではなかった。人民委員政府は、一一月一二日の布告において、政府は社会主義的プログラムを実施することをその任務とするとのべたが、このプログラムは、具体的には、ただ封建的な諸制度の撤廃、八時間労働制等の社会政策の実施を約束したにすぎなかった。[1] バルトは、この布告の中に、石炭、カリ等の地下埋蔵物、鎔鉱所、車輛製作所等の公有化を規定した一項目を挿入するよう提案したが、この提案は五対一でもって否決されたといわれている。(2) しかし、上述したごとく、その間社会化への要求が急激に昂揚してきたので、バルトの提案を否決した人民委員政府もまた、社会化に対して何らかの意思表示をしなければならなくなった。かくして、人民委員政府は、ハーゼの提案により、(3) 一一月二一日に第一次社会化委員会を設置するに至った。この委員会は一二月五日に第一回会議を開き、一二月一一日には「実施計画」(Arbeitsplan) を発表した。これによれば、生産手段の社会化は、長期間の、継続的・有機的建設を通じてのみ行われるものであるから、国民経済の中で資本主義的＝独占的支配関係が形成されている領域、とくに炭鉱業及び製鉄業が先ず社会化さるべきである、(4) とされている。ついで、この「実施計画」に従って、社会化委員会は翌二月一五日に、「炭鉱業の社会化に関する暫定報告」を政府に提出した。(5) 社会化委員会における多数派の意見は、炭鉱業の私有制を廃止して「ドイツ石炭共同体」(Deutsche Kohlengemeinschaft) をつくり、経営者の他に労働者、消費者及びライヒの代表をもその運営に参加せしめようとするものであり、この案は、たしかに、社会化実施に関する一つの形態を示唆するものであった。以上のように、社会化委員会は遅ればせながら一応の結論を提出するに至ったが、しかし、この委員会の報告は、三月、政府案が国民議会を通過するまで、議会にもまた一般にも発表されず、時の政府によって全く無視される運命に逢着した。(6) このことは一見理解しがたいことのように思われるが、しかし、社会化委員会が全く無力な存在に終るであろうということは、委員会が設置された当初からすでに明らかであった。一二月五日の「フォアヴェルツ」がのべているごとく、そもそも、社会民主党幹部にとってこの委員会設置の目的は、社会化要求の運動に対して、「予め鎮静的な作用を営む」ことにあった。(7) そこで、社会化委員会が任命されたのちも、彼らは内務局 (Zentrale für Heimatdienst) から、Sozialisierung marschiert! (社会化は進んでいる！）、Sozialisierung ist da！（社会化は現に行われている！）というポスターを発行して、しきりに労働者階級を慰撫しようとした。(8) いうまでもなく、社会民主党幹部のかかる行動は社会化におびえる資本家階級の社会民主党に対する信頼の念を深めることとなった。それであるから、全国労兵協議会において社会民主党が圧倒的過半数をえることが明らかになった丁度その頃、資本家陣営には深い安堵の色が流れていたのである。独占資本の立場を代表する旧国民自由党系の新聞「ナチオナールツァイトゥンク」（Nationalzeitung）は、一二月一六日、その株式市況欄において、将来の見通しに対して楽観的な見解をのべ、「株式市場にとって最大の心配事、すなわち、ボルシェヴィズムの危険と産業の全般的社会化の危険は今日全く克服されたとみてもよいであろう」と論じている。(9) 資本家階級のこのような観測はたしかに的中した。すなわち、この全国労兵協議会において、社会化の問題が議事日程にのせられようとしたとき、エーベルト、ゼフェリンク等の社会民主党幹部は、社会化に関する詳細な論議が行われないよう尽力し、その結果、この問題の些細はのちに討議さるべきものとされ、結局大会においては、ただ簡単な報告と表面的な決議とが行われたにとどまった。(10) それのみではない。一二月二〇日に、政府における社会民主党委員の推薦によって、ブロックドルフ－ランツァウ（U. Brockdorff-Rantzau）が新たに外相に任命された。ところで、彼は就任に先立ち数個の条件を提出し、(11) その一つには、「企業家は……ディレッタント的な共同経営者によって妨害されぬよう無条件的に保証されなければならない」という項目が含まれていたが、エーベルト等社会民主党幹部は、これを全面的に了承した上で、彼を外相に任命したのである。そして、一二月末以来、社会民主党は単独で政権を掌握するに至ったが、もとより、社会化への実践的な試みはこの独裁政権の手によっては何ら行われなかった。一九一九年の社会民主党大会において、ミュンヒェン地区から選出された一代表は当時を回顧して次のようにのべている。「一月中にエーベルトを議長として行われた諸会合においては、……この問題〔社会化〕と真剣に取組んできたというような風潮は全く感ぜられなかった」[12]と。まことに、当時の社会民主党幹部には大衆の社会化を求める叫びは、未だ充分肉体的に感じとられていなかったのである。

しかし、一月以降社会化の要求は熾烈なストライキ運動として展開されるに至り、政府はこれに対して何らかの具体的な処置を講じなければならなくなった。すなわち、前章においてのべたごとく、ルール地区に社会化を求めるストライキ運動が起るや、時の政府はこの危機を乗り切るために、新たにライヒ全権委任官を任命し、更に労働会議所をも設立しなければならなくなったのである。しかし、二月末から三月にかけて発生した中部ドイツのストライキ運動及びベルリン労働者協議会の活動は、以上のような彌縫的処置をもって対処するには余りにも熾烈であった。かくして、一月にはなお、シャイデマンは、「われわれがあわてふためいて（Hals über Kopf）社会主義的試みにとりかからないのは、正当な理由があってのことである。われわれが現在どのような状態におかれ、聯合国がわれわれから何をとりあげるか分らないときに、社会化を行うことは不可能である」とのべていたが[13]、今やこのシャイデマンを首相とするワイマール連合政府及び社会民主党指導部は、労働者階級のはげしい圧力の下に、三月一日、文字通り「あわてふためいて」、社会化を実施する旨の声明を発しなければならない状況に追いやられた。すなわち、同日の政府の声明は、鉱山及び発電事業のごとく、公共の管理に適した産業部門には社会化が断行せられるであろうとのべ、また、社会民主党幹部会も、社会化は国民経済にとって可能である限り、出来うる限り速かに実施せられるであろうという声明を出すに至った。更に同日、社会民主党議員団は、「㈠ 国民経済のために必要な地下資源は専ら国民の所有に属する。㈡ 政府は鉱山及び動力源を出来うる限り速かに公共企業体に移譲する……

よう善処されたい」という提案を急遽国民議会に提出し、これに対し政府は、この趣旨に沿った法律案を近く国民議会に上程することを確約した[14]。そして、その結果国民議会に上程され、三月二三日に可決されたものが、「社会化に関する法律」(Sozialisierungsgesetz) 及び「炭鉱業規制法」(Gesetz über die Regelung der Kohlenwirtschaft) の二法律であった[15]。前者は、法律というよりはむしろ社会化に関する一般原則論、マルク (S. Marck) によれば、一つの経済哲学であり、スパルタクス団の圧力によってつくられたという意味において、世上では Lex Spartakus (スパルタクス法) とよばれた[16]。後者は、炭鉱業の運営を経営者、労働者、消費者、商人及びラント (Land) の代表者からなるライヒ石炭協議会 (Reichskohlenrat) によって行うことを定めたものであるが、しかし、実際上経営の指導権は従来の経営者に掌握され、しかも、炭鉱業の所有権は依然として従来の所有者に属するものとされていたため、結局、この法律は、社会主義のシノニムとしての社会化ではなく、単に炭鉱業の強制シンヂケート化の試みとして終らざるをえなかった。こののちも、四月二四日に「カリ産業規制法」(Gesetz zur Regelung der Kaliwirtschaft) が制定されたが[17]、これまた、カリ産業の強制シンヂケート化を目的とするにすぎなかったことはいうまでもない。八月に制定公布されたワイマール共和国憲法第一五六条は、私企業に対する干渉を、私企業の公有、公共団体の経営参加及び強制シンヂケート化の三段階に分類しているが、以上のべたいわゆる《社会化》が、憲法の規定する企業干渉の中でももっとも低段階におかれた強制シンヂケート化に他ならなかったことはいうまでもないことである。

しかも、この強制シンヂケート化ですら、社会化を要求する「下から」の運動の圧力によってはじめて実施され、更にかかる譲歩によって、この大衆運動を専ら鎮撫しようと試みられたのである。「社会化に関する法律案」の提出に当って、中央党出身の閣僚ギースベルツ（G. Giesberts）は法案提出の理由にふれ、総支配人から利潤分配金や俸給を奪いとり、資本家から配当金を奪いとって、労働者の賃銀を引上げることを目的とする社会化と戦うために、〃健全〃な社会化を行うことがこの法律の目的であると説明し、[18]またドイツ人民党のフェグラー（A. Vögler）がこの法律に反対して、これはボルシェヴィズムの実現をはかるものに他ならないと政府に迫ったとき、同じく中央党のブルラーゲ（E. Burlage）は政府の立場を代弁して次のように論じた。「フェグラー氏はボルシェヴィズムであるとさえいった。そのような形容によっておどかされるのは子供だけである。われわれは将来法律をつくる際には悟性と理性とをもってするであろうし、われわれはそれらの法律がいかなる結果をもつものであるかをとくと考慮するであろう。そしてわれわれは、世に喧伝されているような結果が実際に起ることのないようにすることが出来るであろう。まさに、ボルシェヴィズムに陥ることのないように、われわれはいまこの法律を制定するのである。事態は極めて明瞭である。従って、更に多言する必要はないものと考える[19]」と。かかる発言に対して、もとより、社会民主党の側からは何の異論も出なかった。政府・与党がこれらの法案を提出することによって何を志していたかは、彼らの以上のような発言及び態度から充分理解することが出来るであろう。政府の社会化に対するこのような態度の当然な結果として、四月一八日には、これまで極めて消極的な活動しかしていなかった社会化委員会すら総辞職を決行しなければならなかった。そして、その辞職理由書においては、政府及び経済省の態度がきびしく非難され、「委員会には全く無意味な諮問の役割が与えられ、活動の可能性は狭められ、決定的な瞬間には、委員会はあらゆる影響力から遠ざけられた。その活動、その草案、その決議は無視して顧みられなかった」とのべられている。[20]

以上のようにして、社会主義のシノニムとしての社会化への前進ははばまれた。これ以後は、前述したごとく、八月に制定公布された共和国憲法が社会化実現の可能性を示唆した他は、三月に発せられた政府・与党の声明及び「社会化に関する法律」に従って、一二月三一日に、「電気事業の社会化に関する法律」(Gesetz betreffend die Sozialisierung der Elektrizitätswirtschaft) が制定されたにとどまった。この法律は、私的所有権の廃止をその内容とする点において従来の諸法律と異り、社会化への一歩前進を意味するものであったが、政府指導者の側における積極的意志の欠如と、当時すでに社会における支配的地位を挽回するに至っていた財界の熾烈な反対とのため、必要な施行規定も発せられず、結局全く有名無実の法律に終った。[21]

以上によって、革命勃発後ドイツを襲った社会化要求の嵐に対して一応の決算が示された。この期間中一貫して政権の主導的地位を占め、或る場合には独裁的権力をすら恣にした社会民主党幹部は、一般大衆の圧力を蒙りつつも、社会化に対してはつねに極めて消極的な、またある場合には、否定的な態度をすらとりつづけた。そして、このことは、翌一九二〇年三月にカップ一揆が起り、再び社会化の実施が強く叫ばれるに至ったときにも繰返されたので、以下簡単にカップ一揆後の経過を叙述し、彼らの行動様式に関する証明の一端とすることにしたい。カップ一揆は、のちにのべるごとく、リュトヴィッツ将軍を長とする旧将校の強硬派と、エアハルト (H. Ehrhardt) を中心とする義勇軍《フライコール》とが結合して、帝制時代の官僚であった、超保守《アルトラ・コンサーバティヴ》的なカップ (W. Kapp) を盟主として、ワイマール共和国の顛覆を志した一つの反革命の試みであった。しかし、これは労働組合、更には官吏の一斉反撃に遭遇して失敗し、ベルリンから一時逃避したワイマール連合のバウアー (G. Bauer) 内閣は、数日にして再びベルリンに帰還した。かかる反革命的な試みに対して蜂起した労働者階級は、新たに社会化を求めて政府に迫り、かくして、一揆の瓦壊後ゼネラル・ストライキを撤回する代償として労働組合連合がバウアー内閣及びワイマール三派との間に締結した協定の中には、社会化委員会の召集及び右委員会の決定による、適当な産業部門の社会化が一項目として約束されるに至った。(22) 労働者階級からするこのような圧力の結果、バウアーのあとを継いだH・ミュラー政府は、先ず四月一日に「製鉄業規制令」(Verordnung zur Regelung der Eisenwirtschaft)(23)、及び六月七日に「タール産業規制令」(Verordnung über die Regelung der Teerwirtschaft) を公布した。(24) しかし、この二法令が単に当該産業の強制シンヂケート化を試みたにすぎなかったことは、凡そ一年前、労働者大衆の圧力の下に制定された諸法律と何ら異るところはなかった。他方、政府は労働組合連合に対する約束を履行するために、四月第二次社会化委員会を設立し、社会化実施の基本的措置に関する討議をこれに一任した。そして、この委員会は数ヵ月の審議ののちに、七月三一日政府に対して二つの案を提出した。これらの提案はいずれも委員の半数の支持をえたものであったが、その第一案は、レデラー (E. Lederer) 教授によって起草されたもので、第一次社会化委員会の多数派とほぼ同一のものであり、第二案はラテナウ (W. Rathenau) の主張に基くもので、全炭鉱業をシンヂケート化するにとどめようとするものであった。(25) なおこの間、七月二五日ボフーム (Bochum) で開かれた鉱山労働組合の代表者会議は、炭鉱業の社会化を遅滞なく行うよう議会に要求する決議案を可決し、これに対し、政府は八月五日議会において社会化を実施する旨の公約を繰返さなければならなかった。更に、八月二二日には、キリスト教鉱山労働組合も、「私的資本に利潤を与えることを防ぐがごとき、更に進んだ炭鉱の社会化」を要求する決議案を採択した。(26) しかし、このときすでに社会民主党は政権の座になく、六月二一日以来政権は資本主義政党のみからなる連合内閣の掌中にあり、かくして、委員会の二案は、ライヒ経済協議会 (Reichswirtschaftsrat) に送付されたのち、遂に棄却された。この内閣には、ドイツにおける最大の独占資本家シュティンネス (H. Stinnes) 及びその総支配人フェグラーを指導者とする人民党が参加していたことを考えれば、かかる措置がとられたことに関しては何の不思議も存しない。問題は、反革命を契機に「下から」盛り上ってきた労働者大衆のエネルギーを何ら利用しようとはせずに、社会化の実現を、再び社会化委員会を任命することによって回避した社会民主党幹部の行動の中にあった、といわなければならないであろう。

以上概観してきた社会化の経緯は、いずれも、戦前から高度の独占段階に達していた基幹産業（石炭、鉄鋼、電気、化学）に関するものであり、それは資本主義のもっとも中核的な分野に対する干渉を意味していた。従って、これが断行されるためには、独占資本家階級の抵抗を上廻る労働者大衆のエネルギーと、そのエリートの決断とを必要とした。しかし、革命勃発後におけるドイツの産業には、何ら既存利益の抵抗がみられない分野も存在していた。すなわち、ドイツ革命は戦争に引続いて発生し、しかも、この戦争は国の総力を結集する目的で、産業の少からざる部門を国有乃至軍の所有に属せしめていたため、革命勃発の当時ドイツには、すでに私的所有から解放された産業が可成り広汎に存在していた。ノスケによれば、当時ドイツには数十万の従業員をもつ多くの軍工場があり、たとえば、衣服庁（Bekleidungsamt）のごときは、その人員は平時の二〇倍にも達していた。[27] もとより、ここにおいては、私的所有の廃止という困難な問題ははじめから存在していないのであるから、かかる産業を社会化するということ自体、用語的にいささか問題があるであろうが――当時現にかかる使用法がなされてはいたが――、しかし、当時の労働者階級は経営に直接参加することを強く要求し、彼らの間では《社会化》という用語は、かかる企業経営の態容に関する問題をも含めた意味において使用されていたことを考えれば、すでに国有化されている産業を、新しい社会化という概念の線に沿って、より積極的に運営するということは、なお重要な意味をもつものであり、また、これを基盤として社会化の触手を他の私企業の活動範囲にまで伸張することも決して不可能ではなかった。もとより、たとえこのような試みが実現されえたとしても、果してそれがドイツ産業の全体に決定的な影響を与えるがごとき効果をもつものであったかいなかは些か疑問である。しかし、この問題の帰趨は、当時政権の座にあった社会民主主義運動のエリートの行動様式を明確に浮彫りするという意味においては、たしかに重要性をもっていた。そして、いうまでもなく、そこには既存利益の抵抗が存在していないだけに、この企ては、政権担当者の意志と準備との如何によっては、直ぐにも実現されうる可能性をもっていた。現にオーストリアにおいては、このような企てが実現された。

オーストリア社会民主党の最高指導者の一人バウアー（O. Bauer）は、一九一九年四月、「共同経済公社」（Gemeinwirtschaftliche Anstalt）設置のための法律案を国民議会に提出し、これは、国民議会内の社会化委員会によって若干の修正をうけたのち、七月二九日に国民議会を通過成立した。オーストリアにおいては、戦時中軍の所有に属し、その統制下に運営されていた多くの企業は、戦後共和国の行政機関の手に移管されていたが、この国有戦時産業に対して「共同経済公社法」が適用されることになったのである。提案者バウアーの言によれば、当時未だ世上には、社会化に関する具体案が存在していなかったので、彼は、コール（G. D. H. Cole）の「労働の世界」（World of Labour）及び一九一八年五月に行われたボルシェヴィキの全国経済委員会の提案を参照しつつ、この法案を作成したという。ところで、この「共同経済公社」の内容は、ドイツの第一次社会化委員会における多数派の提案とほぼ同様なものであり、その運営は国家、消費者、労働者の代表によって行われることになっていた。そして、この法律に従って、先ず、皮革及び製靴合同工場（Vereinigte Leder- und Schuhfabriken）が、次に、オーストリア中央施療院（Österreichische Heilmittelstelle）が設立され、これらの企てが成功するにつれ、この「共同経済公社」という方式は次第に他の分野にも拡張されていった。なお、この法律においては、「共同経済公社」に対して、私企業における増資、合同持株会社の設立等に際して、有利な条件で株の引受けをなしうる権利が与えられていた。この規定によって、「共同経済公社」には、私企業に対して干渉の手を差しのばしうる途がひらかれていたわけである。事実、バウアーによれば、この権利は、「共同経済公社」によって可成り広汎に利用されたという。(28)

さて、ドイツにおいては、革命後直ちに、すなわち一九一八年一一月一二日に、復員局（Demobilmachungsamt）設立の命令が発せられ、その長にはケート（J. Koeth）が任命された。そして、彼に与えられた権限は無制限的な、厖大なものであり、戦時経済から平和経済への切替えに関しては、彼は殆ど独裁的地位にあった。しかし、彼は元来社会主義とは全く無縁の存在であり、戦時中、戦時原料局（Kriegsrohstoffabteilung）の長官として財界と密接な関係をもっていた。そして、この復員局の設置を要求し、且つケートをその長官に推薦したについてはシュティンネスをはじめとする独占資本の代表者が与って力あったのである。(29) このようにして、革命において政権の座についた社会主義者は、復員局長官という、国民経済にとって極めて重要なポストを独占資本の委任者に委ねることによって、国有戦時産業を社会化の線に沿って新たに運営する熱意と用意のないことを暴露したが、これはまた同時に、彼らが戦時経済から平和経済への切替えに当って、広く資本に干渉する機会を放棄したことをも意味していた。

更に、国有戦時産業の経営に対する政府乃至社会民主党幹部の態度は、一九一九年における事件の経過の中により具体的な形をとってあらわれた。すなわち、衣服庁を社会化するとともに、これを平和産業に切替え、郵政省、鉄道省及び警察の制服製造を行うべきであるという要求が、衣服庁の労働者協議会から提出されたとき、軍工場を管轄していた国防相ノスケは、この要求に対して何ら耳を傾けようとはしなかった。(30) 一九一九年初頭以来、軍の工場においてストライキが頻発したのは、かかる政府当局者の態度を考えれば決して不思議ではなかった。そして、四月ベルリンに起った大工場におけるストライキと呼応して、シュパンダウの軍工場がストライキに入ったとき、ノスケは軍隊を出動させてこれを閉鎖し、ここに働く四五、〇〇〇名の従業員は解雇されるに至った。(31)「共同経済公社」の創設と工場の閉鎖――オーストリアとドイツとにおけるかかる顕著な相違は、社会民主党内の時流に鋭敏な人々によって感知されないはずはなかった。現に、一九二〇年の党大会において、ネストリープケ(S. Nestriepke)、ランダウアー(O. Landauer)らの代議員は、戦時経済から平和経済への転換の好機を社会主義実現のために利用しなかったこと、及び国有産業の経営に対する党幹部の無為に対して、はげしい非難を浴せている。(32)

以上のように、一躍時代の流行語となり、また、その実施はもはや時の必然であると考えられた社会化、新しい生活設計のためのこの建設的象徴《プラス・シンボル》は、一方においては、厖大な大衆のエネルギーを吸収し、他方においては、資本主義を代弁する人々の譲歩的態度に恵まれながら、また、ある分野においては、その実現は専ら政府指導者の行動如何にかかっていたにもかかわらず、実際には僅かに、若干の基幹産業において、私的所有には何らふれない、単なる強制シンヂケート化が行われたにとどまった。かくのごとく、社会化というこの華やかな象徴《シンボル》は、社会主義の見地からみて、全く無に等しい遺産を残したにとどまり、しかも、この乏しい収穫ですら、労働者大衆のはげしい圧力の下においてはじめて可能となったのである。一九二〇年秋の社会民主党党大会において、曾ての経済相ヴィッセル(R. Wissell)は当時の状況を批判して、「資本主義と商業とは、恰もわれわれが革命をもたなかったかのごとくに、猛り狂っている」とのべたが、(33) 社会主義者にとって痛ましいこの敗北は、そもいかなる理由に基くものであろうか。この問題解決のいとぐちは、恐らく、社会民主主義運動のエリートの思考様式を考察することによって与えられるであろう。

＊　なお、ここで、《社会化》が時代の寵児となるにつれその実施機関として脚光を浴びるに至り、のち法的にも確認されるに至った経営協議会について一言することにしたい。経営協議会は純粋に経済的な協議会であるため、協議会独裁への途がふさがれたのちにも、労働組合との権限の競合という問題は一応別として、なお充分その存在を主張することが出来る地位にあった。しかし、協議会制度に全く関心を寄せていなかったシャイデマン内閣は、一九一九年二月二五日に声明して、「内閣の誰一人として、憲法の規定としてであれ、行政機関としてであれ、何らかの形において協議会制度を導入しようと考えているものはいないし、また曾つて考えたものもいなかった」と公言した[34]。しかし、第二章第二節においてのべられたがごときはげしい大衆運動の圧力によって、三月一日、政府及び社会民主党幹部会は、労働者協議会を経営協議会という形で存続させる旨の宣言を出さざるをえなくなり[35]、更に、三月五日、政府は、労働者協議会を経済的利益代表の機関として承認すると同時に、憲法によってもまたこれを制度的に保障する旨のプログラムを公表するに至った[36]。その他、政府は、中部ドイツにおけるストライキ運動の代表者と協定を結び、経営協議会にすべての経営問題に査察権（das Recht der Einsichtsnahme）を与えることをすら承認したが[37]、長い審議ののち、翌年二月四日公布された「経営協議会法」[38]（Betriebsrätegesetz）においては、経営協議会は、社会化の実施機関としての権限を与えられることとは遠く、経営を種々の擾乱から守り、労働者相互間及び労働者・使用者間の協調を促進する義務をもつものとされ、この点においては、戦時下の「愛国補助勤務法」によって、労働者相互間及び労働者・使用者間の協調を促進し、労働者の提案、希望、苦情を経営者に伝える目的で設立された労働者委員会と全く類似した性格を与えられることとなった。もとより、大量解雇が行われる場合には、その解雇に関する原則の確定に関与することが出来、また、経営の組織に関しても意見を上申することが出来るという点において、この経営協議会は戦時中の労働委員会とはたしかに異っていた。しかし、この法律発布当時、経営協議会が、現実に、この法律が規定した以上の権限をもっていたことを考えれば、ランゲ（P. Lange）のように[39]、この法律は経営協議会を労働者委員会に格下げしたものであるといっても、必ずしも過言ではないであろう。そして、この法律制定当時、労働者階級の中に多くの不

満が発生したこと、及び、当初経営協議会制度に反対していた組合指導者が、法案内容の明確化するにつれ、次第にこれを承認する立場に変ったことは、以上のような経営協議会の換骨奪胎によるものに他ならなかった。[40] このようにして、新しい経営協議会制度は、社会民主党の意に反して、設けられるに至っただけでなく、それは、内容的にもまた、決して時代を劃するがごとき革新的なものではなかったのである。

（1） F. Ebert, *op. cit.*, Bd. II, SS. 96—97.
（2） E. Barth, *op. cit.*, S. 68.
（3） *Nationalversammlung*, Bd. II, S. 1099.
（4） A. Steinmann-Buchner, *Sozialisierung?*, 1919, SS. 64—65.
（5） *Vorläufiger Bericht der Sozialisierungskommission über die Frage der Sozialisierung des Kohlenbergbaues*, 1920, S. 31 sq.; 有沢広巳、『インフレーションと社会化』、昭和二三年、一三七頁以下。
（6） 有沢広巳、前掲書、一四頁。
（7） R. Müller, *op. cit.*, Bd. II, S. 106.
（8） *Ibid.*, Bd. II, SS. 106—107.
（9） W. Ulbricht, *op. cit.*, S. 28.
（10） C. Severing, *op. cit.*, Bd. I, S. 236.
（11） Graf Brockdorff-Rantzau, *Dokumente*, 1920, SS. 1—12.
（12） *Protokoll S. P. D. 1919*, S. 391.
（13） *Nationalversammlung*, Bd. III, S. 1417.
（14） R. Müller., *Bürgerkrieg in Deutschland*, SS. 144—146.
（15） *Reichs=Gesetzblatt 1919*, Nr. 68, SS. 341—342 und SS. 342—344; J. W. Hedemann, *Die Fortschritte des Zivilrechts im XIX Jahrhundert*, Tl. II (1), S. 336 sq.; 山田晟、「ワイマール共和国における社会化の沿革」、国家学会雑誌、第六

四巻第五・六号，六九頁以下。

(16) S. Marck, *op. cit.*, S. 35.

(17) *Reichs=Gesetzblatt 1919*, Nr. 88, SS. 413—415.

(18) *Nationalversammlung*, Bd. III, SS. 1462—1463.

(19) *Ibid.*, Bd. III, S. 1750.

(20) 有沢広巳，前掲書，一四七—一四八頁。

(21) *Reichs=Gesetzblatt 1920*, Nr. 5, SS. 19—26; J. W. Hedemann, *op. cit.*, SS. 340—341; A. Friedrich, *Staat und Energiewirtschaft*, 1936, S. 47 sq.; 山田晟，前掲書，七六頁以下。

(22) C. Severing, *op. cit.*, Bd. I, S. 264.

(23) *Reichs=Gesetzblatt* 1920, Nr. 65, SS. 435—444.

(24) *Ibid.*, Nr. 128, SS. 1156—1164.

(25) *Bericht der Sozialisierungskommission*; J. W. Hedemann, *op. cit.*, S. 333.; 有沢広巳，前掲書，一六五頁以下。

(26) H. Ströbel, *op. cit.*, pp. 267—268.

(27) G. Noske, *Vcn Kiel bis Kapp*, SS. 140—141.

(28) 「共同経済公社」については，O. Bauer, *Die österreichische Revolution*, 1923, S. 171 sq.; J. W. Hedemann *op. cit.*, S. 351 参照。

(29) H. v. Raumer, *op. cit.*, S. 429.

(30) G. Noske, *op. cit.*, S. 141.

(31) *Ibid.*, S., 143.

(32) *Protokoll S. P. D. 1920*, SS. 148—149. und SS. 160—161.

(33) *Ibid.* S. 126.

(34) *Illustrierte Geschichte*……, S. 432.

(35) R. Müller, *op. cit.*, SS. 144—145.
(36) W. Römer, *Die Entwicklung des Rätegedankens in Deutschland*, 1921, SS. 93—94.
(37) *Ibid.*, SS. 94—96.
(38) *Reichs=Gesetzblatt 1920*, Nr. 26, SS. 147—174.
(39) *Illustrierte Geschichte*……, S. 430.
(40) これらの点については、M. Berthelot, *Works Councils in Germany*, 1924, p. 13 sq. 参照。

第三節　エリートの思考様式

すでにのべたごとく、本節においては、社会民主主義運動のエリート、とくに政治権力の主導的地位にあった社会民主党幹部、すなわち、革命における最高政策決定者《ハイエスト・デイシジョン・メイカー》が、社会化乃至社会主義に対していかなる考え方をもっていたかを分析し、かくして、ドイツ革命における社会化失敗の究極的原因を明らかにすることを目的とするのであるが、かかる研究を進めるに当っては、予めとくに二つの点に留意しなければならない。先ず第一に、ただ単に革命時におけるエリートの思考様式が把握されるだけでなく、それが従来の社会主義運動の歴史といかなる関係に立つものであるかということが明らかにされなければならない。これまで、また最近においても、ドイツ革命における社会民主党の社会主義に対する態度が種々論議の的となっているが*、かかる論議に対する客観的な評価は、エリートの思考様式を歴史的パースペクティヴにおいてとらえるときにはじめて可能となるであろう。第二に、エリートの思考様式を問題にする際には、その対象が一括して単にエリートとしてとらえられるだけではなく、これを更に細分化して、党の政策決定に直接参加するいわゆるエリートと、このエリートと大衆との媒介体としての下層《サブ》エリートとを別個に考察しなければならない。そもそも、大衆運動においては、エリートと大衆との中間項としての下層《サブ》エリートが極めて重要な役割を演ずるものであり、運動は、エリートと下層《サブ》エリート及び下層《サブ》エリートと大衆という二つの関係の絡合いとして進められてゆく。そして、下層《サブ》エリートは大衆とつねに直接的な接触をもっているため、彼らは大衆の動向に関してはエリートよりもより敏感であり、従って、とくに激動的な時代においては、エリートの思考様式と下層《サブ》エリートのそれとの間には、往々甚しい懸隔が生ずる。ドイツ革命の研究においても、社会民主党幹部の思考様式は、かかる観点に立って分析するときにはじめて鮮明に浮彫りされるであろう。以上のような観点に留意しつつ、先ず、ドイツ革命において社会民主党幹部が社会化乃至社会主義に対していかなる考え方をもっていたかという問題から、分析をはじめることにしたい。

＊　ドイツ革命における社会民主党の態度が社会主義に対する「裏切り」を意味するものであったかいなかは、古くから論議されてきた問題であるが、最近においてもまた、バーロー（A. J. Berlau）(1)とトルミン（W. Tormin）(2)との間で、ドイツ革命における社会民主党の態度に対する評価に関して意見の衝突が見受けられる。すなわち、ドイツ革命における社会民主党は、生産手段の所有に関する問題等、そのプログラムのもっとも重要な部分の実施を拒否し、かくして、党は社会主義的乃至マルクス主義的理念を放擲する（repudiate）に至った、というバーローの主張に対し、トルミンはかかる主張は全く事実に反するとのべ、社会民主党が社会主義実現に関する自己自身の見解をもって革命に臨んだことは疑いえないところであるとし、にもかかわらず、当時実際に社会主義の建設が行われなかったのは、一方において、革命後に、議会主義的方法によって、社会主義を実現しようとした社会民主党の社会主義達成方式そのものに由来するとともに、他方において、それ

に代る具体案が当時社会に存在していなかったことによると主張している。

第一に、社会民主党幹部は、資本主義社会から社会主義社会への転換についていかなる見解をもっていたのであろうか。先ず、社会化の前提としてもっとも重要なことは、「資本主義が最高の発展段階に達する」ことであり、そのような時代には、全社会が豊富な消費財に恵まれているので、かかる時代に「資本主義社会から社会主義社会への転換が行われるとするならば、それはすべての人に対して幸と福祉とを意味する」と考えられた(3)(H. Vogel)。そして、現実の経済状態は種々の経済制度が相互に結合し、また相覆い合って形成されているのであるから、その中の一つである「資本主義経済がいつはじまり、いつ終るかということを指摘することは出来ない」、従って、「社会主義実現の途はただ有機的発展によってのみ」開かれるのである(4)(Ph. Scheidemann)。かかる意味において、「資本主義的大企業は社会主義制度の萌芽」であるから、「ロシアのボルシェヴィキが行ったように、資本主義を破壊してはならない」のである(5)(H. Molkenbuhr)。それ故、社会民主主義者は、「よりうるわしい、より立派な未来へ向って、一歩々々登ってゆく」ことが必要である(6)(E. David)。そして、ある状況及びある必要に適合した進歩には、それ固有のテンポというものがあり、「かかるテンポを過度に速めるものは、革命の開拓者ではなく、逆に反動の先導者である」とされた(7)(G. Bauer)。

しからば、経済制度の変遷に対するかかる一般的見解の上に立って、敗戦後の現実のドイツを眺めた場合、社会化の実現という問題は、彼らの眼にはどのようなものとして映じたであろうか。いうまでもなく、敗戦後のドイツには、食糧及び原料が不足し、機械及び工場も損耗を極めていた。従って、このような時期に社会化を行おうとするのは、「全くの妄想(der helle Wahnsinn)」である(8)(M. Cohen)。「われわれは貧しい国民であり、従って経費を要する試みを行うことは出来ない。そのような試みは、戦前のドイツにおいてならば、国富毀損にかかわる犯罪となったかもしれないが、ともあれ、実施をすることは可能であったであろう。しかし、今日のわれわれはそのような計画をはっきり拒まなければならない。……われわれはドイツ経済の多くの血管が極めて敏感になっているのをしっている。……われわれが経済生活に粗暴な干渉をなしえないという見解をもっているのは、かかる理由に基く」と主張された(9)（G. H. Kahmann）。まことに、彼らの眼には、「現在社会化すべきものは全く存在していない」と映じたのである(10)（M. Cohen）。かくして、敗戦後のドイツは、「実験のための時代としては他のいかなる時代よりも不適当な時期であり(11)」（O. Landsberg）、それ故、社会化が実現されるためには、「先ず、経済の再建強化がある一定のレベルに達しなければならない(12)」（R. Schmidt）。つまり、「現在においては、生産様式よりも生産の必要の方がより重要であり(13)」（W. Keil）、そのためには、「より安い賃銀でより多く働く」ことが必要であるとされた(14)。社会民主党は、かかる意味において、「大衆を啓蒙し、ともかくも時を稼がなければならない」のである(15)（Ph. Scheidemann）。このような立場からすれば、「現在、また近い将来において実現不可能な構想を、魔法使いのように大衆の面前に見せびらかすことは、全く軽率」というそしりを免れざるをえず(16)（H. Sinzheimer）、従って、かかる意向に反して、社会化を断行するものは、「法螺吹き」或は「メフィストフェレス」と非難され(17)（N. Osterroth）、更に進んで、「馬鹿者」或は「政治犯」とまで罵倒された(18)（O. Braun）。しかも、社会化に対しこのような否定的態度をとるについては、マルクスからの引用による正当化《ジャスティフィケーション》を行うことが出来ると考えられた。すなわち、ブラウン（A. Braun）は国民議会において次のようにのべている。「カール・マルクスは、生産手段の社会化の時代には、資本主義経済は最高の水準に達しているであろうと考えていた。しかるに、今日のわれわれははげしい戦争によって深淵に迫いやられた経済を清算しなければならない立場にある。……カール・マルクスは、社会主義政党が、もっとも想像力の豊かな人にも考えられないような戦争ののちに、社会主義を実現しなければならないとは決して考えていなかった」と。(19)

以上は、社会化実現に関する云わば客観的条件に関するものであり、その点において、敗戦後のドイツは社会化にとってもっとも不利な状況にあると考えられたが、次に、このことは、主体的条件に関してもまたあてはまるものとされた。すなわち、それは、労働者の意識乃至精神的レベルに関する問題である。ダヴィットは、一九一九年の党大会において、現在の労働者階級は賃銀をたかめ、労働時間を切下げることのみを考え、しかも、労働時間においても集中的に、また良心的に働かないとのべたのち、次のようにいっている。「資本主義制度は、個人、すなわち資本主義企業家の利害関係の中に、且つまた、充分働かなければ結局は空腹の鞭によってたたかれるという労働者階級の利害関係の中に、生産を厖大な水準にたかめる大きな発条（Springfeder）をもっていた。……社会主義はそれに代って一つの異る発条、すなわち、社会的義務意識を嵌め込もうとする。しかし、この発条は未だ存在していない。このことがわれわれの遭遇している障害の中心的問題である。……われわれは、労働者階級が更により高い段階の社会的義務をもつよう努力するのを待たなければならない。しかし、われわれはかかる現状を考慮し、この新しい発条が充分に機能しない限りは不可能なことを、可能であると考えることのないよう注意しなければならない。それ故、若干の同志が救済案として待ちのぞんでいるがごとき、純粋に社会主義的な政権の樹立という考え方もまた、一つの妄想にすぎない。……純粋に社会主義的な政権は資本家陣営の間から反抗をうけるだけではない。もっとも大きな障害は、まさに、労働者階級の間に労働義務に関する社会意識が発展していないが故に、生起するであろう[20]」と。更に、組合指導者コーエン（A. Cohen）は、同じくこの点に関して、「労働者階級の準備が充分整わないうちに、ブルジョア社会があらゆる問題の処理を労働者階級の一手に委ねることほど、彼らにとって不幸なことはないであろう」とまで極言している[21]。以上のように、社会民主党幹部は、権力の主体者としての自己の責任を無視して、主体的条件の欠如を専ら労働者階級の社会意識の低さに帰着せしめ、社会化実現の可能性を労働者階級の成長如何にかかわらしめたのである。

以上の二つの考え方は、社会化乃至社会主義実現のための国内的諸条件に対する社会民主党幹部の評価であったが、彼らは更に、社会化の不適合性を国際的条件から説明しようと試みた。すなわち、国家の政治形態に関する問題は国内問題であるが、「経済秩序の問題は世界と密接な関係にある[22]」（Ph. Scheidemann）。そして、世界経済が資本主義的な生産様式に基いて運営されている現在、社会化を行うことは全くの無暴（Unsinn）であり、現在の世界が一般的な社会化に適応しうるだけ成熟した段階に到達するまで、「われわれは経済的分野においていかなる試みをもなしてはならない[23]」（A. Müller）と力説された。このように、社会化実現の時機を資本主義が国際的規模において成熟するまで延期しようとする考え方は、当時社会民主党幹部の間に可成り浸透していたといわれるが[24]、このことはまた、社会主義の能率に対する疑惑と密接な関係をもっていたことを忘れてはならない。すなわち、社会民主党における対外問題の専門家として認められていたクヴェッセル（L. Quessel）は、世界市場における競争のためには、社会化された企業は著しく不利であるとして、次のように論じている。「経済生活を社会化しうる可能性は、世界市場における生産がはじまるところに終る。……輸入のために世界市場向の商品をつくるというやむをえざる必要が、社会主義生産様式に制約を課し、そしてまた、この地上のいかなる権力も、プロレタリア独裁ですらも、そのような制約を取り除くことは出来ない[25]」と。クヴェッセルに代表されるこのような考え方は、資本主義の能率に対する高い評価から生れ出たものであったが、ここには、社会民主党幹部が資本主義の発展のうちに育ち、またその余沢を享受してきた、あの長い歴史の痕跡が克明に刻み込まれているといわなければならないであろう。

以上、三つの観点からとらえられた結果が示すように、社会化乃至社会主義に対する考え方の基調にあったものは、《社会主義的な生成発展》(das sozialistische Werden)に対する信仰[26]に他ならなかった。彼らの見解によれば、資本主義という「金の卵を生む雌鶏」を殺してはならない[27]、いな、資本主義がより高次の段階に到達するにつれ、その中に社会主義的形態が芽生え、また、その中に働く労働者階級の意識もより高次な次元に到達するのであるから、社会主義者はよりうるわしい、より立派な未来を心に描きつつ時を待ち、この資本主義の枠内に成長する新しい傾向を助長し、発展させてゆかなければならない、とされた。それであるから、この枠を打破るような新しい構想をもって行動することは、途方もない軽率な振舞として斥けられたのである。かくして社会民主党幹部にとっては、自己の権力的地位を利用して創造的《クリエイティヴ》な試みをすることは全く不可能であった。彼らの中には、歴史における主体的契機を無視した客観主義的傾向が脈打ち、彼らには、現在の社会の中に芽生えてくる価値や諸利益を代表《リプレゼント》するということが至上のこととされた。このような観点からみて、社会民主党幹部の根本的な思考様式が、創造的エリートのそれではなく、代表的《リプレゼンタティヴ》エリートのそれであったことはいうまでもないことであろう。

以上のように、代表的《リプレゼンタティヴ》エリートとしての社会民主党幹部は、たしかに、現実の問題としては社会化乃至社会主義を放棄した。しかし、社会化乃至社会主義が、遠い将来の理論的目標として、なお彼らの思考の中から消え失せていなかったということは、殆ど疑いのないところである。しかし、この点に関してもまた、若干の問題がある。

すなわち、時代は、現在の経済的枠に対する抜本的処置を必要とする動乱の時代であり、現に、労働者大衆の一部は資本主義の廃止を求めて、直接行動に訴えるまでに至った（いわゆる Wilde Sozialisierung）。そして、大衆のかかる直接行動と対決しなければならなくなったとき、社会民主党幹部の間には、彼ら本来の社会主義的な思考から逸脱するような考え方が発生するに至ったのである。すなわち、フォーゲルは一九一九年三月国民議会で演説し、「労働者が生産手段、すなわち土地、工場及び機械を所有し、かくしてえられた利潤を彼らの間で分配するという……東方〔ロシア〕から輸出された方法は、実際には多数の資本家が以前の少数の資本家に代るというだけのことにすぎないであろう[28]」とのべている。そして、ブラウン（A. Braun）によれば、かかる方法は、大衆資本主義（Massenkapitalismus）をつくり出そうとするものに他ならず、現在必要とされていることは、労働者階級のこのような試みではなく、企業家がドイツ人民の立場を代表して、全体（Gesamtheit）のために働くことであるとされた[29]。このような意味において、労働者階級のみによる企業運営は、「企業家の階級的利己主義に代えるに今一つの階級的利己主義をもってする」ものに他ならないとして、斥けられたのである[30]（N. Osteroth）。以上のような発言に代表される一部社会民主党幹部の考え方の中には、従来のマルクス主義からみて二つの逸脱が看取される。その第一は、私的所有に関するものである。いうまでもなく、搾取されてきた労働者階級がその搾取者を放逐して資本主義的な私的所有を廃止しなければならないというのが、マルクス主義の基本的な思考態度であったが、今や、労働者階級の手によってなされる社会化は、私的所有の断絶ではなく、その継続を意味するにすぎないという見解があらわれるに至ったのである。そして、このような主張をすることによって、私的所有の廃止を目的とする労働者階級の運動を実際に阻止しようと試みたのである。第二は、マルクス主義的社会観に関するものである。従来マルクス主義においては、現存の社会は階級対階級の闘争の場であるとされてきたが、ここにおいては、現存の社会が階級を超越した中立的な全体と考えられている。そして、当時の革命的状況においてもなお、いな、このような状況にあるからこそ、階級的利己主義を離れて、全体のための生産が行われなければならないとされ、かかる観点から、現実の急進的労働運動に対してきびしい攻撃が加えられたのである。

しかし、以上のごとき逸脱は、主として労働者階級の一部が資本主義廃止の実力行動に出たとき、それに対する反射として生れたものであり、社会民主党幹部が本来の社会主義的イメージを、遠い将来の問題としてではあれ、なおその胸裏にいだいていたことは否定しえないところであろう。そして、資本主義の発展とともに社会主義への途が次第に開かれるものと考えられていたこと、及び、革命勃発後まもなく彼らの手によって八時間労働制、失業保険等当時における時代の要請が現に実施されたことから判断して、彼ら社会民主党幹部は、社会の中に新しく芽生え、また発展してくる利益や価値を代表しようとしたという意味において、同じく代表的《リプレゼンタティヴ》エリートの範疇に属するものの中でも、ただ伝統的な利益や価値を守ろうとする伝統的《トラディショナル》エリート（traditional elite）とは異り、革新的《プログレッシヴ》エリート（progressive elite）としての思考様式をもっていたということが出来るであろう。しかし、革新的《プログレッシヴ》エリートとして自己を貫徹しうるためには、自己のおかれた時代の傾向に対して鋭い洞察力《フォアサイト》をもつことが必要であり、そういう意味においては、当時の社会民主党幹部に欠けるところがあったことは、否定することの出来ない事実である。すなわち、ドイツ資本主義は、戦時中、強大な帝国主義国家と死活の闘争を行うために新たなる編成替えを要求せられるに至り、事実、ドイツの戦時経済においては、これまでにない、新しい組織化、計画化が精力的に進められた。ラテナウ及び戦時原料局によって行われた「計画経済」（Planwirtschaft）と称せられるものが、これである。しかし、ドイツ資本主義の内部に育まれた「計画経済」の歴史的意味は、ドイツの社会主義者よりも、むしろロシアの社会主義者によって着目された。一九一五年、当時なおメンシェヴィキに属していたラーリン(Larin)は、ドイツの戦時経済について論じ、「現在のドイツは、計画に従って動く一つの機械としての国民経済の中央集権的な管理という一つの類型を世界に示している」とのべたが、[31] 更に、レーニンは、一〇月革命後、ドイツの戦時経済を研究することの重要性を指摘して次のようにのべている。「そうだ、ドイツを学べ。歴史はジグザックに曲りくねった道を歩む。今や非道な帝国主義と相並んで、もっとも近代的な機械産業の基礎の上に、規律、組織及び鞏固な協働という原則を実現し、また、厳密なる計算及び統制という原則を実現しているのは、他ならぬドイツである。これこそまさに、われわれに欠けているものである。これこそまさに、われわれが学ばねばならぬものである」[32]と。もとより、レーニンは、ドイツの戦時経済をそのままの形において模倣せよといったのではなく、これを技術的側面に限って研究することを主張したのであり、彼は、「ユンカー＝ブルジョア的帝国主義」を、「ソヴェト国家、すなわちプロレタリア国家に置換え」なければならないことを強調していた。[33] このことは、レーニンのごとき創造的《クリエイティヴ》リーダーにとってもまた、その創造的構想《ヴィジョン》は全く独創的に案出されるものではなく、社会の中に発展しつつある傾向に対する鋭い洞察《フォアサイト》から生れ出るものであることを示す事例として、極めて示唆するところが多い。勿論、ドイツにおいてもまた、この戦時経済の方法を、何らかの形において、革命後の情勢に適用しようとした社会主義者が必ずしも存在しないわけではなかった。すなわち、国民議会成立後組閣されたシャイデマン内閣において経済相の地位を占めたヴィッセルは、戦時中原料省で活躍したメーレンドルフ(W. Moellendorff)を次官に任命して、戦時経済の方法にのっとり、「計画経済」を実施しようとした。もとより、この「計画経済」は本質的に資本主義的なそれにすぎず、この試みにおいて問題とされたのは、「水平的及び垂直的に統合されたシンヂケートによる、生産力の向上並びに生産及び販売の経済化、合理化」であった。(34) しかし、戦時経済を主としてその非能率的側面においてのみ観察した社会民主党幹部は、(35) かかる時代の新しい徴候に反撥し、ヴィッセルの提案を拒否したので、ヴィッセルは遂に内閣から辞職し、以後、彼は、社会民主党幹部の諸政策に対しはげしい非難を浴せることとなった。このように、時代に対する洞察力《フォアサイト》を欠き、経済の基本的構造にあらわれた新しい徴候を的確にとらえることが出来なかったという点において、社会民主党幹部は革新的《プログレッシヴ》エリートとしてもまたその適格性を疑われざるをえない側面をもっていたのである。

以上のように考えれば、資本主義の枠をこえる新しい建設を、社会民主党幹部に期待することが全く不可能であったことを理解することが出来よう。ところで、かかる社会民主党幹部の思考様式は革命勃発後突如としてあらわれ出たものではなく、それには長い歴史的背景が存在していた。しかし、革命勃発後ドイツにおいて社会化乃至社会主義が実現されなかったのは、当時の国内的及び国際的力関係に対する社会民主党幹部の配慮に基くところが少くない、という見解が存在しうるし、また、彼ら自身の内でも、現にそのような主張がなされたので、社会民主党の歴史的背景にふれる前に、若干この点に関して言及しておきたい。先ず第一に、大衆の社会化への要求がピークに達した一九一九年二月から三月においては、すでに社会民主党の他に民主党、中央党というブルジョア政党を含めたワイマール連合政府が成立していたのであるから、社会民主党幹部が社会化を行おうとしても、それは事実上不可能であったという見解がありうるし、またかかる考え方は、一九一九年六月に行われた党大会において、シャイデマンやレーベ（P. Löbe）のごとき党幹部によって主張された。(36) しかし、社会化の要求がはげしかった二月から三月にかけての国民議会においては、社会民主党の間にかかる主張は全く見受けられなかった。更に、上述したごとく社会民主党幹部には社会化を即時断行する意志が全くなく、また、彼らの一部は労働者階級の生産管理に対して「大衆資本主義」という非難すら浴せたのであるから、彼らとブルジョア民主主義政党との間には、社会化に関して意見の衝突を来すほどの見解の差はなかったといわなければならない。現に一九一九年の党大会において党の最高幹部の一人ダヴィットは次のようにのべている。「それ故に、連合政府を〔社会化の〕本質的妨害要因と考えることは誤りである。また、現にそうではない。わたくしは皆さんの前ではっきりと申上げる。この領域に関しては、非社会主義的閣僚の間から妨害は起らなかった。われわれは共通のプログラムを作成し、はじめからこのプログラムの線で協同してきた(37)」と。以上のようにして、国内的力関係からする社会化不可能論に、論理的正当性を見出すことは困難といわなければならないであろう。第二に、当時の国際的力関係から考えて、企業を国有化乃至社会化したならば、その企業は賠償の対象として戦勝国に収奪される可能性が多い。それ故国有化乃至社会化が行われなかったという見解がある。ここで先ず考えなければならないことは、国有化方式に反対する人々の中には、国有化は戦勝国の賠償の対象をつくり出すような結果を招くから、国有化は避けて、企業を社会の所有に移すべきであると唱え、社会化そのものには反対しない人々が少くなかったということである(38)。しからば、国有化とは異る意味における社会化については、かかる外的危険はどのように主張されたであろうか。先ず、このような主張は、一九一九年二月から三月にかけての国民議会においては、右翼政党の代表者によって指摘されはこそすれ、当の社会民主党幹部の間には見受けられなかった。そして、かかる論議は、むしろ社会化要求の波が次第に衰微するに至ったのちに持ち出されたのである。すなわち、三月の国民議会において、国家人民党のフーゲンベルク（A. Hugenberg）、人民党のケムプケス（A. Kempkes）が、今社会化を行えば、全産業の権利が戦勝国によって没収されるであろうとして、社会化の危険を主張したのに対し、社会民主党のモルケンブーアはこれに反対し、このような危険性は、産業が戦時中の併合主義者の手に温存されているよりも、むしろ社会化された場合の方がはるかに少いと論じている。(39) ところが、大衆運動のピークが過ぎた四月の「カリ産業規制法案」の審議においては、ザクセ（H. Sachse）が先ずこの外的危険について言及し、(40) 更に、六月の党大会においては、レーベがこれと同様な発言をしている。(41) そして、シュタンプファーは、一九三六年にワイマール共和国における社会民主党の態度を擁護する立場でかかれたその著書の中で、社会化が行われなかった重要な原因の一つとして、かかる外的危険の存在を強調している。(42) 以上のごとき事情と社会化に対する社会民主党の基本的見解とから考え、一部社会民主党幹部のかかる外的危険に関する主張は、自己の不作為に対する正当化《ジャスティフィケーション》の試みであったと解しても決して不当ではないであろう。

以上のようにして、革命において社会化乃至社会主義が実現されなかったもっとも究極的な原因は、社会民主党幹部が平常《ノーマル》な時代にのみ適応しうる代表《リプレゼンタティヴ》的エリート乃至は精々革新《プログレッシヴ》的エリート――しかも不完全な――としての思考様式から脱却しえなかったということの中にあったのである。そして、それは、すでにふれたごとく、彼らが歩んできた長い自己の歴史と密接な聯関をもっていた。そもそも、戦前における社会民主党の行動基準は、一八九一年に定められたエルフルト綱領におかれていた。そして、この綱領は二部から成り、第一部は社会主義の実現に関する原則論、いわば社会主義の「哲学」であり（最大綱領）、第二部は具体的な行動綱領、実際にはデモクラシー獲得のための諸要求に関するものであった（最小綱領）。ところで、このエルフルト綱領とくに第二部は、当時なお生存していたエンゲルスによってはげしい非難の対象とされた。この点を理解することは戦前の社会民主党の理論的傾向をしる上に必要欠くべからざることであり、そして、エンゲルスによって指摘されたこの綱領の欠陥は、綱領の起草者カウツキーの見解を検証することによってはじめて理解される。カウツキーはエルフルト綱領の解説の中で次のようにのべている。新しい社会形態は、怜悧な頭脳をもった人が計画し、その計画に従って実現されるというがごときものではない。社会形態の建設に当っては、旧い建物を破壊して新しい建物を建築するような場合とは異り、予めつくり上げた計画は、実際の場合には何ら役に立たない。従って、「積極的な提案」を作成することは、恰も前もって戦争の歴史をかくのと同様、無益且つ無意味である。もとより、「社会主義社会に関する考察を、すべて一概に無益且つ有害であると考えるのではない。……社会主義社会を切り開き、また組織化するための積極的な提案を作成することのみが、無益且つ有害なのである。何らかの形において社会関係をつくり上げようとする提案は、時間的にも空間的にも完全に見通しをたてることの出来る範囲内においてのみなしうる。かくして、積極的な提案は、社会民主党にとっては、未来の社会のためにではなく、今日の社会のためにのみ作成することが出来る。それをこえる提案は、事実の上にではなく、架空の諸前提の上にのみ立ちうるのであり、かくして、それはもっともよくいった場合においても何らの効果をもちえない妄想であり、夢である[43]」と。エルフルト綱領において最小綱領に力点がおかれたのは、以上のような考え方に基く。たしかに、未来社会に対する空想は厳にマルクス主義の排斥してきたところのものであった。しかし、当時のヴィルヘルム体制下における権力関係のあり方を捨象して、「今日の社会」の漸進的改造のみを強調するこのカウツキーの言葉の中には、歴史における主体的契機を無視した客観主義的な傾向が端的にあらわれている。そして、まさにこのような態度がエンゲルスによって日和見主義として非難されたのである。すなわち、エンゲルスはエルフルト綱領の中に、現存する「半絶対主義的な」権力関係を度外視して、「今日の社会が社会主義へ成長移行する」というような安易な見解が潜んでいるのを察知した。それ故に、彼は、行動綱領にかかげられた政治上の諸政策は長期に亙って自覚をあやまらせるのみであり、そして、何らかの最初の大事件、政治的危機が起ったときには、党はいかに行動すべきかについて全く当惑するに至るであろうと警告を発したのである。(44)* エルフルト綱領に含まれていた社会主義政党としてのかかる理論的欠陥は、その後も助長されはこそすれ、決して改められることはなかった。このことは、マルクス主義中央派の存在が顕在化し、それが党の理論的中枢となったことからも明らかである。そして、社会民主党のこのような理論的弱さが、党の実践活動と密接な関係をもっていたことはいうまでもない。すなわち、すでに第一章においてのべたごとく、戦前の党は組合主義《トレイド・ユニオニズム》的要求、選挙改革等、建設的政策《コンストラクティヴ・ポリシー》から離れていわば圧力団体《プレッシャー・グループ》的活動に専念し、(45)経済制度の根本的変革というがごときことは、すでにその活動とは無縁のものとなっていたのである。以上のようにして、戦前の社会民主党は体制内に安住し、既存体制の発展を期待しそれに依拠することによって、自己の発展をも計ろうとする事実上《デ・ファクト》の体制政党となっていた。そしてこのことは、いうまでもなく、社会民主党を指導する人々が、創造的《クリエイティヴ》乃至革命的エリートとしてではなく、代表的《リプレゼンタティヴ》エリートの範疇に属する革新的《プログレッシヴ》エリートとして思惟し、また活動していたことを意味している。

＊　エルフルト綱領に対してはまた、マルクがきびしい批判を与えている。彼は、エルフルト綱領には最大綱領と最小綱領とが共存して、それらを直接に媒介するプログラムが欠如していることをはげしく非難した。(46) たしかに、これはエルフルト綱領がもつ一つの大きな欠陥であり、しかも、この欠陥は、社会民主党が無視することの出来ない巨大な政党となったのちにも、何ら埋められることなく存在しつづけた。社会民主党のかかる状態に対して、コルシュ（K. Korsch）は一九一二年に

「国民経済の組織化に関する社会主義的方式」(Die sozialistische Formel für die Organisation der Volkswirtschaft)という論文を発表して、社会民主党に国民経済を組織化するための充分な建設案のないことを指摘し、このようなときに社会主義政党が政権の座につくとすれば、かかる欠陥は社会主義にとって致命的なものとなるであろうと鋭い批判をしている。(47)戦前の社会民主党に社会主義に関する具体的な構想が存在しなかったことは明らかであるが、しかし、このことは、ドイツ社会民主党に限られたことではなく、広く戦前のマルクス主義一般に妥当することであった。レーニンは、ブレスト・リトウスクの条約締結後、社会主義の組織に関する研究が従来マルクス主義に欠けていたことを指摘して次のようにのべている。「われわれは社会主義に関する知識をもっている。しかし、数百万人の規模をもった組織に関する知識、商品の組織と分配とに関する知識については、われわれはしるところがない。これまでのボルシェヴィキの指導者はこのことをわれわれに教えてくれなかった。……これについてはボルシェヴィキの教科書には未だ何も書かれていないし、また、メンシェヴィキの教科書にも何もない」と。(48)しかし、このレーニンの言葉こそ、社会主義者が漸く社会主義的建設に着目をしはじめるに至ったことを如実に物語るものに他ならない。そして、これを機に、ソヴェト・ロシアにおいては、社会主義的計画への途が次第に開けてゆくことになった。かかるロシアの例とドイツ革命の帰趨とを比較考量すれば、戦前において指摘さるべき、社会主義者としての社会民主党指導者の欠陥は、彼らが予め社会主義的建設に関する具体的構想をもっていなかったということよりも、むしろ、体制内に安住し、これに正面から対決する意欲と能力とをすでに欠いていたということの中にあった、といわなければならないであろう。

ところが、このようなとき、第一次世界大戦が勃発した。そして、この総力戦は、国家権力と以上のごときエリートによって指導された社会民主党との結合を更に深め、すでにのべたように、社会民主党は名実ともに全く体制内的存在《インズ》となった。社会民主党幹部のコルプ（W. Kolb）は、当時かかる結合の強化を謳歌し、「戦争はドイツ人民の間に新しい鞏固なる靱帯をつくり上げたが、しかしまた、人民と王制との間にもそのような靱帯をつくり上げた。この点を見誤るならば、決定的な誤謬を冒すことになる。……王制であっても、社会民主主義がその国家権力の上に影響力を及ぼしている場合には、そういう王制は、資本主義によって支配される共和制よりも、労働者階級のために著しく有利な状態を保障することが出来る」とまで極言している。[49] このようにして、社会民主党幹部は全く体制化するに至っただけでなく、その王制に対する態度からも理解されるように、彼らは、革新的《プログレッシヴ》エリートというよりもむしろ、伝統的《トラディショナル》エリートに近い思考様式をすらもつに至った。そして、このような状態のままで、彼らは予期しない革命の勃発を迎えることとなったのである。

以上の概観からしりうるように、革命において示された社会民主党幹部の思考様式は、決して突発的にあらわれたものではなく、それは歴史的伝統に培われ、また規定されてきたところのものであった。しかし、かかる人間の思考様式は、きびしい歴史的現実に遭遇することによって変更されうるものであり、また、変更さるべきものである。現に、ドイツにおいては、同じく社会民主党の党員でありながら、大衆と直接的な接触を保つ地位にあった下《サ》層《ブ》エリート*と上層幹部との間には、社会化に関する考え方に関して著しい差異が存在していた。すなわち、一九一九年六月に行われた党大会においては、党幹部部乃至国民議会議員団と、ラインラント、ハムブルク、キール、フランクフルト等、労働運動の活潑な地方を代表する下層《サブ》エリートとの間に、広汎な意見の分裂が見受けられた。先ず、社会化は資本主義の繁栄している時代に行いうるものであり、経済状態が悪化している現在これを実現することは不可能であるという党幹部の見解に対して、ハムブルクの代表ケムメラー=レオンハルト（Kaemmerer=Leonhard）は強く反対し、われわれの課題はユートピアから科学へということにではなく、科学から実践へということにあるとのべ、「今日経済状態が非常に悪化しているが故に社会化の実施を延期しなければならないという見解、こういう見解はそれ自体に矛盾を含んでいる（然り）。……経済状態が悪ければ悪いほど、それだけ社会化の実現は困難である。しかし、それだけに、それはまたなお必要なのである。そして、社会化を実現することによってのみ、われわれは諸外国及びわれわれの労働者階級の信頼をとりもどすことが出来るのである。……それ故、この問題に対しては議員団の最良の頭脳が専念しなければならないと思う（拍手喝采）[50]」と主張している。更に、三月から四月にかけて行われた社会化に対して、以上のような観点に立つ下層《サブ》エリートの側から鋭い批判が加えられたことはいうまでもない。フランクフルトの代表ブレネッケ（O. Brenecke）は政府の怠慢を非難し、「これまで行われたことを社会化と呼ぶことは困難である。それはとくに石炭問題にあてはまる。われわれは曾つてあったところの存在に帰らなければならない」と叫び[51]、また、ハムブルクの代表シラー（R. Schiller）も、社会化に関する諸法令に定めれた大資本に対する補償規定に反対し、この社会化問題こそ、「われわれの社会主義的な意志がいかに情熱的で、またいかに鞏固且つ善良であるかをプロレタリアートに示す唯一の機会であったし、また、かかる行動は統一問題に対しても非常に大きな貢献をしたであろうに」と、政府の処置を攻撃している[52]。下層《サブ》エリートの党幹部に対するかかる攻撃は、党大会の随所で繰返され、党幹部はしばしば苦しい立場に追いやられた＊＊。ところで、以上のような意見の分裂は、彼らの間の大衆に対する感覚の相違に基くところが少くなかった。事実、大衆の社会化に対するはげしい要求と党幹部の不作為との間の甚しいギャップは、これら下層《サブ》エリートにとって危険な現象と看做された。たとえば、東フリースラントの代表ロイター（F. Reutter）は、党大会の演説において、「政府の指導的地位にある同志に呼びかけたい。大衆との接触を失うな、そうすれば、大衆もまた貴方がたから離れることがないであろう（喝采）」と叫んでいる[53]。しかし、党の最高政策決定機構を支配していたのはいうまでもなく党幹部であり、つねに大衆と接触し、その要求に敏感に反応した下層《サブ》エリートの声はついに受け入れられなかった。そして、社会民主党に

おける これら下層《サブ》エリートは党大会のみでなく、たとえば、労働組合大会においても、労働者大衆の声を代表して社会化の実施を要求し、その意志はしばしば決議の形において具現された。(54) また、彼らが地方の実際運動において、《社会化》のスローガンの下に闘争に参加したことは、すでに詳述した通りである。このようにして、社会化の運動は挫折したが、以上のことから明らかなごとく、社会化に対し消極的な乃至否定的な態度をとったのは、党の最高政策決定機構にあった幹部を中心とする比較的少数のグループであり、彼らのみがひとり平常時《ノーマルシー》の思考様式に固執し、この彼らの手によってドイツ革命の基本的方向が決定されたのである。

* もとより、下層《サブ》エリートといっても種々の階層があり、これを大別すれば、大衆の間に伍して全く地域的活動に専念するものと、中央の非日常的機関、たとえば党大会等に参加し、最高政策決定機構とある程度の接触を保つものとに分たれる。ここでは、史料の関係から視野を後者に限定し、党大会に出席した下層《サブ》エリートの社会化に対する態度を瞥見することとした。

** 政府の「計画経済」案拒否に端を発する、ヴィッセルと党幹部とのはげしい論争においては、登壇した代議員の中にはヴィッセルの立場を支持するものが多く、たとえば、キールの代表エガーシュテット(Eggerstedt)は、ヴィッセルの政府弾劾を支援して、「それ〔ヴィッセルの演説〕は、これまでのところ、党大会の白眉である（はげしい賛成と拍手）。彼は、演説者流のテクニックによってではなく、大衆が感じていることを率直に表明したその誠実さによって、感銘を与えた」とのべ、再度万雷の拍手を浴びたのである。(55)

以上によって、社会化実現をめぐる問題の全貌をほぼ明らかにすることが出来たであろう。最後に、社会主義革命のもつ一般的特質に言及することによって、本章の結びとすることにしたい。そもそも、ブルジョア革命は、封建社会の中に新しい経済制度としての資本主義が発展し、しかも、封建社会の政治的規制がかかる資本主義にとって桎梏と感ぜられるに至ったときに、勃発するものであるから、それは当然に否定的《ネガティヴ》な意味をもち、また、そこにこの革命の本来的な使命が存在していた（資本主義社会においては、政治的エリートと経済的エリートが分離し、再生産は一応政治の分野から独立する）。しかし、社会主義革命の本質はそれとは根本的に異っていた。すなわち、社会主義は、私的利潤を発条とする曾つての資本主義のごとく、旧社会の中に新しい経済制度として自律的に発展するものではなく、それ故、それを実現するためには、既存の資本主義体制を打破すると同時に、社会主義建設のための積極的な建設を行わなければならない。従って、社会主義革命は単に否定的《ネガテイヴ》な意味をもつだけではなく、更に、とくに創造的な、積極的《ポジテイヴ》な側面をもたなければならないのである（社会主義社会においては、再び政治的エリートと経済的エリートが合致し、政治が再生産のかなめとなる）。このような意味において、ドイツ革命が社会主義革命としての歩を進めるためには、創造的《クリエイテイヴ》エリート、すなわち、社会主義建設に関する明確な創造的構想《ヴイジヨン》をもち、その実現のために政治権力を縦横に駆使しうるエリートがとくに必要とされたことはいうまでもない。しかるに、当時権力の座にあった社会民主党幹部は革命勃発の際には全く体制化し、代表的《リプレゼンタテイヴ》エリートとしての思考様式に強く支配されていたため、当時彼らに社会主義の実現を期待することは全く不可能であった。しかし、ドイツ革命がおかれた政治的状況は社会化を断行するためには決して不利なものではなかった。すなわち、すでに革命の勃発によって資本主義体制の支配者及び代弁者が虚脱の淵に陥っていただけでなく、Sozialisierung という象徴《シンボル》は、新しい時代を告げる福音として一般大衆の間に深く浸透し、かくして、社会化の実施を叫ぶ運動は大衆の巨大なエネルギーを吸収し、政治権力の座にあり、またそれに対する影響力をもった人々に対して大きな圧力を加えるに至った。しかも、社会民主党の下層《サブ》エリートの多くは、この大衆の運動の列に加わるとともに、党大会をはじめとする種々の機会に大衆の声を代表して発言し、党の幹部に対して鋭い批判を加えた。しかし、上層のエリートは依然として旧来の思考様式に固執し、それから脱却することが出来なかったため、彼らには、この機に臨んで創造的構想を打出し、それに向って大衆のエネルギーを嚮導《キャナライズ》することは到底不可能であった。このように考えれば、ドイツ革命は、革命という動乱の時代に、しかも、強力な政治権力を行使することによって新しい建設を行わなければならない特殊な政治状況において、革新的《プログレッシヴ》エリートとしてもなお充分とはいいえないような思考様式をもった代表的《リプレゼンタティヴ》エリート、言葉をかえていえば、創造的構想《ウイジョン》はもとより、時代に対する洞察力《フォアサイト》をも欠いたエリートが、政治権力の衝に当らねばならなかったというところに、その悲劇の究極的な原因をもっていたといわなければならないであろう。

かくして、社会民主党は《積極的な、創造的な、また建設的な社会主義政党》にふさわしい業績を何ら挙げることが出来ず、とくに、ドイツ革命における社会民主主義への途は空しく閉されてしまった。* このことはまた、戦前来ドイツ社会に支配的地位をしめてきたドイツ独占資本の復活強化を許す結果となり、そのため、後れて世界の舞台に登場したドイツ・デモクラシーは、以後つねにこの独占資本の側からする脅威に曝されなければならなくなった。かかる意味において、社会化に関する社会民主党の無為は、ドイツ革命におけるデモクラシーへの途の問題とも密接な関係にあったということが出来る。しかし、この問題の所在をより鮮明に浮彫りするためには、更に視角をかえて、吟味をしなおさなければならないであろう。**

* なお、革命勃発後凡そ二ヵ月間は、社会民主党の他に独立社会民主党、とくにその右派の指導者が政権に参加した。しかも、この時期は、権力を行使するものにとっては殆ど無抵抗的な、いわば政治的真空に近い状態を呈していた。独立社会民主党の人民委員であったディットマン自身、当時を回顧して次のようにのべている。「反動主義者でさえも、当時の情勢を容認した。大きな抵抗はどこにもみられなかった。かくして、旧勢力は永遠に打ち滅ぼされてしまったかのごとき幻想が生

じた[56]」と。かくして、この時期は社会化実現のためにはまたとなく恵まれた時期であった。従って、社会化を論ずるに当っては、更に、独立社会民主党右派の指導者が当時社会化に対していかなる見解を抱いていたかという問題に言及しなければならないであろう。先ず、彼らにとって、社会主義は、資本主義の生産力が昂揚したときにはじめて、実現可能となるものと考えられた。かくして、彼らには、社会化の実現を政治権力の問題であるとする考え方が全く欠如していた。バイエルン共和国の首相アイスナーは、一九一八年一一月一五日の布告において、マルクスの名をかりてかかる見解を表明し、「経済は、生産力が資本主義的秩序の余りにも狭隘な枠を打破りうるほど強力に発展したときにはじめて、社会の所有に移さるべきものである」とのべたが[57]、更に、ヒルファーディンクは、一二月の全国労兵協議会において、「社会化は時間を必要とする。政治革命は比較的容易に行われうるが、経済構造は長期間に亙る過程をへてはじめて代替されうるものである」と論じ、「革命は何の奇蹟をも行うことは出来ない」と断言している[58]。しかも、敗戦から革命を迎えたドイツにおいては、経済は全く疲弊し、そもそも「社会化すべきものが殆ど存在していない」のであるから、このようなときに社会化を行うことは不可能であるとされた[59](K. Eisner)。党の理論的指導者カウツキーの見解によれば、「このような状態にあるとき社会化を試みようとする人は、ドイツを気狂病院に変えようとするものであった」のである[60]。このようにして、当時における独立社会民主党右派の指導者は、先ず、復興、次に、社会化という方式を頭に描いていた。ところで、かかる考え方はすでに革命以前から抱かれていたものであり、このことは、カウツキーが一九一八年一月に著した『過渡期経済に関する社会民主主義者の覚書』をみれば明らかである。彼は、この著書において、戦後の経済再建についてふれ、「先ず、従来の生産様式において、戦争から平和への転換が行われなければならない。しかるのちにはじめて、資本主義から社会主義への転換に着手することが出来る」とのべ、更に、この過渡期は、社会化実現のためには戦時下よりもなお一層困難な時代であるから[61]、「過渡期経済の諸条件下においては、政治権力を掌握することがわれわれの憧憬の的となってはならない」と結んでいる。独立社会民主党右派幹部の以上のような見解は、政治権力のあり方に関する問題、及び歴史における主体的契機を軽視している点において、社会民主党幹部の見解と殆ど揆を一にするものであった（但し、歴史における主体的契機の理論的評価については、カウツキーに代表される独立社会民主党右派の方が若干すすんでいたことは否定出来ない[62]）。独立社会民主党右派の幹部がかかる思考様式にとらわれていた以上、革命勃発後の二ヵ月間の時期に、社会化実現の可能性を考えることは全く不可能であった、といわなければならない。なお、一九一九年三月、独立社会民主党の党大会が催されたときには、彼らはすでに野党の立場にあり、しかも、当時は大衆の社会化要求の運動が全国的規模において押し進められていたため、右派幹部の考え方については根本的変化はみられなかったもの[63]、彼らの間においても、社会化実現に対してとくに反対的意見をのべるものはあらわれなかった。

＊＊　以上のような革命における途の問題と聯関して、ここで、革命における外圧の問題について若干言及することにしたい。ドイツ革命において、聯合国の態度が革命の方向に対していかなる影響を及ぼしたかが問題とされる場合、先ず第一に考えられなければならないことは、革命の方向をどのようなものとして考えるかということである。この場合、先ず、いわゆるプロレタリア革命への途が考えられるが、このような形態における革命は、政権の座にあった社会民主党幹部の厳に拒否したものであるだけでなく、また、その実現は、第二章において詳述したごとく、革命運動自身のダイナミクスからいって到底不可能であった。次に、社会民主党の手による社会主義化への途が考えられるが、社会民主党幹部の思考様式から考えて、このようなことが全く不可能であったことは、本章において詳述されたところである。かくして、革命の基本的方向に関しては、社会民主党幹部の考え方と聯合国指導者のそれとの間には衝突すべきものは殆ど存在していなかったといわなければならないのである。そして、当時における政府が当面した外交問題としては、㈠休戦交渉、㈡アメリカからの食糧援助問題、㈢ソヴェト聯邦との外交交渉、㈣ポーランド問題、㈤バルティック諸国をめぐる紛争の五つの問題があり、外的圧力との聯関において問題となる㈠、㈡、㈢の問題のうち、先ず、㈠及び㈡については、エーベルトら政府指導者が、自己の立場を有利ならしめるために、聯合国の態度を外圧として利用乃至捏造したとみるべき形跡が強い。また、㈢の問題、すなわち、ソヴェト聯邦に対する交渉においては、人民委員政府は、同国と外交関係を結ぶことを拒否したが、政府がこのような態度をとるに当っては、たしかに、当時における聯合国の態度に対する考慮、――ドイツがソヴェト聯邦と外交関係を締結するならば、聯合国はそれを一つの敵対行動とみなすであろうという[64]――が、その意志決定の一つの動機となったことは否定出来ない事実であろう（一九一八年一一月一八日の閣議）。しかし、一一月四日の事件に端を発するソ聯大使の追放――ベルリンのある駅頭でソ聯大使館の行李を故意に破砕し、この中に煽動ビラが隠匿されていたという理由によって、同大使館の国外撤去を命令した[65]――、更には、革命直後における、ソヴェト政府の食糧援助に関する申出の拒否等に示されるごと

く、社会民主党及び独立社会民主党右派の幹部は、すでにそれ以前から、かかる反ソ聯的な意図を有していたのであり、しかも、このことは、革命勃発以来の彼らの国内政策と全く表裏をなすところのものであったのである。これらの問題は、なお多くの史料を渉猟吟味することによって、詳細に究明されなければならない問題であるが、以上のように考えれば、現在のところ、革命の具体的発展との聯関において、この外圧の機能をポジティヴに評価することは困難であろう（但し、政治的デモクラシーの安定と国際的政治状況との聯関に関する問題は自ら別問題であり、これについては後述参照）。なお最近、東独の研究において、アメリカ帝国主義とドイツ革命との関係が問題とされているが、当時におけるアメリカ政府乃至アメリカ政府のある代表者が、ドイツ革命に対していかなる意図をもっていたかという問題と、ドイツ革命の方向がアメリカ帝国主義によっていかに影響されたかという問題とは自ら別問題であり、後者の意味においてアメリカ帝国主義の干渉を云々するためには、なお多くの立証を必要とするであろう。(66)

(1) A. J. Berlau, *op. cit.*, p. 14 and p. 339.
(2) W. Tormin, *op. cit.*, S. 131.
(3) *Nationalversammlung*, Bd. II, SS. 1136—1137. 三月三日の演説。
(4) *Protokoll S. P. D. 1919*, S. 237.
(5) *Nationalversammlung*, Bd. III, S. 1433.
(6) *Protokoll S. P. D. 1919*, S. 379.
(7) *Nationalversammlung*, Bd. VII, S. 52. 七月二三日の演説。
(8) O. Grotewohl, *op. cit.*, S. 76. 一九一八年一二月の全国労兵協議会における演説。
(9) *Nationalversammlung*, Bd. VII, S. 522. 八月九日の演説。
(10) O. Grotewohl, *op. cit.*, S. 76.
(11) *Nationalversammlung*, Bd. II, S. 1099. 三月一日の演説。
(12) *Protokoll S. P. D. 1920*, S. 133.

(13) W. Keil, *Erlebnisse eines Sozialdemokrat*, Bd. II, 1948, S. 173.
(14) R. Wissell, *Sollen wir zugrunde gehen*, 1919 (?), cited in A. J. Berlau, *op. cit.*, p. 248.
(15) *Protokoll S. P. D. 1919*, S. 239.
(16) *Nationalversammlung*, Bd. VI, S. 4364. 七月二一日の演説。
(17) *Ibid.*, Bd. III, S. 1858. 三月一三日の演説。
(18) *Protokoll S. P. D. 1920*, S. 148.
(19) *Nationalversammlung*, Bd. III, S. 1766. 三月一二日の演説。
(20) *Protokoll S. P. D. 1919*, S. 376.
(21) R. Müller *op. cit.*, Bd. II, S. 103.
(22) *Protokoll S. P. D. 1919*, S. 237.
(23) A. Steinmann-Buchner, *op. cit.*, S. 73. 一九一八年一二月新聞記者との会見談。
(24) *Protokoll S. P. D. 1919*, S. 185.
(25) L. Quessel, *Der moderne Sozialismus*, 1919, S. 207 und S. 222.
(26) *Protokoll S. P. D. 1919*, S. 237.
(27) *Allgemeine Arbeitspflicht*, 1918 (?) (「フォアヴェルツ」発行のパンフレット) cited in A. J. Berlau, *op. cit.*, p. 248.
(28) *Nationalversammlung*, Bd. II, S. 1136. 三月三日の演説。
(29) *Ibid.*, Bd. III, S. 1767. 三月一二日の演説。
(30) *Ibid.*, Bd. III, 1856—1857. 三月一三日の演説。
(31) E. H. Carr *op. cit.*, vol. II, p. 361.
(32) В. И. Ленин, *Соч.*, том 27, стр. 137.
(33) *Ibid.*, том 27, стр. 306.
(34) H. Herkner, *op. cit.*, Bd. II, S. 601. なお，この「計画経済」については，R. Wissell, *Praktische Wirtschaftspolitik,*

1919；Hedemann *op. cit.*, SS. 334—336 参照。

(35) J. W. Hedemann, *op. cit.*, SS. 327—328；*Nationalversammlung*, Bd. VII, S. 91.

(36) *Protokoll S. P. D. 1919*, S. 237 und SS. 339—350.

(37) *Ibid.* 1919, S. 377.

(38) A. Steinmann-Buchner, *op. cit.*, S. 73.

(39) *Nationalversammlung*, Bd. III, SS. 1431—1432.

(40) *Ibid.*, Bd. IV, S. 2424. 四月一二日の演説。

(41) *Protokoll S. P. D. 1919*, S. 349.

(42) F. Stampfer, *Die 14 Jahre der ersten deutschen Republik*, 2. Aufl. 1947, S. 139.

(43) K. Kautsky, *Die Erfurter Programm*, 1892, SS. 139—144.

(44) F. Engels, "Zur Kritik des sozialdemokratischen Programmentwurfes 1891", in *Marx・Engels・Lenin・Stalin: Zur deutschen Geschichte*, Bd. II, SS. 1133—1134（邦訳、「一八九一年の社会民主党綱領草案の批判」、マルクス・エンゲルス選集第一七巻下、三八五—三八六頁）。

(45) A. Sturmthal, *The Tragedy of European Labor 1918—1939*, 1951, pp. 3—15.

(46) S. Marck, *Sozialdemokratie*, 1931, S. 15.

(47) F. Weil, *op. cit*, SS. 109—110.

(48) В. И. Ленин, *Соч.*, том 27, стр. 264.

(49) *Illustrierte Geschichte*……, S. 112.

(50) *Protokoll S. P. D. 1919*, S. 379.

(51) *Ibid.*, S. 383.

(52) *Ibid.*, S. 219.

(53) *Ibid.*, S. 387. Vgl., *Ibid.*, 1919, S. 218.

(54) *Illustrierte Geschichte*……, SS. 428—429.

(55) *Protokoll S. P. D. 1919*, S. 373.

(56) R. Olden, *The History of Liberty in Germany*, 1946, p. 147.

(57) E. Buchner, *op. cit.*, SS. 251—253.

(58) E. Bernstein, *op. cit.*, S. 96.

(59) E. Buchner, *op. cit.*, S. 252.

(60) *Illustrierte Geschichte*……, S. 243.

(61) K. Kautsky, *Sozialdemokratische Bemerkungen zur Übergangswirtschaft*, 1918, S. 166.

(62) *Ibid.*, S. 161.

(63) *Protokoll U. S. P. D. 1919*, S. 78 sq. und S. 243 sq.

(64) F. Ebert, *op. cit.*, Bd. II, SS. 103—104.

(65) R. Coper, *op. cit.*, pp. 31—32.

(66) ドイツ革命をめぐる外交問題については，エルツベルガー，ブロックドルフ―ランツァウ等の外交官に関する資料，研究の他，S. L. Bane and R. H. Lutz, *The Blockade of Germany after the Armistice 1918—1919*, 1942; A. Schreiner, *Zur Geschichte der deutschen Aussenpolitik 1871—1945*, Bd. I; A. Norden, *Zwischen Berlin und Moskau: Zur Geschichte der deutsch-sowjetischen Beziehung*, 1954; F. Klein, *Die diplomatischen Beziehungen Deutschlands zur Sowjetunion 1917—1932*, 2. Aufl., 1953; W. von Blücher, *Deutschlands Weg nach Rapallo*, 1951; G. Hilger and A. G. Meyer, *The Imcompatible Allies*, 1953; L. Kochan, *Russia and the Weimar Republic*, 1954; A. J. Kunina, *Das Fiasko der amerikanischen Weltherrschaftspläne 1917—1920*, 1953; R. H. Phelps, "Aus der Groener-Dokumenten: II, Die Aussenpolitik der O. H. L. bis zum Friedensvertrag", und "IV, Das Bultikum 1919", *Deutsche Rundschau*, 1950, S. 616 sq. und S. 830 sq.; *Papers Relating to the Foreign Relations of the United States 1919*, vol. II, 1942.; *Documents on British Foreign Policy* 1919—1939, 1st series vol. III 等参照。

第四章　〝新しき〟国防軍

第一節　軍におけるデュアリズム

「労働者諸君、政府は共和国兵士に関する指揮権をわたくしに委任した。かくして、一かいの労働者が社会主義共和国の軍事権力の長に立つこととなった。……わたくしはこの若い共和国軍隊をもって、諸君に自由と平和とを齎すであろう。[1]」

一九一九年一月、義勇軍《フライコール》形成に当って、ノスケは以上のようにのべたが、ドイツ革命においては、新しい国家に忠誠を誓い、自由と平和とを志向するがごとき軍隊が果して創設せられたであろうか。

そもそも、軍隊、警察等の物理的強制力は、政治学上、国家のもっとも主要な構成要素の一つとされているが、[2]かかる物理的強制力の量的及び質的増大は、それが現代国家の維持乃至変革において占める役割を決定的なものとしたというにとどまらず、更に、この物理的強制力の管理者が、政策決定のグループ、いわゆる政治的エリートの内部においてもつ比重もまた著しく増大し、かくして、現代国家そのものが兵営国家（garrison state）と類型化されるまでに至った。[3]このようにして、現代国家の考察は、国家における物理的強制力の構造及び機能を無視してはなしえないものとなった。

ところで、ドイツ革命はいうまでもなく現代における比較的規模の大きな革命の一つであり、従って、この革命に当ってドイツ社会民主党の指導者が軍隊及びその新たなる形成に対していかなる態度をとったかという問題は、単に彼ら指導者の政治指導《リーダーシップ》のあり方を浮彫りさせるものであるだけでなく、更に、ワイマール共和国の運命に関してもまた極めて重大な影響を及ぼすものであった。しかも、すでに指摘したごとく、旧軍隊に対する改革が、当時「下から」、とくに兵士協議会を通してはげしく要求されていたことを考えれば、なお一層この問題の重要性を理解することが出来るであろう。

さて、ドイツ革命は本国における軍隊の叛乱を契機として起り、また、軍隊の組織は既存体制に対する一つの抵抗の拠点となりえたため、革命と同時に各地には兵士協議会が続々と結成され、それらは、労働者協議会とともに革命の二大支柱として活躍した。しかし他方、ベルギー領スパにおかれていたドイツ参謀本部は、帝制ドイツの主柱たる将校団の頂点として、当時なお隠然たる勢力を持していた。ところで、軍隊内におけるかかる分裂した二つの勢力に対して、社会民主党指導者はいかなる態度をとったであろうか。

先ず前者に対しては、すでに革命当日ヴェルスは、自ら兵舎におもむいて兵士の説得に当るとともに、国防省内に行動委員会（Aktionsausschuss）を組織して兵士層の獲得に努力した。(4) 他方、兵士層は、当時における抵抗の組織母体となってはいたが、元来、彼らの蜂起乃至団結の主たる動機は平和に対する欲求であり、また人的構成からみても、そこには小市民層、農村出身者等多くの雑多な分子が含まれていたため、革命的エネルギーは彼らの間ではさして強力ではなかった。このことは、革命当日アレキサンダー聯隊に駐屯していた猟兵隊が社会民主党の側に投じた事件にも端的に示されている。かかる事情に加えて更に、ヴェルスらの活動はこれ以後もまた活潑に行われ、彼はすでに一一月九日夜半にパンフレットを作成して、これを直ちに多くの兵舎に配付した。このパンフレットにおいて、先ず彼は、兵士層に対し、バルト集会の決議に従って代表者を選出することを奨励したが、他方、その代表者に対しては、大会が開催される前に予め「フォアヴェルツ」発行所に出頭すべきことを要請した。ところで、この「フォアヴェルツ」発行所には、ヴェルスの呼び掛けに応じて社会民主党の労働者協議員をも含めた多数の兵士協議員が参集し、彼らを収容するために会場を他の大集会所に移動しなければならないほどの盛況を示すに至った。(5) そして、この結果は同日夕方ブッシュ曲馬館において行われたベルリン労兵協議会の経過のうちに如実にあらわれた。すなわち、すでに簡単にふれたごとく、この大会において、執行機関としてベルリン執行協議会が選出されることになったとき、兵士協議員の多くはこの執行協議会を独占しようとした「革命的オプロイテ」の戦術に反対して、執行協議会は社会民主党と独立社会民主党とから平等に構成さるべきことを要求して譲らず、遂にその要求を貫徹した。(6) 独立社会民主党が優越的地位を占めることに対する兵士協議員のかかる露骨な反感は、ベルリン兵士協議会の性格と、これに対する社会民主党の工作の成功を如実に物語るものに他ならなかった。

しかし、ドイツ革命の帰趨に決定的な影響を及ぼしたのは、社会民主党とくにエーベルトと参謀本部との関係であった。曾つてビスマルクは、当時の若きヴィルヘルム二世に向って、「陛下よ、陛下はこの将校団をもっておられます限り、何なりと御意のままに行わせられます。しかし、一たび将校団を失われますならば、事情は一変してしまいます」と語った。(7) このビスマルクの言葉はまさに適中した。革命当日皇帝が、休戦条約締結後軍の先頭に立って本国へ帰還したいという意向を表明したとき、参謀本部次長グレーナーは答えて、軍隊は平穏に秩序整然と帰還するでありましょう、しかし、それは陛下の統率の下においてではなく、指揮官及び将軍の下においてであります、と語った。(8) このように、革命の日に皇帝は将校団に見棄てられ、ここに至って、彼にはオランダへ亡命するより他に残された途はなくなったのである。グレーナーにとって、問題は、皇帝ではなくして、ドイツの再建、すなわち、ボルシェヴィキからドイツを救済することであり、そのためには将校団を無傷のままに保存することが先決条件であった。それならば、彼はこの将校団をいかにして温存しようとしたのであるか。彼の脳裏に浮んだのは、一一月六日の会見で好印象をもったエーベルトの像であった。後年「匕首事件」訴訟審理において、証人として彼が喚問されたとき、「エーベルトは証人とともに君主制の再建を企てたのですか、或は協議会制度を抑圧しようとしたのですか」という検事の問いに答えて、グレーナーは、「後者が正しいのです。われわれはボルシェヴィズムに対して戦うために同盟したのです。君主制再建を考えなどしませんでした。……わたくしは元帥に対して、軍隊の現状からみて、革命に対して武力をもって戦っても失敗するだけであろうから、このような戦いは行われないようにと忠告しました。わたくしは彼に対して、目下参謀本部と協力して、統治力を再建するために、人民とくに大衆を操縦することの出来る政党は存在しないから、参謀本部は社会民主党と同盟すべきであると提案しました。右翼の政党は全くその姿を没しており、さればといって極端な急進派と行動を共にするということは到底考えられないことでした。……先ず第一に、われわれは夜一一時から一時の間に、大本営と旧宰相官邸とを結ぶ秘密電話でしばしば打合せを行いました。最初の仕事は、ベルリンにおいて労兵協議会の手から権力を奪いとることでありました」とのべ、前線兵士のベルリン進駐、ベルリンにおける革命分子の掃蕩及びスパルタクス団の武装解除を計画し、これについてもエーベルトと協議したと証言したのち、更に、「彼の一筋の祖国愛と物事への余すところなき献身的態度に対しては、とくに感謝の念を抱いております」と語っている。(9)「匕首事件」訴訟におけるグレーナーの証言は、エーベルトの死後に行われたので、いわゆる《同盟》(Bündniss)が真に結ばれたか否かをめぐって、この証言の真偽は今日まで種々論議のあるところである。* しかし、エーベルトとグレーナーとは、秩序の確立、国民議会の召集という点においては完全に意見が一致し、従って、彼らの間に確たる《同盟》の存在など必要とはしなかったということは、H・ミュラーのごときエーベルトの密接な協力者すら認めているところであり、[10] かかる《同盟》がいつ、いかなる経過によって行われたかというような、詳細な事実認定の問題は一応別として、** 革命勃発後彼らの間に、秘密電話による絶えざる連絡と提携があったということは殆ど否定することの出来ないことである。このことは、一二月八日ヒンデンブルクのエーベルトに宛てた手紙、及び同じく彼が一二月一八日各軍団司令官及び東部総司令官へ宛てた後述の電報からも充分うかがいうることであり、独立社会民主党人民委員のディットマンもまた、これを承認して、「エーベルトに対してグレーナー将軍の影響が及んでいたことは、とくに毎朝看取された。夜一一時にエーベルトは参謀本部へ電話をかけるのがつねであった。……そして、翌朝グレーナーの影響はありありと感じとられた。われわれ社会民主党所属の人民委員は、政府の処置に旧来の軍事的な見地が復活してくることに対して絶えず戦っていた」とのべている。[11] このようにして、旧権力機構の廃墟の上に立った革命政権の軍務担当者は、革命後直ちに、旧権力機構の支柱であった将校団と提携するに至った。しかも、この提携は、帝制将校にとっては、「氷のように冷い打算結婚[12]」(eine eiskalte Vernunftehe) でしかなかったのである。*** まことに、これは、ドイツ革命にとって不吉な予兆であった。

* これまでの歴史家の中には、このグレーナーの証言を確定された事実として無批判的に受け入れているものも少くないが、たとえば、ローゼンベルクはこれに異議を唱え、一九一八年一二月二四日から二七日の間エーベルトは政務を放擲したというグレーナーの証言は、この間に人民委員政府の閣議が実際に行われているところからみて明らかに誤りであるとし、更に、グレーナーの証言一般の信憑性を疑問視している。[13] たしかに、ローゼンベルクのあげた証拠はグレーナー証言に誤謬の存在

することを立証したものに他ならないが、しかし、この証言の全体を否定すべき事実は現在のところ何ら見出されていない。

＊＊ たとえば、秘密電話による連絡に関する記事が、グレーナーの日記においては、一一月一〇日ではなく、一二月二三日の項にはじめて見出されることは、(14) 彼とエーベルトとの提携に関する正確な時点及び内容に関しては、なお疑問を差しはさむ余地が存在していることを示すものとも考えられる。

＊＊＊ なお、参謀本部は、兵士層を説得するに当って、政治的な色彩をもつ発言を避け、故意に、非政治的な《秩序の維持》という象徴《シンボル》を使用した。(15)

しかし、参謀本部は果してなお武力的背景を現に有していたのであろうか。たしかに、彼らの権力は敗戦及び革命の打撃によって著しく破壊され、本国においては、すでに兵士協議会が軍隊のヘゲモニーを掌握していた。しかし、前線にはなお多くの兵士が存在し、彼らは依然として将校の統率に服していた。もとより、彼らの間にも革命の波が全く及ばなかったのではない。しかし、先ず、人民委員政府（軍務担当はエーベルト）は前線部隊における秩序の崩壊を惧れ、一一月一二日にいち早く命令を発して、兵士に対し将校の命令に服従すべきことを通達した。(16) しかし、前線部隊の革命化をもっとも惧れたのはいうまでもなく参謀本部将校であった。そして、彼らは兵士を懐柔するために巧妙な戦術を使用した。すなわち、一一月九日ベルリンに革命が勃発するや、参謀本部は兵士協議会を抑圧しようとした軍団司令部に対して、それと和解すべきことを指示するとともに、更に積極的に、兵士協議会に代る機関として、信任者（Vertrauensleute）制度を考案し、直ちにこれに関する命令を発した。(17) ところで、兵士協議会は結局参謀本部兵士の間にも設けられるに至り、参謀本部もまたこれを容認したが、これらの行動によって当時参謀本部が何を意図していたかは、一一月一六日附の次のような参謀総長命令によって明らかにされる。すなわち、この命令は、この点に関し、「予防接種が必要であった。それ故、軍隊に急進的な風潮に対する抵抗力をつけるために、不平処理機関、諮問機関としての兵士協議会が設置された。本国の兵士協議会と交渉を行い、また、急進的分子の派遣かたを拒絶するには、将校よりも、兵士協議会の方が摩擦が少くてすむであろう」とのべている。(18)

他方、前線部隊は当時本国部隊とは若干異る精神状況におかれていた。戦時下以来前線部隊と本国部隊の間にはすでに気分的懸隔があり、前線兵士は本国部隊を Etappe（後方勤務）とよんで、彼らを軽蔑するとともに、また彼らに対して羨望の念をいだいていた。(19) そして、革命勃発後は、これら前線兵士の間に、本国では労兵協議会によって数多くの血腥い事件が引起されているという噂がしきりに喧伝され、かくして、前線部隊の間には革命運動に対する強い不信の念が次第に拡まっていったのである。以上のごとき諸事情によって、赤旗は前線兵士の間から間もなく姿を消し、彼らが国境をこえる頃には、すでに多くの部隊は従来のごとくドイツ国旗をその旗幟とするに至っていた。(20) このように、参謀本部はその背後に前線兵士を有することによって、なお隠然たる力を発揮することが出来たのである。

以上のごとく、社会民主党指導者は、一方において、本国における兵士協議会に対して積極的な工作を行うとともに、他方においては、なお前線兵士をその背後にもつ参謀本部と相提携し、かくして、自己の地位の安泰を計ろうとした。しかし、いうまでもなく、兵士協議会と将校団の頂点としての参謀本部とは、元来相容れない性質のものであった。兵士協議会は軍隊における指揮権を自己の掌中に収めようとしたのに対し、参謀本部は兵士協議会を解散させて自己のヘゲモニーを奪還しようとしていたのである。すでに一一月の後半期に、参謀本部首脳部の間では、前線兵士のベルリン到着を機として事態を一変せしめることが計画され、兵士協議会の廃止、将校の指揮権の再建等に関するプログラムが作成された。(21) そして、一二月に入り、前線兵士のベルリン到着が目前に迫るや、人民委員政府に派遣されていた参謀本部の代表者ヘフテン大佐は、エーベルトに進言して、一〇日から二一日の間に前線兵士はベルリンに到着するであろう、従って、この間に将校の地位の確立、民間人の武装解除等を断行すべきであるとのべた。(22) これに加えて更に、参謀本部は、ヒンデンブルクの圧力によってかかる要求の貫徹を計ろうとした。一二月八日ヒンデンブルクはエーベルト宛の書翰において、一一月九日には将校団は、我欲を没して国家に献身し、また、自己に与えられた義務を遂行するならば、祖国の承認と新政府の支持とをかちうることが出来るであろうと期待しつつ、共和国に一身を捧げた。しかるに、将校団の権威は極めてなげかわしい法令や諸事件によって日毎に動揺させられている。将校の指揮権があらゆる手段を用いて再び確立され、兵士協議会が軍隊から除去される場合にのみ、われわれは危険な状態から脱却出来るとのべたのち、次のように結んでいる。「ドイツ人民の運命は貴殿の掌中にあります。小生及び小生とともに全軍隊は貴殿を全面的に支持しようと考えています。……小生は政治に干渉を行うものとされ、急進派の側から敵視されているのをよくしっています。しかし、小生としては、以上のことは是非とも貴殿に申し上げずにはおられません。力をふるって決断ある行動をとられるよう切望致します」と。(23)
このように、エーベルトは幾重もの圧力によって決断を迫られた。しかし、彼はなお決断することが出来なかった。しかし、彼はこのとき、参謀本部の計画に対して原則的に反対していたのではなく、軍隊における二つの陣営の力関係が明瞭でない現在、かかる企てを行うことは徒らに血腥い、凄惨な結果を齎すのみであることを憂慮していたにすぎなかった。(24)

しかし、ともあれ、この段階においては、兵士協議会に対してとらるべき手段に関しては、エーベルトと参謀本部との間には若干の意見の相違が存在していた。しかし、一〇個師をかぞえる前線部隊のベルリン進駐をめぐって、政府部内に発生したはげしい対立は、彼らが原則的には同一陣営にあることを証明した。バルトは、二月八日、前線部隊がベルリン西部に到着していること、及びレクヴィス（v. Lequis）将軍の下に特殊な軍団司令部が作成されていることを伝えきくや、エーベルトに対し、彼がかかる重大な事実をこれまで隠蔽してきたことを難詰し、ベルリンの守備につく部隊に対してのみ進駐を許可し、しかも、武装は最少限にとどめること、及びベルリン執行協議会に軍隊説得の機会を与えるためにベルリン進駐を一日だけ延期することを主張した。[25] しかし、エーベルトは参謀本部から派遣されたシュライヒャー（K. v. Schleicher）と協力して、結局バルトの提案を却下した。なおこの際、独立社会民主党のハーゼ及びディットマンは何ら積極的反対の態度を示さなかった。そのため、エーベルトとシュライヒャーの共同戦線は容易に成功を収めたといわれている。[26]

かくして、一一日前線兵士はベルリンに進駐した。しかし、参謀本部の要望にもかかわらず、政府は兵士協議会の廃止を決行することが出来なかった。協議会制度はまさに人民委員政府の正当性の根拠であり、若干の武力的背景をもつに至った当時においても、これを外部から、しかも力によって廃止することは必ずしも容易ではなかった。しかし、すでにのべたごとく、一六日から行われた全国労兵協議会は、基本的政治制度として協議会制度を自ら廃棄することを決定した。従って、反協議会的思考をもった人々にとっては、このときこそ、兵士協議会の基本的権限を公式に剝奪すべき絶好の機会であった。しかし、それとは逆に、兵士協議員の軍隊改革に対する要求は根強く、この大会において、ハムブルクの代議員ラムプル（W. Lampl）は、軍の指揮権に関するいわゆる「ハムブルク七箇条」[27] の採択を提案するに至った。彼は社会民主党に所属する兵士協議員の一人であったが、彼によって提案された「ハムブルク七箇条」においては、肩章の廃止、勤務時間外の武器携帯の禁止が規定されていたのみでなく、指揮権は執行協議会の統制の下に人民委員が行使することになっており、また、守備部隊については、指揮権は、最高指揮権者の了解をえて、地方の労兵協議会が行使することになっていた。「ハムブルク七箇条」は元来文字通り七箇条から成っていたが、エーベルトらの懇請によって、ラムプルは第八条として、「以上の諸箇条は原則である。最後的な施行規定は、六名の人民委員が執行協議会の統制の下に、陸海軍の兵士協議会の了解をえて決定する」という一箇条を附加挿入した。ところで、このような処置は、実は、「ハムブルク七箇条」の効力を無にしようとするエーベルトの意図のあらわれに他ならなかった。しかし、すでにふれたごとく、兵士の間では革命的エネルギーはさして強くはなかったが、彼らの将校に対する反撥は当時なお熾烈であった。社会民主党員であったラムプルがかかる提案をしたのもまたこのような事情に基くものであり、しかも、この提案は、第八条を削除した上で、圧倒的多数をもって可決された。エーベルトの懐柔工作はかくして失敗した。この提案が可決されるや、エーベルトは直ちに参謀本部に電話して、グレーナーを慰撫するとともに、一二月二〇日に閣議をひらき、「巧みな処置によって不快な問題を除去しようと思っている」旨を伝えた。(28) しかし、参謀本部はエーベルトの言葉に未だ満足することは出来なかった。すなわち、ヒンデンブルクは、その後まもなく各軍団司令部及び東部総司令官に宛てて次のような電報を打った。「余は労兵協議会の中央協議会によって作成された軍制に関する決議、とくに将校及び下士官の地位に関するものは、これを承認しない。余の見解によれば、かかる国民及び軍の生命に深い聯関をもつ改革は、部分的な身分代表〔労兵協議会〕によってではなく、全人民をすぐって召集された国民議会によってのみ行われうるものである。軍としては今後もこれまでと同様エーベルトに支援を惜しまないが、軍は、軍の存続に関してなした約束及び軍隊における信任者の権限に関する原則を、政府が更に決定的なものとして承認することを期待し、また、それによって将校及び下士官が引続き勤務を行いうるようになることを期待している。余は政府に以上のごとき趣旨の請願をなした。それ故、これまでに発令された命令は従前通り効力をもつ」と。[29] 全国労兵協議会の決議とこの参謀本部の電報、これら二つのものは、当時における軍の指揮権をめぐる対立抗争、軍におけるデュアリズムの存在を如実に物語るものに他ならない。

しかし、参謀本部のかかる挑戦はやがて実質的に満たされることとなった。すなわち、エーベルトの計画通りに、二〇日に人民委員及び中央協議会委員の他にグレーナー、シュライヒャーを加えた会議が催された。この席上グレーナーは、西部及び東部における国境防備の重要性を指摘し、かかるときに「ハムブルク七箇条」のごとき命令を出すならば、それは将校と兵士との間のきずなを切断することになり、甚しく危険であると論じた。これに対して、バルトは、「ハムブルク七箇条」の完全実施を要求し、ディットマンもまた、全国労兵協議会のこの決定を廃棄することは政府にとって自殺行為を意味するとのべて、七箇条の実施を要求した。しかし、シャイデマンは、参謀本部が反革命的企てをなさないならば、このような実行しがたい決議は行わなくともよいと主張し、結局、専ら社会民主党系の人々のみによって構成されていた中央協議会の折衷的な提案が承認されることになった。すなわち、「ハムブルク七箇条」は前線部隊及び海軍には適用せず、本国の陸軍部隊にのみ実施し、且つこれに関する施行規定は近々に公布されるとされたのである。[30] 勿論、かかる施行規定はその後発令されることはなかった。かくして、革命における最高機関であった全国労兵協議会の決議は、エーベルトのかかる工作によって全く無視されることとなったのである。

このように、兵士協議会に対する参謀本部の挑戦、及び参謀本部に対する兵士協議会の攻勢という一連の諸事件をめぐって、エーベルトは次第に決断を迫られ、彼の参謀本部に対する傾斜の度合はますます露骨になっていった。しかし、将校への指揮権の付与及びその結果としての政府と兵士協議会との赤裸々な衝突は、一九一九年に入るまでは行われなかった。蓋し、当時においては、クリスマスを前にして、参謀本部が頼みとする前線兵士は殆ど兵舎をあとに家路を辿り、社会民主党には、兵士協議会の廃止を決行するに足る武力が全く存在していなかったからである。

（1） P. Fröhlich und A. Schreiner, *Die deutsche Sozialdemokratie*, 1928, S. 60.
（2） たとえば、M. Weber, *Wirtschaft und Gesellschaft*, 1922, S. 30 und S. 613.
（3） H. D. Lasswell, *The Analysis of Political Behaviour: An Empirical Approach*, 1948, p. 144 sq.（加藤正泰訳、『人間と政治』、昭和三〇年、一一一頁以下）。
（4） R. Müller, *op. cit.*, Bd. II, S. 43; H. Müller, *op. cit.*, SS. 169—170.
（5） F. Stampfer, *op. cit.*, SS. 64—65; R. Müller, *op. cit.*, Bd. II, SS. 33—34; H. Müller, *op. cit.*, SS. 62—63.
（6） R. Müller, *op. cit.*, Bd. II, SS. 36—40.
（7） R. Olden, *op. cit.*, p. 141.
（8） A. Niemann, *op. cit.*, SS. 297—298; K. F. V. v. Westarp, *op. cit.*, S. 46 sq.
（9） *Illustrierte Geschichte*……, S. 233.; P. Fröhlich und A. Schreiner, *op. cit.*, 1928, S. 49.
（10） H. Müller, *op. cit.*, SS. 75—76 und S. 172.
（11） R. Olden, *op. cit.*, p. 151.
（12） R. Olden, *Hindenburg oder der Geist der Preussischen Armee*, 1948, S. 169. リュトヴィッツ将軍の言。
（13） A. Rosenberg, *op. cit.*, SS. 214—215.

(14) R. H. Phelps, "Aus der Groener-Dokumenten: I, Groener, Ebert, Hindenburg", *Deutsche Rundschau*, 1950, S. 533.
(15) E. O. Volkmann, *Der Marxismus und das deutsche Heer im Weltkriege*, 1925, S. 319, zitiert bei O. E. Schüddekopf, *Heer und Republik*, 1955, S. 23.
(16) F. Ebert, *op. cit.*, Bd. II, SS. 98—99.
(17) E. O. Volkmann, *op. cit.*, SS. 315—316, zitiert bei O. E. Schüddekopf, *op. cit.*, SS. 19—20.
(18) E. O. Volkmann, *op. cit.*, S. 317, zitiert bei O. E. Schüddekopf, *op. cit.*, S. 21.
(19) R. G. L. Waite, *op. cit.*, p. 30.
(20) H. Ströbel, *op. cit.*, p. 83.
(21) E. O. Volkmann, *Revolution über Deutschland*, SS. 121—122.
(22) *Ibid.*, S. 124.
(23) *Dokumente der Deutschen Politik*, Bd. III, Tl. I, 1942, SS. 402—407, zitiert bei O. E. Schüddekopf, *op. cit.*, SS. 34—36.
(24) E. O. Volkmann, *op. cit.*, S. 125.
(25) E. Barth, *op. cit.*, SS. 84—85.
(26) E. O. Volkmann, *op. cit.*, SS. 127—131.
(27) R. Müller, *op. cit.*, Bd. II, SS. 210—214.
(28) E. O. Volkmann, *op. cit.*, SS. 143—147.
(29) R. Müller, *op. cit.*, Bd. II, S. 222.
(30) E. O. Volkmann, *op. cit.*, SS. 149—151.

第二節　義勇軍《フライコール》の構造と心理

すでにのべたごとく、革命後の軍隊においては、兵士協議会と参謀本部との新旧二つの勢力が対立抗争し、しかも、その力関係は殆ど均衡の状態を呈していた。そして、社会民主党指導者は自己の地位を保全するために、これら両勢力と密接な関係を結ぶことに努力した。しかし、革命後の二ヵ月間、すなわち、一九一八年の間は、彼らの地位は決して安泰ではなかった。兵士協議員の多くは、たしかに、社会民主党を支持していた。しかし、兵士協議会の勢力範囲内にあった本国部隊の志気は著しく紊乱していたので、将来革命派との間に市街戦が行われるような場合、社会民主党がこれらの部隊に依拠することは到底不可能であった。フィッシャーは、これらの部隊の状況について、「兵舎は全くひどい状態にあった。食事及び給与支払のときには兵舎は満員の盛況であったが、正常な勤務のために数十名の兵士の出動が命ぜられるような場合には、兵舎には人影がみられなかった」とのべている。(1) また、巷間にあっても、来るべき市街戦においては、本国部隊は自己の地位の安全のために中立的立場を堅持するであろうという見解が支配的であった。(2) このようにして、社会民主党は革命的騒擾に当って本国部隊の軍事力に期待することが出来なかったが、他方、参謀本部が頼みとしていた前線部隊もまた、そのベルリン到着には凡そ一ヵ月を必要としたし、また、ベルリン進駐後も、彼らは近づくクリスマスを前にして帰郷を急ぎ、ベルリン進駐後の数日後には、市街戦に使用しうる前線兵士の勢力はもはや一、〇〇〇名足らずに減少していた。(3)

軍隊が以上のような頼みがたい状態にあったので、革命後ベルリン軍司令官の地位にあったヴェルスは、首都の秩序維持のために、一一月一七日に、「共和国兵士隊」と称する警備隊の創設を布告した。この「共和国兵士隊」の費用の多くは資本家からの寄金によってまかなわれたといわれているが、[4] 好待遇が約束されていたにもかかわらず、部隊のもつ存在理由の不明確さと隊員の傭兵的精神構造《メンタリティ》との故にその志気はあがらず、剰え、そこには独立社会民主党もまた含まれていたので、[5] 社会民主党の主導する政府としては、この兵士隊の忠誠に充分な信頼をおくことは出来なかった。ベルリンにはなおその他に、「人民海兵団」と称する水兵の一団が宮城の左馬寮に駐屯していた。これは、革命勃発当時ベルリンに在留していた水兵及びエーベルトの招聘によってクックスハーフェン（Cuxhaven）から来京した水兵等からなる部隊であった。それは最初約六〇〇名を数えるのみであったが、帰還後職を見出すことの出来なかった一般兵士をも加えるに及んで次第に膨脹し、のちには約三、二〇〇名に達した。ところで、この「人民海兵団」はその起源からもしりうるように、元来必ずしも政府に敵対する立場に立つものではなかった。しかし、一二月六日の一揆以来、とくに、一揆における反革命的行動の故に隊長メターニッヒ（W. Metternich）を追放して以来、海兵団とヴェルスとの関係は急激に悪化した。そして更に、この事件を機に社会民主党と独立社会民主党との対立が表面化するにつれ、政府及び「フォアヴェルツ」は海兵団に対してしきりに誹謗を浴せ、[6] これに対応して海兵団もまた次第に独立社会民主党の側に傾斜をするに至った。これらの他にベルリンにはなお他の武装兵力が存在していた。それは独立社会民主党左派に属する警視総監アイヒホルンの率いる約三、〇〇〇名からなる「保安隊」であった。この「保安隊」は警察隊として首都の治安維持に当っていたが、革命派との市街戦が行われるような場合に、この兵力が社会民主党にとって何ら役立ちえるものでないことは、アイヒホルンがその長であることから当然に予想されたところであった。ベルリンの治安維持のためには以上のような三つの兵力が存在していたが、これらはいずれも当局者の彌縫的処置乃至事態のいわば自然的推移によってつくられたものであり、政府による劃一的な法令によって創設されたものではない。そして、地方における警備隊もまたこれとほぼ同じような経過を辿って結成された。

これに対し、一二月一二日に政府の命令によって設置されることとなった「人民軍」(Volkswehr)は、制定手続上からいっても、また内容的にみても、注目すべき存在であった。[7] この「人民軍」は約一一〇、〇〇〇の予定で、共和国に対して忠誠を誓う人々から構成され、その将校は兵士自らの手によって選出されることになっていた。これは、形式的には一応、民主的軍隊、武装国民というエンゲルスの原則に従い、[8] また、内容的には必ずしも明確ではなかったが、常備軍に代る人民軍というエルフルト綱領の趣旨に沿ったところのものであった。[9] ところで、「人民軍」創設のイニシアティヴが何処にあったかという点については、或はエーベルト、[10] 或は、独立社会民主党人民委員、[11] 或は、ベルリン執行協議会にあったといわれ、[12] 更に、また、エルフルト綱領の趣旨に沿う「人民軍」の創設を要求した一二月九日の海兵中央協議会の決議が、この命令採択の圧力となったともいわれているが、[13] エーベルトの手記によれば、すでに一二月三日に、彼が同命令案を起草し、七日には閣議を通過したとされており、[14] 彼が軍務担当の人民委員であったことから考え、この命令作成のイニシアティヴは一応エーベルトにあったと考えてしかるべきであろう。ただ、かかる軍隊創設の問題性は、それが、常備軍の枠の外に、むしろ消極的《ネガテイヴ》に、すなわち、革命の推進母体であった兵士協議会に対するアンティ・テーゼとしての意味合いをもってつくられた点にあり、* しかも、当時の国防大臣ショイヒ(Scheüch)は、将校を兵士の選択にかかわらしめる、このような軍隊の設置に対し、正面から反対した。[15] そして、事実、この命令は何ら積極的に実施せられることなく、結局この新しい軍隊の設置は単なるアイディアとして以外には殆ど意味をもちえずに終った。

＊「人民軍」創設の提案は、参謀本部及びエーベルトの期待していた前線兵士がその期待から逸脱するごとき傾向を示すに至ったのちに行われた。すなわち、一二月一日参謀本部のイニシアティヴによって、エムス（Ems）において前線兵士の大会が行われ、ベルリン執行協議会に反対し、人民委員政府を支持する決議が採択される運びになっていたが、バルトが会場にあらわれて演説するや、大会の空気は一変し、大会は、俄かに将校団に対する不満のはけ場と変貌するに至った。[16] そして、エーベルトの提案はこの大会の二日後になされたのである。また、この命令においては、「人民軍」は排他的に人民委員政府に従属するものであることが強調されるとともに、ここにおいては、協議会的権限をもつ組織の存在は認められなかった。これらの事情から考え、この「人民軍」の創設は、積極的な建設という側面よりも、軍隊のヘゲモニーを掌握しようとしていた兵士協議会に対するアンティ・テーゼとしての意味の方がむしろつよかったことに留意しなければならない。

一二月における、とくにベルリンの軍隊及び警備隊の状況は凡そ以上のごときものであった。このようにして、社会民主党が動員しうる兵力は殆ど存在せず、彼らが参謀本部との提携によって利用しうるはずの前線兵士もまた数において甚しく劣勢であった。もとより、当時においては、明らかに反政府的と考えられる勢力もまた決して強力ではなかった。しかし、社会民主党と独立社会民主党との対立が徐々に表面化するにつれ、独立社会民主党への傾斜の色をこくしていた「人民海兵団」と「保安隊」とは、社会民主党にとって、次第に不気味な存在となった。一二月二四日の「人民海兵団」と前線部隊との衝突は以上のような状況の下に行われた。[17] すでにのべたごとく、一一月六日以来「人民海兵団」と社会民主党との対立は次第に深刻化し、ヴェルスは現に賃銀を凍結し、また、同団を解体すべきことを主張するに至ったが、更に一五日には、帰還部隊司令官のレクヴィスも同団の解散さるべきことを要求し、対立は一層激化の途を辿った。かくして、「人民海兵団」に対して何らかの処置を講ずべき必要が生じ、種々交渉の結果、異る機関を当事者とする夫々内容の異る二つの協定が締結されるに至った。かかる錯綜した事態に当面して、政府は、宮城からの撤退及び宮城に関するあらゆる鍵の引渡しを終えたのちに、凍結された給与の支払をなすこと、並びに、翌一月六日以降同団の人員を六〇〇名に縮小することを命じた。これに対し、「人民海兵団」は、このような大規模な人員整理に反対して再び政府と交渉に入ったが、結局、より具体的な協定はクリスマス後に取結ばれることに決した。しかし、二三日「人民海兵団」の指導者ドレンバッハは、鍵を彼らの嫌悪の的であったヴェルスの許に持参せずに、バルトの許に届け、かくして、給与の支払を要求した。ところが、電話によってバルトからこの支払を要求せられたとき、ヴェルスがこれを拒否したことから事態は急速に悪化した。旧宰相官邸は暫時「人民海兵団」によって占領され、また、軍司令部前の広場においては、装甲車が同団水兵に発砲したため、水兵側に数名の死傷者を出すまでに至った。ここに及んでヴェルスはやむなく給与の支払を承認するに至ったが、今やときすでに遅く、激昂した水兵はヴェルスら軍司令部の幹部を左馬寮に拉致することとなった。更に同夜、旧宰相官邸の前では、同所を占領するために出動した近衛騎兵・狙撃師団の一隊と「人民海兵団」とが相対峙し、険悪な様相を呈するに至った。しかし、結局、これはバルトらの尽力によって収拾され、かくして、二三日はともあれはげしい衝突をみずに暮れた。夜半社会民主党に属する三人の人民委員はなお官邸で協議を続けていたが、ヴェルスの生命が危険に瀕しているということを伝え聞くに及んで、エーベルトは、遂に、レクヴィスの軍隊を使用してヴェルスを救出することを決意するに至った。しかし、このエーベルトの処置は結局無用のものであった。すなわち、それより前レクヴィスはすでに参謀本部からベルリン占領の命令を受けていたのである。かくして、翌朝宮城には砲声がこだました。宮城は間もなく約八〇〇名からなるレクヴィス軍の手に帰したが、左馬寮においてはげしい闘争が行われた。しかし闘争は「人民海兵団」に必ずしも有利ではなく、遂に彼らは交渉を開始すべく休戦を要求した。ところが、このわずか数十分の休戦の間に、形勢は逆転した。何となれば、砲声をきいて馳せ参じた数万の群衆、とくに「保安隊」をはじめとする独立社会民主党左派及びスパルタクス団に属する人々が宮城広場にあらわれ、反動の打倒を叫んでレクヴィス軍の背後に迫るや、彼らは銃砲を放擲し、かくしてその闘争力は全く失われるに至ったのである。このようにして闘争は終り、両者の間に協定が結ばれたが、この協定はいうまでもなく「人民海兵団」に有利なものであった。この協定により、同団は「共和国兵士隊」に編入され、左馬寮をその宿舎とすることもまた認められた。かくして、「人民海兵団」と前線部隊との衝突は前者の勝利に終った。ところで、エーベルトがレクヴィスに救援を求めるに先立ち、いち早く参謀本部からベルリン占領の命令が出されていたことが示しているごとく、この闘争は、左翼へ傾斜しつつあった「人民海兵団」と参謀本部との衝突であり、しかも、革命後最初の反政府勢力との大衝突において、参謀本部はあえなく敗北を喫したのである、そして、この事件は、社会民主党が参謀本部をその最後の拠り所としていることを暴露すると同時に、また、両者にはなお充分な武力的裏付けが存在していないことをも明らかにした。このようにして、社会民主党指導者及び参謀本部は手痛い敗北を喫したが、しかし、彼らはなお好運に恵まれていた。何故なら、それは、先ず第一に、事件発生の経過が示すごとく、この衝突は革命派乃至急進派の意識的行動の結果ではなく、従って、そこには闘争における勝利を更に押し進めるだけの契機が全く存在していなかったからであり、第二には、この事件が丁度クリスマスに当っていたため、クリスマスの安息とともに事件の余韻もまた急速に消滅するに至ったからである。

しかし、いわゆるこの「血のクリスマス事件」は、参謀本部の首脳部にとっては決して無為には終らなかった。

まさに、この事件は、彼らに深刻な打撃を与え、その結果、革命の軍事史に一つのエポック・メイキングな時点を形成することになったのである。すなわち、グレーナーはレクヴィス軍敗北の報に接するや、直ちに部隊長を招集して事態の重要性を指摘した。このとき、将校の中には、落胆の余り参謀本部の解体を唱えるものすらあらわれたが、シュライヒャーは強硬にこれに反対し、これまでの事件はすべて時を稼ぐためのものであった、今われわれが武器を放擲するならば、それはドイツの没落を意味するであろう、ドイツの救済は義勇軍《フライコール》を組織することにある、義勇軍《フライコール》が組織されるならば、ベルリンの敗北もまた一つのエピソードに終らせることが出来るであろう、と語った。そして、グレーナーもまたこの見解に賛成した。(18)

もとより、義勇軍《フライコール》はすでにクリスマス事件以前にその起源をもっていた。グレーナーは、すでにスパ在留中に、革命派との闘争のためには新しい義勇軍《フライコール》が創設されなければならないという構想を抱くに至ったが、(19)一二月二〇日ベルリンにおける参謀本部将校の会合においても、シュライヒャーとゼークトとの間には、国防軍の建設目的については意見の相違がみられはしたものの、しかし、義勇軍《フライコール》を結成するという点においては、彼らは完全に一致した。(20)しかも、義勇軍《フライコール》は参謀本部将校の間の単なるアイディアにとどまらず、現に一一月二四日には、参謀本部の命令によって東部国境に辺境守備隊が結成され、西部国境においてもまたすでに同様な突撃隊が組織されていた。更に、メルカー将軍は、一二月一二日以来、自己のイニシアティヴの下に、参謀本部の承認をえて、のち義勇軍《フライコール》のモデルとなった猟兵義勇軍の結成に着手していた。(21)のみならず、義勇軍《フライコール》はすでに実際の闘争にも参加していた。すなわち、「人民海兵団」との戦闘において前線兵士の中核となって活躍した近衛騎兵・狙撃師団は、レクヴィスの提唱によってつくられた義勇軍《フライコール》に他ならなかったのである。しかしながら、参謀本部首脳部に大規模な義勇軍《フライコール》結成の必要をもっとも切実に感ぜしめたものは、まさに、一二月二四日におけるレクヴィス軍の敗北であった。この事件は参謀本部の敗北の悲哀を感じさせたのみではなく、現にこの闘争以後参謀本部が戦闘に使用しうる兵力は殆ど一五〇名を数えるにすぎなくなったのである。[22] そして、これ以後義勇軍《フライコール》の形成は急速且つ積極的に押し進められることになった。

ところで、エーベルトは、「血のクリスマス事件」以後自己の地位の不安定性を憂慮し、政府をベルリンから他の都市へ移転すべきことをすら提案するに至った。[23] たしかに、社会の緊張は日毎に増大し、すでにのべたごとく、二九日に催されたクリスマス事件の犠牲者埋葬の式典は、労働者対労働者のきびしい対立の様相を示した。そして、この緊張した状態を目のあたりにしてはげしい不安に駆られたエーベルトは、参謀本部に電話して、いつ頃義勇軍《フライコール》の援助を期待することが出来るのであるか、叛乱は目前に迫っている、しかも、われわれはこれに対処する兵力を何ら有していない、と窮状を訴えた。グレーナーはこれに答えて、充分な訓練が施されるまでは義勇軍《フライコール》を首都に派遣することは出来ない、しかし、われわれは貴下の政府のために兵力を提供する最後の試みをしているのである、とエーベルトを慰撫した。[24]

ところで、以上のごとき、参謀本部の積極的活動とエーベルトのそれへの全面的依存という現象が生じたのは、革命後エーベルトが新しい軍隊の建設に積極的でなかった上に、逆に、革命当初から参謀本部と緊密な提携をしてきたこのことの当然な帰結であった。かくして、ドイツ革命における軍事力の建設は、ここに全く帝制時代の将校の手によって押し進められることになった。そして、一二月二九日の独立社会民主党人民委員の辞職は、同機関紙「フライハイト」(Freiheit) がのべているように、[25] 主として、社会民主党人民委員の参謀本部への盲従を理由として行われたのであった。かくして、エーベルトらの参謀本部への盲従は独立社会民主党右派との訣別を招いた。しかし、社会民主党指導者の参謀本部へのかかる期待は決して裏切られることはなかった。一月四日、エーベルトは、独立社会民主党の辞職後軍務担当の人民委員となったノスケとともに、レクヴィスの後任リュトヴィッツ将軍の招待を受け、メルカー義勇軍《フライコール》のキャンプを訪れた。兵士協議会をもたず、且つ厳格な規律に服しているこの義勇軍《フライコール》を閲兵したのち、長身のノスケは、肥満したエーベルトの肩を叩いて、「御安心下さい。万事は好転するでしょう」と語ったという。(26)この同じ日、社会民主党単独のプロイセン政府は、社会民主党にとって曾つての「人民海兵団」とともに危険な存在であった警視総監アイヒホルンの罷免を発表したが、すでにのべたごとく、これが端緒となっていわゆる「一月闘争」が繰りひろげられるに至った。そこで「誰かが血に飢えた犬（Bluthund）にならなければならない」と叫んだノスケが総司令官に任命されることとなり、(27)彼は、ベルリン近郊のダーレム（Dahlem）の一女学院に本部を置いて、義勇軍《フライコール》の統合に着手した。そして、九日には義勇軍《フライコール》の創設に関する政府の布告が発布され、ここに義勇軍《フライコール》ははじめて公式な存在として承認されることになった。(28)「一月闘争」は、革命派の逡巡と在京政府軍及び「ポツダム聯隊」（義勇軍《フライコール》）の活動によって政府軍の勝利に決したが、一月一一日、ノスケが三、〇〇〇名の義勇軍《フライコール》精鋭軍を率いてベルリン進駐を行って以来、政府軍における義勇軍《フライコール》のヘゲモニーは確立し、これら義勇軍《フライコール》は、すでにのべたごとく、リープクネヒト及びローザ・ルクセンブルクの虐殺をはじめとしてドイツ各地で血腥い残虐行為に訴えながら、各地の労働者及び兵士の運動を次々に蹂躙していった。世にこの時代を「ノスケ時代」という。

ところで、これら義勇軍《フライコール》の総帥は社会民主党員ノスケであり、また、義勇軍《フライコール》の募集はノスケの総司令官就任後に活潑に行われるようになった。しかし、義勇軍《フライコール》建設の実質的推進力となったのは、いうまでもなく参謀本部を中核とする旧将校であり、ノスケはそれをただ統合したにすぎない。そして、義勇軍《フライコール》の募集はこれ以後もまた彼らの手によって行われ、装備の調達もまた各部隊長の責任において行われた[29]。かくして、義勇軍《フライコール》は上からの干渉を極度に嫌う、高度に独立性をもった集団となり、各義勇軍《フライコール》は、作戦行動及び兵の募集に当って、自己の業績及び他と異る部隊の特徴をしきりに誇示しようとするに至ったが[30]、更にそれらの中には、仮国防軍設立以後も、ナンバーによる聯隊の命名を嫌って、独自の名称に固執しようとする部隊すら出現するに至った[31]。このようにして、ノスケは遂にこれら義勇軍《フライコール》を組織的に充分掌握することが出来なかった。ノスケが「下から」構成された新軍隊の単なる帽子《キャップ》であるにすぎなかったことは、凡そ一年後のカップ一揆の際に如実に証明されたところである（後述参照）。しかし、義勇軍《フライコール》の問題性は、それと文官《シヴィリアン》、とくに社会民主党員であったところの総司令官との関係にのみあったのではない。問題は、むしろ、この義勇軍《フライコール》の人的構成とその心理にあったのである。

先ず、義勇軍《フライコール》は前線兵士をその主たる構成要素としていた。革命が前線兵士の間に充分な浸透力をもたなかったことについてはすでにふれたが、義勇軍《フライコール》のモデルとなったメルカー義勇軍《フライコール》及び近衛騎兵・狙撃師団の例に示されるように、義勇軍《フライコール》の兵員は先ずこれら〝健全な〟前線部隊の中から選出された。しかもなお、敗戦後のドイツ経済は紊乱し、帰還した兵士がそこに安定した職業を見出すことは極めて困難であったので、彼らは競って高給を約束する義勇軍《フライコール》に入団したのである。次に、義勇軍《フライコール》を構成した第二の要素は、上級学校の学生層であった[32]。プロイセン政府は従軍する学生に進学の特例を設けるなどの処置を講じて、学生の入団を容易ならしめる途を開いたが[33]、またたとえば、ケーニッヒスベルクの大学のごときは、講義を休講してあげてこの義勇軍《フライコール》に参加したといわれている[34]。かくして、義勇軍《フライコール》は専ら前線兵士と学生層とからなり、社会民主党に所属する労働者階級は、党指導者ノスケを総司令官とするこの軍隊に入団しようとはしなかった。もとより、ノスケらは党員の入団を勧誘し、六月の党大会においても、党員に対して義勇軍《フライコール》に入団すべきことを要請する提案が採択されたが、(35) この点に関しては、指導層内部にもまた分裂があり、同党大会においては、このような軍隊の長に社会民主党員を送るべきではないという議論さえ出ただけでなく、(36) 現にプロイセン党支部は、「フォアヴェルツ」に対して、義勇軍《フライコール》の募集広告を掲載することを禁じ、多くの地方支部もまた同様な処置をとったのである。(37) そして、義勇軍《フライコール》の残虐行為、その指導部の人的構成、更には、命令権を再び旧将校に帰属させた政府の処置に憤りを覚えた労働者層は、この義勇軍《フライコール》を資本主義の獄吏としてボイコットしたのである。かくして、労働者層の多くは義勇軍《フライコール》に対して全く否定的態度をとるに至り、ここに義勇軍《フライコール》は、社会の縮図的構成をとることなしに、専ら前線兵士と学生とからなる畸型的存在となるに至った。

しからば、これら前線兵士及び学生はいかなる心理的動機によって義勇軍《フライコール》に入団し、またいかなる心理構造をもって活動に従軍したのであろうか。先ず、ツェバーライン（H. Zöberlein）という一前線兵士の義勇軍《フライコール》入団の経緯は、当時の前線兵士が本国帰還に当って経験した心理状態をヴィヴィッドに浮彫りしている。すなわち、彼は前線から帰還し、故郷ミュンヒェンの停留場に降り立つやいなや、肩章を剝ぎとられた。彼はこのときの心理を次のようにのべている。「市電にのれば一五分でわが家に帰ることが出来る。しかし、急ごうという気は起らなかった。……子供が歯医者にゆかなければならないとき……のように、長い道草をした。一体わたくしは何をしたらよいのか。曾つてはわたくしの故郷であったこの冷い異境で、わたくしは何をすることが出来るのか」と。そして、戦時における と同様平時においても忠誠であることを誓ったあの兵士の誓約を想起し、「戦争は終った。しかし、ドイツのための戦いは継続している」と考え、義勇軍《フライコール》に加入したのであった。[38] ところで、かかる義勇軍《フライコール》入団の心理的経緯は前線兵士の場合にのみ限られたものではなかった。義勇軍《フライコール》形成の第二の要素たる学生層もまたかかる前線兵士の心理に共鳴し、また、彼らと同様な心理状態にあったのである。すなわち、当時一六歳の少年であった一学徒ザロモン（E. Salomon）は、帰還兵士が青白い顔、痩せ細った体つきをし、ボロボロの汚れた軍服を纏って、傍などは見向きもせずに何ものかに憑かれたようにじっと前方をみつめながら、重い足を運んでいる姿をみ、彼らの顔には故国に帰りついたという喜びが全然みられないのをいぶかった。「ああ、これは恐ろしいことだ。誰かがわれわれに偽りを語ったのだ。これらの人々はわれわれの英雄ではなかった。……われわれが希望し、考え、語っていたことはひどい誤りとなってしまった。……何たる間違いであるか。何たる恐ろしい間違いであるか。……これらの人人は全くちがった世界から来たのである」と。しかし、彼はすぐにそれを了解した。「彼らの故郷は戦場であった――それこそ彼らにとっての故郷であり、祖国であり、人民であり、国民であった」と。「そして、彼らは突然、市民の世界の平和なる市民になるようにと告げられた。それはちがう。それは隠しおおせない欺瞞であり、嘘である。……戦争は終った。しかし、戦いはなお続いている」と考え、[39] 街頭にはられた義勇軍《フライコール》募集のビラに従って、これに入団したのであった。

以上のような諸事例に典型的にあらわれているように、義勇軍《フライコール》入団の心理には、先ず一方においては、平時の社会生活を異境或は欺瞞であると感じたことから理解されるごとく、市民社会のあり方とテンポに歩調が合わず、自分は社会から疎外されているのだという感情が強く支配しており、また、他方においては、かかる社会生活との格差に当面して、その合理的解決に努めることなく、過去の経験へと逃避しようとする傾向、いわば一つの「退行現象」（regression）が看取される。ところで、この過去は、とりもなおさず、二〇世紀にあっては社会の非常態から常態へと転化したがごとき観のある戦争そのものであり、それは、人間性や理性を否定する復讐と破壊、興奮と冒険の世界であった。そして、このような、被疎外感からくる寂寥と憤り、及びその反動としての退行現象に対して、恰好の解決を与えたものこそ、義勇軍《フライコール》の運動に他ならなかった。

　以上のようにして、義勇軍《フライコール》に入団した前線兵士と学徒は、バルティック地方に出動して革命運動の鎮圧に当るとともに、それと同じ心理状態をもって国内の政治運動の弾圧に加わった。先ず彼らは、被疎外感乃至挫折感からくる不満と焦慮を除くために、がむしゃらな行動、冒険と破壊に身を委ね、かくして、心の拠り所をえようとした。しかも、このような行為は、四年有余に亘る凄惨な戦争によって、彼らの肉体の一部とすらなっていたのである。かかる義勇軍《フライコール》の活動について、典型的な義勇軍《フライコール》の一つエアハルト旅団の一員は次のようにのべている。「人々は戦争は終ったとわれわれに語った。それは滑稽であった。われわれ自身が戦争なのである。戦争の炎はわれわれのうちに強く燃えている。戦争はわれわれの全体を包み、破壊という心をそそる刺戟によってわれわれを魅了する。……そして、西部戦線の戦闘に出たと丁度同じように、戦後の世界における戦場に行進した。歌を歌いつつ、何の思いに迷わされることもなく、冒険の喜びに充ちて攻撃を行い、また、黙々と死んだような気持になって思い残すところなく戦った」と。[40] 彼らは不安な我を忘れて戦いに没頭した。「われわれ自身が何を欲しているのかは、自分自身にも分らず、自分に分っているようなことは、われわれにとっては問題ではなかった。ただ戦争と冒険、興奮と破壊あるのみ」であった。[41] ところで、彼らがこのような行動に身を委ねるに当っては、道徳的良心《スーパー・エゴー》や人間社会の規律は全くその影をとどめていなかった。エップ義勇軍《フライコール》の一兵士は、家族に便りを寄せ、「容赦はしません。われわれは負傷者にさえ鉄砲を向けます。随喜の思いは大きく、殆ど信ぜられない位です」とのべている。(42) 市民社会の規範や生命及び人間性の尊厳に対する感覚は、彼らにとっては全く無縁のものであった。むしろ、彼らは、反市民的行為に殆ど随喜の涙をこぼしたのである。そして、かかる残忍な行為を行うに当っては何のむずかしい理窟も必要とはしなかった。唯一つの「いけにえ《スケープ・ゴート》」がありさえすればよかった。それは、市民社会の発展の極である革命的労働運動の象徴、スパルタクス団であり、「スパルタクスをやっつけろ」という言葉は当時彼らの合言葉になっていた。(43) そして、このような合言葉の下に、彼らは目を覆うがごとき残虐行為を繰返していったのである。更に、彼らの間の内的関係もまた特殊なものであり、それは、個性をもった市民と市民との関係ではなかった。彼らは「戦友」(Kameraden)であり、しかも、彼らは個の自由を没却して自己の指揮官に盲目的に服従した。かくして、彼らの指揮官は指導者《フューラー》とあがめられ、隊員はこの指導者の人格の中に我を没入して安息したのである。たとえば、エアハルトのごときは、隊員の血と肉であり、ヨーク(H. York)やネルソン(R. Nelson)のごとき偉人であるとあがめられた。(44) 従って、かかる指揮官の更迭は、兵士の間にはげしい動揺をかもし出すことになったのである。(45) まさに、この没我的団結と服従こそ、彼らの不安の最高の良薬であった。

ところで、以上のごとき義勇軍《フライコール》の心理構造は、無法者《アウトローズ》のそれと甚しく類似している。アンダーソン(E. Anderson)は義勇軍《フライコール》を論じて、彼らは「人生においてただ三つのことだけを学んだ。すなわち、死ぬこと、服従すること、無頼漢仲間の作法を身につけることを学んだ。ある意味において、ドイツの義勇軍《フライコール》には、組織されたアメリカのギャングと一脈相通ずるものがあった」とのべている。(46) たしかに、故郷に異境を感じ、「市民的規範の世界から解き放たれ」たことに自由を感じ、(47) かくして、冒険と破壊、残虐行為、及び指導者への盲目的服従に救いを見出した義勇軍《フライコール》は、エルツェン（F. W. v. Oertzen）の指摘するように、全く、「市民的人間とはうらはらの存在[48]」であった。彼らはかかる意味において集団的無法者《アウトローズ》であり、彼らの心理は、社会生活の中枢から逸脱して、社会の周辺にすむ人々、いわば、限界集体《マージナル・アグリゲイト》（marginal aggregate）のそれに他ならなかった。*

＊ 限界集体《マージナル・アグリゲイト》という概念は、社会生活の常態《ノーマリテイ》から逸脱した生活を送るある一定の人々、たとえば、領土の没収によって故郷を喪失した人々、或は、つねに国境紛争にさいなまれる国境近住者、更には、学校中退者や婚期を逸した独身者等からなる限定的な集団、いわゆる限界集団《マージナル・グループ》（marginal group）よりも広い概念として使用される。すなわち、現代における戦争は、国民生活の全体に浸透する全面戦争であり、従って、この戦争は、その殺伐な、また異常な生活体験によってノーマルな人間性を喪失した、反市民社会的な人間を大量に生産する。ここにおいては、問題は単に平常な社会生活から逸脱した少数の異常な人々のそれとしてではなく、更に広いむしろ全社会的な問題としてたちあらわれる。そして、このような現象を把握するために、限界集体《マージナル・アグリゲイト》という概念が使用される。

しかし、彼らは、上述したところの理由により、単に無法者《アウトローズ》とよぶには余りにも大きな社会的存在であったという点において、すでにいわゆるギャングとは性質を異にしていただけでなく、更に、次の点において一般の限界集団とは決定的に異っていた。すなわち、すでにのべたごとく、義勇軍《フライコール》はその指導者に盲目的服従を誓ったが、これらの指導者乃至活動分子《アクテイヴ・メン》は単なる無法者《アウトローズ》ではなく、義勇軍《フライコール》に一定の思想的方向を与えていたのである。たとえば、「ヴェールヴォルフェ」（Wehrwölfe—人狼）の指導者、ハイデブレック（P. Heydebreck）は、当時を回顧して次のようにのべている。「私の考えは、新しい国家が建設されるまで、自分の軍隊を存続させ、維持することではなかった。それとは逆に、このワイマール及びヴェルサィユ国家と戦うことであった。日々の、また、あらゆる手段をもってするところの戦いであった。何となれば、私はドイツを愛していただけでなく、一一月九日の共和国を嫌悪していたからであった」(49)と。彼にあっては、目的は現存体制の転覆にあった。これは単なる限界人《マージナル・マン》の思想というには余りにも政治的である。更に、エアハルト旅団の活動分子《アクティヴ・マン》であり、のち西ドイツのナチ突撃隊の指導者となったハインツ（F. W. Heinz）もまた、その回想記において、「革命から生れた国家は、たとえそれがいかなる憲法をもち、いかなる人を長としようが、その国家は永遠にわれわれの敵であろう。……革命の経験にかんがみて、次の一〇年間の課題は、ライヒのために！、国民のために！、政府と戦え！、民主的共和国を葬れ！ということであると確信するに至った」と述懐している。(50) 以上のように、義勇軍《フライコール》のかなめとなって活動した人々は、明瞭な政治的目的をもって活動していた。義勇軍《フライコール》をアメリカのギャングと比較したアンダーソンも、この点を指摘し、「彼らは新世界のアル・カポネよりもはるかに危険であった。彼らは〃理想〃、世界の平和にとってと同様ドイツのデモクラシーにとってもまた脅威であったところの〃理想〃、のために戦う熱烈な闘士であると自任していただけに、なお危険であった」とのべ、この義勇軍《フライコール》を《イデオロギーをもったギャング》であると論じている。(51) 義勇軍《フライコール》のエネルギーを提供した隊員の多くは、必ずしもこれらの〃理想〃やイデオロギーをもってはいなかったが、その指導者乃至活動分子《アクティヴ・メン》の中には、たしかにこれらのイデオロギーをもったものが少くなく、隊員のはげしいエネルギーはこれらの人々によって指導されていたのである。そして、このようなイデオロギーをもった限界集体《マージナル・アグリゲイト》の最高首脳部には、帝制ドイツの主柱、参謀本部将校及び貴族出身の将校が坐り、* また、その頂点には、恰も一つの帽子《キャップ》のごとくにノスケが位していたのである。

＊　当時において、貴族出身者が軍の最高位を占めていたことについては、軍団司令長官のリストを一瞥すれば明らかであり、レーベは一九一九年の党大会の席上、このような軍の構成に対してきびしい批判を浴せている。(52)

以上のように、ノスケがそれによって自由と平和とを齎そうとした義勇軍《フライコール》は、単にノスケの掌握に充分服さない、高度に独立性を保持した軍隊であっただけでなく、まさにそれこそ、自由とデモクラシーの敵であった。そして、世界でもっとも民主的憲法と謳われたワイマール憲法が制定された一九一九年夏に、ドイツに存在していた唯一の武力は、この反民主的な義勇軍《フライコール》を中心とする仮国防軍であった。すなわち、義勇軍《フライコール》の多くは、のちにのべるごとく、三月六日の仮国防軍法成立以後はこの国防軍に編入されるに至ったが、* この年の夏にはその兵力は殆ど四〇〇、〇〇〇に達していたという。(53) これは新生のドイツ・デモクラシーにとっては、奇しき皮肉であったといわなければならない。**

* 義勇軍《フライコール》の中には、共和国政府の指揮下に入ることをいさぎよしとしないで、仮国防軍に編入されることを拒んだものも存在したが、(54) しかし、仮国防軍の主体が義勇軍《フライコール》によって構成されたことはいうまでもないことである。

** この間、将校団の組織化もまた着々と進められ（たとえば、「ドイツ将校団」Deutscher Offizierbund、「ドイツ将校国民同盟」Nationalverband deutscher Offiziere）、更に、マグデブルクの予備役将校ゼルテ（F. Seldte）によって、「野卑な革命」に対抗する目的で、在郷軍人の結合体として鉄兜団（Stahlhelm）が設立された。

（1） R. Müller, *op. cit.*, Bd. II, S. 137.

（2） H. Müller, *op. cit.*, S. 173.

（3） F. W. v. Oertzen, ***Die deutschen Freikorps*** *1918—1923*, 1939, S. 248, zitiert bei G. A. Graig, ***The Politics of the Prussian Army*** *1640—1945*, 1955, p. 351.

（4） *Illustrierte Geschichte*……, S. 235.

（5） R. Müller, *op. cit.*, Bd. II, S. 143 ; *Illustrierte Geschichte*……, S. 236.

(6) R. Müller, *op. cit.*, Bd. II, S. 193 sq.

(7) *Reichs=Gesetzblatt 1918*, Nr. 180, S. 1424.

(8) F. Engels, "Die preussische Militärfrage und die deutsche Arbeiterpartei", in *Marx・Engels・Lenin・Stalin: Zur deutschen Geschichte*, Bd. II, S. 811 sq. (邦訳、「プロイセン軍事問題とドイツ労働者党」、マルクス・エンゲルス選集、第11巻、1頁以下); S. Neumann, *Engels and Marx: Military Concepts of the Social Revolutionaries*, in E. D. Earle ed., *Makers of Modern Strategy: Military Thought from Machiavelli to Hitler*, 1952, p. 155 sq.

(9) F. Salomon, *Die deutsche Parteiprogramme*, Heft 2, 1924, S. 128.

(10) H. Müller, *op. cit.*, S. 173.

(11) L. R. Maercker, *op. cit.*, S. 38; E. O. Volkmann, *op. cit.*, S. 133.

(12) G. A. Craig, *op. cit.*, pp. 351—352.

(13) R. Coper, *op. cit.*, pp. 177—178.

(14) F. Ebert, *op. cit.*, Bd. II, SS. 110—112.

(15) H. Müller, *op. cit.*, S. 174.

(16) E. O. Volkmann, *op. cit.*, SS. 80—81.

(17) この事件については、R. Müller, *op. cit.*, Bd. II, S. 188 sq.; *Illustrierte Geschichte*……, S. 254 sq.; E. Bernstein, *op. cit.*, S. 100 sq.; H. Müller, *op. cit.*, S. 244 sq.; E. O. Volkmann, *op. cit.*, S. 152 sq.; G. Schultze-Pfaelzer, *op. cit.*, S. 165 sq.; R. Coper, *op. cit*, p. 175 sq. 参照。

(18) E. O. Volkmann, *op. cit.*, S. 164.

(19) R. H. Phelps, *op. cit.*, *Deutsche Rundschau*, 1950, S. 532.

(20) F. v. Rabenau, *Seeckt: Aus seinem Leben 1918—1936*, 1940, SS. 117—118, zitiert bei O. E. Schüddekopf, *op. cit.*, SS. 89—91; H. R. Berndorff, *General zwischen Ost und West*, 1952, SS. 52—56.

(21) L. R. Maercker, *op. cit.*, S. 37 sq.

(22) J. W. Wheeler-Bennett, *The Nemesis of Power*, 1953, p. 36.
(23) Ph. Scheidemann, *op. cit.*, Bd. II, S. 343.
(24) E. O. Volkmann, *op. cit.*, S. 170.
(25) E. Bernstein, *op. cit.*, S. 125.
(26) L. R. Maercker, *op. cit.*, S. 64.
(27) G. Noske, *op. cit.*, S. 68.
(28) *Das gesamte deutsche und preussische Gesetzgebungs-Material*, hrsg. von G. U. Grotefend und C. Cretschmar, 1919, SS, 40—42.
(29) L. R. Maercker, *op. cit.*, S. 176.
(30) G. Noske, *op. cit.*, S. 116.
(31) R. G. L. Waite, *op. cit.*, p. 79.
(32) L. R. Maercker, *op. cit.*, S. 173; E. Troeltsch, *Spektator=Briefe*, 1924, S. 15.
(33) L. R. Maercker, *op. cit.*, SS. 173—174.
(34) *Nationalversammlung*, Bd. II, S. 749.
(35) *Protokoll S. P. D. 1919*, SS. 109—110.
(36) *Ibid.*, S. 288.
(37) R. Coper, *op. cit.*, pp. 232—233.
(38) *Der Glaube an Deutschland: Ein Kriegserleben von Verdun bis zum Umsturz*, 25 th, 1938, SS. 879—890, cited in R. G. L. Waite, *op. cit.*, p. 32.
(39) E. Salomon, *Die Geächteten*, 1930, SS. 26—35, cited in R. G. L. Waite, *op. cit.*, pp. 43—44.
(40) F. W. Heinz, *Strengstoff*, 1930, S. 7, cited in R. G. L. Waite, *op. cit.*, p. 42.
(41) E. Salomon, *op. cit.*, S. 73, cited in R. G. L. Waite, *op. cit.*, p. 108.

(42) H. F. Fried, *The Guilt of the German Army*, 1942, p. 192, cited in J. W. Wheeler-Bennett, *op. cit.*, p. 89.
(43) L. R. Maercker, *op. cit.*, S. 162.
(44) F. W. Heinz, *Die Nation greift an: Geschichte und Kritik des soldatischen Nationalismus*, 1932, S. 88, cited in R. G. L. Waite, *op. cit.*, p. 50.
(45) L. R. Maercker, *op. cit.*, S. 176.
(46) E. Anderson, *Hammer oder Amboss*, 1948, S. 77.
(47) E. Salomon, *op. cit.*, S. 72, cited in R. G. L. Waite, *op. cit.*, p. 108.
(48) F. W. v. Oertzen, *op. cit.*, S. 21, cited in R. G. L. Waite, *op. cit.*, p. 108.
(49) P. Heydebreck, *Wir Wehrwölfe*, 1931, S. 70, cited in R. G. L. Waite, *op. cit.*, pp. 56—57.
(50) F. W. Heinz, *Strengstoff*, S. 26 und S. 29, cited in R. G. L. Waite, *op. cit.*, p. 57.
(51) E. Anderson, *op. cit.*, SS. 77—78.
(52) *Protokoll S. P. D. 1919*, S. 350.
(53) G. Noske, *op. cit.*, S. 167.
(54) R. G. L. Waite, *op. cit.*, p. 78.

第三節　協議会《レーテ》の抑圧

第二節において論じたごとく、一九一八年一二月末以来強力な義勇軍《フライコール》が各地に発生し、政府は、ノスケをその総司令官に任命することによって、強大な武力的裏付けをもつこととなった。もはや、政府にとって旧軍隊を支配する兵士協議会の存在を恐れる必要はなくなった。かくして、義勇軍《フライコール》の強化が遂行される反面、兵士協議会の権限の剝奪及びその勢力範囲の縮小が逐次すすめられることになった。

先ず、一月一四日の国防省の訓令は兵士協議会が将校を罷免することを禁止したが(1)、続いて一九日、すなわち、国民議会選挙の日に、「平時軍における指揮権並びに兵士協議会の地位の暫定的規制に関する命令(2)」(Verordnung über die vorläufige Regelung der Kommandogewalt und Stellung der Soldatenräte im Friedensheer)が発令された。これによれば、軍隊における最高指揮権は、中央協議会によって選出された人民委員が保有し、その行使は、人民委員が直接命令を与える場合を除き、プロイセン国防大臣に委任され、また、各部隊における指揮権は夫々その部隊長が行使することになった。かくして、「ハムブルク七箇条」によって指揮権を行使することを認められた兵士協議会の権限は、ここに再び将校の手に奪還せられることになった。そして、この命令の第五条によれば、兵士の保護、兵士に関する社会的・経済的諸問題、休暇及び軍紀に関する命令は、それが一般的且つ恒久的に適用されるものである場合に限り、兵士協議会に対して、その命令の作成に協力し、共同責任を負担するためにそれに署名することが認められた。なおその他、兵士協議会に対して指揮官の罷免を申立てる権利が与えられたが、これはあくまでも苦情の申立にとどまり、この申立に拘束力は認められなかった。「ハムブルク七箇条」においては、兵士協議会に対して指揮権の行使が認められるとともに、軍隊内の規律に関する責任もまた一方的にこれに与えられていたのに対し、この一月一九日の命令によって規定された兵士協議会は、以上のように、単なる利益代表機関であるにすぎなくなったのである。しかも、同じくこの命令によって、旧軍隊の小単位部隊（中隊及び独立性をもたない大隊）においては、兵士協議会を廃止して、新たに名誉職としての信任者制度を設けることが定められた。このようにして、一月一九日の命令は、一方において、兵士協議会の権限の縮小を計ると同時に、また他方において、その勢力範囲の削減をも企てようとするものに他ならなかった。そして更に、この命令の発布と同時に、将校及び下士官の徽章を定める規定、及び敬礼を復活する規定が相次いで公布され、(3)旧将校の権限の復活という政府の企ては着々と進められるに至った。

これらの処置は、もとより、各地の兵士協議会を激昂せしめ、その結果、第二章においてのべられたがごとき熾烈な反政府運動が展開されるに至った。二月四日、ベルリンにおいて兵士協議員大会が行われ、この大会の席上先ず、一月一九日の命令は反革命的なものであり、形式上はともあれ、実質的には違法である旨の声明書が発表された。更に、この大会においては、「ハムブルク七箇条」の趣旨に従って、政府とともに指揮権を行使する機関として全国兵士協議会を設置することが決議されたが、これは遂に実現をみることなく終った。(4)これに対し、二月一九日、政府は兵士協議会が軍の機関として経済行為を行うことを取締る訓令を発するとともに、(5)他方、兵士協議会の動向とは全く逆に、「仮国防軍創設法案」(Gesetzentwurf über die Bildung einer vorläufigen Reichswehr)を国民議会に上程し、この法案は多数をもって可決され、三月六日に発令公布されることになった。(6)この法律は、大統領に対して、旧軍隊を解体して、新しい軍隊を義勇軍《フライコール》を中心に構成する権限を与えたものであり、大統領はこれによって兵士協議会の母体である旧軍隊を一挙に廃止しうる権限を与えられることになった。そして更に、同日発令された同法施行命令によって、(7)仮国防軍においては新たに信任者制度が設けられることになった。前線部隊に兵士協議会がつくられるのを防止するために、革命当日参謀本部によって信任者制度が考案されたことについてはすでにふれたが、この施行命令によって信任者制度は法的に確認され、その権限も、三月三一日に発布された同法施行規定によって、(8)兵士の要望、発議、苦情を受理し、賄い、兵士及び勤務協定に関する諸問題に協力することに限定された。しかも、この協力の具体的方法については、詳細な規定は遂に設けられることがなかった。このような信任者の権限が、一月一九日の命令においてなお旧軍隊の兵士協議会に与えられていた権限を、更に削減したものであったことはいうまでもないことである。

以上のように、旧軍隊を解散する権限が大統領エーベルトに与えられ、新しい軍隊に微温的な信任者制度が設置されるとともに、旧軍隊に対しては、兵士協議会の権限剝奪が更に押し進められた。三月四日の訓令は、兵士協議会に軍隊財産の処分及び国庫に負担を齎すがごとき証書の作成を禁じたが、以後これと類似した処置が相次いでとられ、兵士協議会は、たとえば、独断でタイプライターを購入することも、また、事務員を雇傭することも不可能になった。(9) 更に、協議員の活動に対する特別手当制度は停止され、兵士協議会の支出超過に対する補助もまた一定限度においてのみ与えられることになった。(10) かくして、政府は兵士協議員の経済的基盤を破壊し、その経済的な魅力を剝奪することに成功した。しかし、政府の抑圧は更に執拗に進められ、兵士協議員を罷免する新たな途が設けられるに至った。すなわち、三月二四日には、民間に職を見出す努力をしないものは軍隊にとどまる権利を失うという一月四日の国防省の訓令を、兵士協議員にも適用する旨の訓令が発せられたのである。(11) その結果、政府は兵士協議員に職を提供することによって、彼らを罷免することが出来るようになった。しかし、兵士協議会に対する政府の圧迫は以上にはとどまらなかった。兵士協議会は更に労働者協議会からもまた隔絶されることになったのである。元来、兵士協議会は労働者協議会とともにドイツ革命における二大組織として、これまで相互に密接な提携を行ってきたので、兵士協議会を無力化するためには、両者の関係を断絶することが必要であった。三月四日の近衛軍団及び第三軍団に発せられた訓令によって、これらの軍団には新たな人的構成をもった兵士協議会が新設され、

ベルリン執行協議会は軍隊の問題に関与する権限を剝奪されるに至った。(12)

このようにして、兵士協議会の存在は風前の燈となった。一九一九年三月には、新しい軍隊、すなわち義勇軍《フライコール》を中心とした仮国防軍にも、また、旧軍隊の小単位部隊にも、すでに信任者制度が設けられるに至り、兵士協議会は僅かに旧軍隊における大隊以上の部隊に存続していたにすぎない。しかも、兵士協議会の権限は次第に蚕食されつつあったのである。勿論、これに対し、兵士協議会も全く沈黙を守っていたわけではない。たとえば、四月一日には近衛軍団の兵士協議員総会が開かれ、その結果、一月一九日の命令の撤回、中央協議会における兵士代表の辞職を要求する提案が、来るべき第二回全国労兵協議会に提出されることになった。(13)しかし、この総会の決議はもはや何の効果ももちえなかった。今や厖大な新軍隊を保有している政府は、兵士協議会の種々の抗議を無視して既定の方針を押し進めた。すなわち、五月一四日の国防省の訓令の結果、(14)下士官、兵士の総数が三〇〇名を割った場合にはその部隊は解散を命ぜられることになると同時に、三〇〇名以下の員数しかもたない軍務機関、軍諸施設等には、兵士協議会を廃して信任者制度が設けられることとなり、軍の病院においては三〇〇名以上を収容している場合でも、「場合によっては」信任者制度を設けうることとされた。これは、旧軍隊に信任者制度を導入した二度目の試みであったが、しかも、この「場合によっては」という字句はのち削除され、兵士協議会は先ず病院からその存在を失うこととなった。更にこの命令は、なお残存する兵士協議会に対し、新聞、ニュースの発行及び政治活動を禁止し、更に、集会の開催をも許可制とするに至った。そして最後に、五月二七日及び六月一九日の訓令によって、(15)旧軍隊の兵士協議会は一律に信任者制度に切換えられることになり、兵士協議会はその母体の消滅に先立って姿を没することとなった。ロシア革命においては、職域における協議会制度もまた、少くとも、既存秩序及び価値の破壊のために十二分に活用せられたのとは全く対照的に、ドイツにおいては、詳述したごとく、兵士協議会制度は順を追うて着々と廃棄せられ、かくして、それは凡そ八ヵ月の短命に終った。そして、この革命の落し児は今や新しい軍隊の中に信任者制度として僅かに名残りをとどめるにすぎなくなった。

＊　　＊　　＊

以上のようにして、革命の中から発生した兵士協議会は廃止され、旧将校団を上部構造とし、共和国と全く相反する心理構造をもった兵士を主体とする義勇軍《フライコール》が勝利を収めるに至った。かくして、革命によって切開かれた途は、社会化におけると同様、軍隊改革の問題においてもまた、一九一九年春にはすでに全く閉されるのやむなきに至った。しかし、軍隊の結成をめぐる問題は、社会化の問題とは異り、近い将来における歴史の展開に直接的な影響を及ぼすことになった。何となれば、この問題は、単に民主的軍隊が結成されなかったという消極的な意味をもっていただけではなく、更に、共和国とは異質的な存在を権力構造の枢要な地位に押し上げるという極めて積極的な意味を有していたので、この問題の発展からは、共和国の政策決定の地位にあった政治的エリートと国家における物理的強制力としての軍隊との衝突という、国家の存立にとって由々しき事態が当然に予想されたのである。前首相シャイデマンが九月一一日の「フォアヴェルツ」紙上において、「同志よ、直ちに自警団（Einwohnerwehr）に加入せよ。反動的市民の掌中にある武器は危険である。武器は党の同志の掌中にある限り、共和国存立の保障になるのだ」(16)と訴え、更に、一一月一四日の同紙上において、「敵は右翼にあり」(17)と叫んだのは、まさにかかる事態の緊迫性を示唆するものに他ならなかった。しかし、かかる対立は、政治的エリートと軍隊との対決という単純な形態においてはあらわれなかった。何となれば、一方においては、全国に亙るはげしい労働運動が一応鎮圧され、他方においては、ヴェルサイユ条約の締結（六月）及びワイマール憲法（八月）の制定によって、不安定ながら新しい国家の基盤が徐々に形成されつつあったので、新しい国家に対していかなる態度をとるかをめぐって、軍隊の内部には分裂の徴候があらわれるに至ったからである。そして、かかる事態に一つの結論を与えたものが他ならぬカップ一揆であり、しかも、この一揆は、はげしい軍隊改革運動を惹起することによって、再び社会民主党の決断を迫ることになった。従って、以下簡単にカップ一揆をめぐる前後の事情を概観することによって、革命における社会民主党指導者の行為に対する一つの決算を示すと同時に、併せて彼らの行動様式に関する説明の一端とすることにしたい。

すでに六月、ヴェルサイユ条約の締結をめぐって、将校団は殆ど一致団結して拒否の態度を示し、メルカーのごとき比較的理性的な将軍すら、ノスケをいただく軍事独裁制をしくべきであると提案するに至った[18]。しかし、このとき、エーベルトは再びグレーナーの助力をうることによって辛うじて将校団の統率に成功した。けれども、これ以来、共和国政府に対する将校団の不満は次第に増大し、たとえば、パプストはノスケの許におもむいて、政府転覆の企てに加わるよう説得し[19]、条約調印に賛成したグレーナーも将校団の怨嗟の声をあとに、この後まもなくその地位を放擲しなければならなくなった。更に、聯合国はドイツ軍隊の解体を断行すべく、当時バルティック諸国において革命勢力の鎮圧に当っていた義勇軍《フライコール》の撤退を要求し[20]、政府もまたこれに応じて義勇軍《フライコール》の帰還を命じたため、ここに一つの活路を見出していた将校団の憤激は昂揚の一途を辿るに至った。しかも、条約締結の結果、陸軍は一〇〇、〇〇〇に限定されたため、当時すでにそれを遙かに凌駕していた仮国防軍は大削減を余儀なくされ、この削減をめぐって将校団の雰囲気は一層険悪の色を呈した。ところで、このとき軍隊における実質的指導者の地位にあったのは、グレーナーのあとをついだゼークトであり、彼は共和国政府と直接対立する途を避け、専ら軍隊を超政治的なものとし、「帝国内の帝国」を築き上げようとする構想を抱いていた。そして、彼のように軍隊を堅実な地盤の上に建設しようとするものにとって、典型的な義勇軍《フライコール》のもつ異常な心理構造は今や大きな桎梏となった。そこで、彼は軍隊の削減方針に協力すると同時に、この際これら強度に限界的心理をもった分子を排除し、専ら超政治的且つまた保守的な分子によって軍隊を構成しようとつとめたのである。かくして、軍隊首脳部の内部に、ゼークトに代表される理性的な妥協派と、リュトヴィッツに代表される非妥協的強硬派とがはげしく対立するに至り、*後者は軍隊の削減に反対すると同時に、義勇軍《フライコール》の精神に同調して、次第に超国家主義的方向へと歩を進めることになった。かかる険悪な情勢のうちに、一九二〇年二月五日、皇帝を含むドイツ戦争犯罪人引渡しの要求が提示されるに至り、将校団の怒りは今や頂点に達した。そして更に、二月末、エアハルト義勇軍《フライコール》が解散を命ぜられるに至り、リュトヴィッツ、パプストらの将校は、国内の興奮を背景に、将校団の不穏な空気とこの義勇軍《フライコール》のエネルギーとを利用して、三月一三日、いわゆるカップ一揆を惹起するに至った。ところで、かかる一部国防軍将校及び義勇軍《フライコール》の叛乱に当って、国防軍の他の将校はいかなる態度をとったであろうか。

＊　国防軍の首脳部には、かかる対立の他に、シュライヒャーに代表される政治派とゼークトに代表される超政治派、ラインハルト（W. Reinhardt）、グレーナーに代表される西南派とプロイセン派との対立等が輻湊し、これ以後も、種々の事件をめぐって、複雑な対立関係が発生した。(21)

その日午前一時、ノスケが国防軍の指導者たちを召集して、叛乱者と闘う旨を告げ、自分と行動を共にするものは手を挙げよとのべたとき、挙手したものは、僅かノスケの側近ラインハルトとギルザ（E. Gilsa）の二人だけであった。そして、そのあとの静けさを破って、共和国参謀本部（Truppenamt）の長ゼークトは次のように発言した。「国防大臣閣下、閣下は、一年半に亙り敵に対して肩を組み合せて戦ってきた軍隊同士を、ブランデンブルク門（Brandenburger Tor）の前で戦わせようというおつもりですか」と。[22] 彼ら国防軍将校にとっては、問題は、共和国ではなく、国防軍そのものであった。ここに、共和国政府が依拠してきた軍隊が政府に対して何ら忠誠を誓うものでないことが完全に暴露された。そして、軍団司令長官の中には、他にも、カップ政権支持の立場を表明するものがあっただけでなく、その多くは一揆に対し中立的態度を示し、メルカー将軍すらも、首都をのがれた政府首脳部の保護に当ろうとはしなかったのである。[23]

このカップ一揆は一たびは成功したが、労働者階級のゼネラル・ストライキ、官吏の勤務拒否、更には右翼陣営及び一揆首脳部それ自体の不統一のために結局は失敗に終った。そして、この一揆は、広汎な大衆の中に軍に対する強い不信を呼び起すとともに、共和主義的思考をもった兵士層の中にも、将校更迭への要求があげられるに至った。* 従って、この一揆の挫折直後は、軍の改革にとってはまさに絶好の機会であったといわなければならない。** また現に、ゼネラル・ストライキを終結する代償として、労働組合と、政府与党との間に締結された協定の中にも、法に対する忠誠を破った反革命的部隊の解散、及び共和国に忠誠な市民、とくに組織労働者、ホワイト・カラー、官吏による軍隊の結成という条項がかかげられていた。[24] しかし、かかる「下から」の強力な圧力が存在したにもかかわらず、社会民主党を首班とするワイマール三派のバウアー内閣及びその後をついだミュラー内閣は、軍隊の改革を一向に実施しようとはしなかった。それのみではなかった。大統領エーベルトは、カップ一揆の直前、国防軍をして国防軍に対して戦わしめることは出来ないと断言して、共和国に対する忠誠を裏切ったそのゼークトを、国防軍総司令官に任命し、逆に、カップ一揆に反対した兵士及び下士官は解雇された。(25) のみならず、カップ一揆に加わった義勇軍《フライコール》はカップ一揆に反抗して立上った労働者のストライキ鎮圧に使用され、かくして、軍隊の叛乱にはじまったカップ一揆は結局失敗に終りはしたものの、そこにおいて実際に勝利をえたものは実はその軍隊であった、という皮肉な結果に終った。もとより、カップ一揆によって、リュトヴィッツのごとき非妥協的強硬派は罷免され、軍の主導権はゼークトを中心とする妥協派、すなわち、ドイツ国軍の統一とその地位の向上に専念する将校によって掌握されることになった。勿論、義勇軍《フライコール》の精神構造《メンタリティ》は一九二三年、インフレーションによる社会の混乱が収束されるまで、国防軍の内部においてもなお残存し続けた。(26) しかし、この一揆を機に、典型的な限界的精神構造《メンタリティ》をもった義勇軍《フライコール》は国防軍から淘汰され、これら義勇軍《フライコール》の特殊な精神構造《メンタリティ》はこれ以後むしろヒットラーを中心とするナチズムの中に引継がれることになった。しかし、それはともあれ、強硬分子による一揆の失敗とそれに基く民衆の覚醒とによって動揺の危機に直面していた国防軍は、エーベルトらの以上のごとき行動によって、危機から脱出することに成功した。かくして、共和国に忠誠な軍隊を建設する機会はここに再び取り逃されることになった。しかし、敗戦後の混乱状態において、エーベルトら社会民主党指導者が積極的に民主的軍隊の建設につとめず、軍隊の建設を専ら帝制時代の将校に依頼していたことを考えれば、このカップ一揆後の彼らの行動は決して偶然ではなかった。彼らには民主的軍隊を積極的に建設しようというような意図ははじめから存在していなかったのである。それならば、民主的軍隊の建設は、戦後のドイツにおいては、客観的に果して不可能であったのであろうか。

* 共和主義的な兵士の団体であった「職業兵士全国経済聯合」の一支部長は、軍隊における信任者に対する挨拶の中で、カ

ップ一揆に参加した将校及び生粋の共和主義者でない将校の代りに、同団の下士官を当てること、更に、大尉に至るまでの官職はすべて同団のものによって占めるべきことを主張し、夏までには、共和主義的な同団が軍隊の過半数を制するに至らなければならないとのべている。(27)

＊＊　但し、このときは、一九一八年から一九一九年のはじめにかけての時期とは異り、すでにヴェルサイユ条約締結以後であり、軍隊改革の問題に対しても外から一定の枠が課せられていたということは考慮されなければならないことである。

いうまでもなく、これは「仮定」の問題であり、直接歴史学の対象として証明することは出来ない。しかし、ここではただ次のことだけを指摘しておきたい。先ず、敗戦によってドイツとほぼ類似した条件の下におかれたオーストリアのことである。オーストリアにおいては、一九一八年一一月三日、すなわち、休戦締結の日に「人民軍」の募集が開始され、その軍隊の大部分は、工場の閉鎖によって職を失った労働者によって占められた。勿論、それら兵士の多くは、ドイツにおけると同様、戦争のために精神の平衡を失い、政治的冒険とあれば何事でも決行しようという気分に少からず影響されていた。しかし、バウアーによれば、オーストリアの社会民主党は、人民軍募集のために宣伝活動を行い、旧来の信頼しうる同志を説得して人民軍に参加させた。かくして、オーストリアの軍隊の中核は社会民主党によって占められ、彼らが人民軍に、「指導、従って党の指導」を及ぼし、法を無視しようとする兵士の粗暴な傾向を抑圧した。かくして、「今や国の安全を守るために選ばれた兵力は、社会民主党によって指導され、赤旗をもち、マルセイエーズを口ずさんで行進するところの軍隊(28)」となりえたのである。そして、一九二〇年一一月国防軍が設置せられるや、社会民主党はこの国防軍の募集に多大の努力を傾注するとともに、人民軍の最優秀分子をこれに導入することに成功した。事実、オーストリアにはカップ一揆のごとき反革命的試みはなされなかったし、のちのナチズムに対する関係においてもまた、オーストリアの国防軍はドイツのそれとは異った態度を示した。もとより、政治状況の異るドイツとオーストリアとを全く同一の平面において論ずることは出来ない。しかし、オーストリアの事例から考え、政治的エリートの志向性の如何によっては、ドイツ軍隊も、現存のそれとは異った構造をもつものとなったであろうことは、充分考えられるところであり、現に、そのような論評は、ワイマール共和国が崩壊したのち、社会民主主義者自ら、更にはデモクラートによってもまたなされるに至ったのである。すなわち、社会民主主義者オルデン（R. Olden）は、この点に関する社会民主党指導者の怠慢を非難して、次のようにのべている。「彼らは、〔新しい国家のための新しい軍隊の創設に〕たしかに成功しえたであろう。彼らは背後に組織され、登録された一〇〇万を数える厖大な社会民主党員をもっていた。しかも、その一〇〇万名の中には忠誠という点においては証明済の数十万の同志が存在していたし、更に、その数十万の中には平時及び戦時に軍務につき、軍事問題に関する理解を充分もっていた数万の同志が存在していたのである[29]」と。このような指摘は歴史家をはじめ他の多くの人々によってもなされているが、「フォシッシェ・ツァイトゥンク」の編輯長であったデモクラート、ベルンハルト（G. Bernhard）もこの点にふれ、労働者階級並びに旧政治権力の倒壊に好意的態度を示していた市民階級の中から、政府に忠実な軍隊をつくり出すことは必要であったし、また可能であったはずである。しかも、民主的、更には社会主義的な思考をもった将校も充分存在していたし、*また、戦時中功績があったにもかかわらず、准尉や兵曹止りで任官出来なかったために不満をもっていた人々も存在していたのであるから、**「何故このように自明な考え方〔共和国政府に忠誠な軍隊をつくるということ〕が実施されなかったのかは、それらの日々を経験したすべての人々にとって全く理解しえないことである[30]」といっている。

* 共和主義的な思考をもった将校等は、当時現に、「共和主義的指導者同盟」（Republikanischer Führerbund）という団

体に結集していた。(31)

＊＊　当時、下士官が将校にはげしい反感をもち、また、自ら将校に代る能力があると自負していたことは、ノスケもまた認めたところである。(32)

以上のように、社会民主党指導者は、民主的軍隊の建設を怠ったという自己の不作為によって、後年多くの非難を浴せられることになった。まことに、現代国家においては物理的強制力としての軍隊の比重は極めて重く、その構造と心理とは現存体制の運命に重大な影響を及ぼすのである。しかも、ドイツにおいては、国民的統一が「下から」ブルジョアジーの力によって行われず、絶対主義の下に著しい成長をとげてきた軍隊の手によってなしとげられたため、国民的統一後においても軍隊は市民的統制の枠外におかれるとともに、更に、将校団の政策決定に対する発言権もまた極めて大きかった。そして、第一次世界大戦はかかる傾向を更に進め、ヒンデンブルク＝ルーデンドルフの軍事独裁体制が成立をみるに至り、ここに将校団は、ドイツ帝国におけるもっとも強力な権力集団としてその地位を確立するに至った。ドイツ革命はまさにこのような事態ののちに発生した。そして、これら将校団の歴史的役割及び特権的地位に対する「下から」の抵抗として、兵士協議会運動が擡頭した。これに対し、社会民主党指導者は「人民軍」を、規定の軍隊の枠の外に、形式的に、しかも多分に消極的な意味合いをもって設置するに至った他は、何ら具体的プランも積極的意志ももち合さず、徒らに旧将校団に依拠し、これと妥協した。しかも、この将校団の背後には市民社会に敵対する極度に反動的な分子が蝟集し、かくして、革命における種々の発展の萌芽はこれら軍隊の手によってつみとられることになった。このようにして、社会民主党指導者は、対軍隊政策においてもまた、革新的な方向を打出すことが出来ず、伝統と旧来の価値に固執する伝統《トラディショナル》的エリートとしての側面を再び露呈するに至った。そして、革命的状況における、伝統的《トラディショナル》エリートとしてのかかる行動は、伝統的勢力のみならず、更に退行的な反市民的集団との結合をすら齎すに至った。まさに、革命における社会民主党指導者は、単に民主的軍隊を建設しなかったという意味において《不作為の過誤》を犯しただけでなく、伝統的、更には、極度に反市民的分子と提携したという意味において《作為の過誤》をも犯し、ドイツにおけるデモクラシーの発展に決定的な汚点を残すこととなった。

もとより、現代におけるデモクラシーの安定を確保するためには、単に物理的強制力の問題のみでなく、* なお多くの分野における安定政策が必要とされる。すなわち、第二章においてふれたがごとき、国家のよってもって立つ基盤としての経済体制の変革はもとより、** 更に、権力の心理的基礎づけ、*** 政治的エネルギーの通路を潤滑ならしめるための制度的及び機能的保障、**** 行政過程の担い手としての官僚に対する規制等の諸政策によって、***** デモクラシーの安定条件がつくり出されなければならない。****** しかし、ドイツ革命において軍隊の改革がいかに重要な問題であったかは、これに対する大衆のエネルギーの燃焼の仕方からも充分理解されるところであり、しかも、革命の中から革命に対してつくられたこの〃新〃国防軍は、のちのワイマール共和国の歴史が示すごとく、自由と平和とを齎すのとは全くうらはらに、ドイツ・デモクラシーのもっとも大きな《破壊口》(Bruchstelle) の一つとなった。[33] 蓋し、革命当時この問題の衝に当った社会民主党指導者の行動は、ドイツ現代史上極めて重大な意味をもっていたといわなければならない。

＊　ドイツ国防軍に関する研究は、ドイツ現代史上それが占めた比重の大きさ、及び第二次世界大戦後の再軍備問題等に触発されて、活潑に行われるようになった。たとえば、K. D. Bracher, " Auflösung einer Demokratie: Das Ende der

Weimarer Republik als Forschungsproblem", in *Faktoren der Machtbildung*, 1952; Ditto, *Die Auflösung der Weimarer Republik*, 1955（但し、この著書の国防軍に関する部分は W. Sauter の筆になる）; H. Herzfeld, *Das Problem des deutschen Heeres* 1919—1945, Geschichte und Politik, Heft 6; H. Speidel, "Reichswehr und Rote Armee", *Vierteljahrshefte für Zeitsch rift*, I, 1953; R. H. Phelps, "Aus der Groener-Dokumenten", *Deutsche Rundschau*, 1950—1951.; J. W. Wheeler-Be-nnett, *op. cit.*; G. A. Craig, *op. cit.*; G. Castellan, *Le réarmament clandestin du Reich*, 1954; Ditto "Reichswehr et armée rouge 1920—1939" dans: *Les relations germano-soviétiques 1933—1939*, 1954. また、軍人の回顧録及び伝記の類も極めて多く、史料集的なものとしても、O. E. Schüddekopf, *op. cit.* がある。しかし、国防軍がドイツ現代史上いかに大きな比重を占めたとしても、やはり、それはあくまでも政治権力を構成する要素の一つとしてであるにすぎず、これを強調するの余り、政治の全体の脈絡《コンテクスト》が見失われてはならないであろう。

** デモクラシーの安定のためには、基本的生産関係の改変のみでなく、これと並んで、種々の社会層の中に、デモクラシーの受益者を大量的に生産することが必要とされる。このような意味において、共和国政府にとって、たとえば、農業政策は極めて重要な意味をもっていた。ここには先ず、農地改革による一般的受益者創出の問題がありえただけでなく、実際の係争問題としても、内地植民政策、農業労働者に対する団結権の付与、更には、一九一九年末に北ドイツ地方に展開された農業労働者のストライキ等、重要な問題が存在していた。しかし、東エルベの辺境地区に独立自営農民を創設しようとする内地植民政策は、ユンカーの所有にふれない程度で、極めて微温的に行われたにとどまり、農業労働者に賃銀協定など工業労働者とほぼ同等の権利を与えた一九一九年一月一四日の命令も、季節によっては一一時間労働制をも認めるものであったし、また、革命のカーブが下降の線を辿るや、ユンカー階級はドイツ農業労働者同盟（Deutscher Landarbeiterbund）との賃銀協定の廃棄をすら宣言するに至った。この結果、上述のストライキ運動が勃興したが、バウアー内閣は、ノスケの軍隊を派遣してこれらのストライキを鎮圧した。カップ一揆においても、ザクセンの一部及びメクレンブルク（Mecklenburg）においては、農業労働者が蹶起したが、これもまた、カップを支持した軍隊の手で鎮圧された。ところで、農業問題に対する社会民主党指導者の無為については、すでに一九一九年の党大会において、代議員によって非難の対象として取り上げられた。しかし、ドイツの社会主義陣営においては、すでに戦前から農業政策に対する関心が薄く、革命後においても、この事情に根本的変化はみられなかった。これらについては、国民議会議事録、社会民主党党大会議事録の他、P. Price, *op. cit.*; E. David, *Sozialismus und Landwirtschaft*, 1922; K. Ballod, *Zukunftstaat: Produktion und Konsum im Sozialstaat*, 1919; F. Beckmann und. B. Harms, *Deutsche Agrarpolitik im Rahmen der inneren und äusseren Wirtschaftspolitik*, 3 Bde., 1932; M. Sering und K. v. Dietze, *Deutsche Agrarpolitik auf geschichtlicher und landeskundlicher Grundlage*, 1939; J. B. Holt, *German Agricultural Policy 1918—1934*, 1936; W. Woytinsky, *op. cit.*; 沢村康、『中欧諸国における土地制度及び土地政策』、昭和五年、村瀬興雄、前掲書、松俊夫、「ワイマール共和制に対する一考察」、歴史学研究第一五一巻等参照。なお、広くワイマール全期に亘る農民の動向に関しては、村瀬興雄、「ワイマール・デモクラシーにおける政治指導」、政治学年報一九五五年、及び、同「ワイマール共和制期の農民の政治的動向」、野田信夫還暦記念論集『経営と労務』、昭和三〇年参照。

更に、新中産階級、ホワイト・カラーの動向は、現代の政治とくに密接な聯関を有する。ワイマール共和国におけるホワイト・カラー、とくに職員層は、のち、国家人民党系、民主党系、社会民主党系の三つに分裂して組織されることになったが、これらについては、S. Nestriepke, *op. cit.*, Bd. II; *Handbuch der Politik*, Bd. IV, 1920, 10. Hauptstücke; H. Speier, *Social Order and the Risks of War*, 1952, part I 等参照。

＊＊＊　ドイツにおける戦前の政治的力学《ポリティカル・ダイナミクス》をのべた際にふれたごとく、現代国家においては、政治権力の心理的側面が極めて重要な意味をもつようになった。かくして、体制の安定のためには、教育とマス・コミュニケーションの果す役割がとくに重要性を増すに至った（なお、このような政治権力の心理的側面を、実体的機構の問題からはなれて、その機能を内容的に分類すれば、いわゆる権力の正当化 justification と標章化 exhibition の問題となる。そして、前者の象徴《シンボル》がクレデンタ credenta とよばれるのに対し、後者のそれは、ミランダ miranda とよばれる）。従って、政治的エリートがいかなる教育政策を実施し、また、マス・コミュニケーションに対していかなる態度をとるかという問題は、それを受取る大衆の精神構造乃至行動様式の如何とともに、デモクラシーの発展に対して決定的な影響を与える。ワイマール共和国創設期においても、教育と宗教との関係、教育人事・教員組合・教科書等をめぐる問題、新聞の自由等マス・コミュニケーションに関する問題、国旗制定の問題、更には、これに対応する一般大衆の政治的態度に関する問題等、重要な問題が山積していたことはい

うまでもないことであり、これらに関しては、国民議会議事録の他、*Handbuch der Politik*, Bd. III, 5. Hauptstücke; G. Hohendorf, *Die pädagogische Bewegung in der ersten Jahren der Weimarer Republik*, 1954; Th. Eschenburg, *op. cit.*; R. Schlesinger, *op. cit.*; F. Oetinger, *Partnership: Die Aufgabe der politischen Erziehung*; P. J. Fliess, *Freedom of the Press in the German Republic*; H. Pohle, *Der Rundfunk als Instrument der Politik*, 1955; S. Kracauer, *From Caligari to Hitler*, 1947; O. Busch, *Schwarz-Rot-Gold*, 1954; K. F. V. v. Westarp, *op. cit.* (Nachwort des Herausgebers); K. Lewin, *Resolving Social Conflicts: Selected Papers on Group Dynamics*, part I. 1948（末永俊郎訳『社会的葛藤の解決』第1部、昭和二九年）; A. Mohler, *Die konservative Revolution in Deutschland 1918—1932*; R. H. Lowie, *Toward Understanding Germany*, 1954; B. Schaffner, *Father Land: A Study of Authoritarianism in the German Family*, 1948.

***　政治制度の問題は、政治的エネルギーが処理される通路乃至ルールの問題であり、政治権力の経済的及び心理的、権力的＝物理力的基礎に関する諸問題も、かかる通路によって規制され、また、ある意味においてはそれを通してはじめて政治化される。そのような意味において、ワイマール共和国創成期における安定条件を研究するためには、共和国憲法（とくに、大統領に非常事態における独裁権を与えた第四八条）、議会制度（たとえば、常任委員会制度）、選挙制度等の解明が必要とされる。これらの点については、国民議会議事録の他、W. Apelt, *Geschichte der Weimarer Republik* 1946; H. J. Heneman, *The Growth of Executive Power in Germany*, 1934; F. M. Watkins, *The Failure of Constitutional Emergency Powers under the German Republic*, 1939; Ch. Ellwein, *Das Erbe der Monarchie in der deutschen Staatskrise*, 1954; B. Dechamps, *Macht und Arbeit der Ausschüsse*, 1954; R. Schlesinger, *op. cit.*; Ditto, *Federalism in Central and Eastern Europe*, 1945; A. Brecht, *Federalism and Regionalism in Germany*, 1945; K. D. Bracher, *op. cit.* 等参照。

ところで、デモクラシー諸国にあっては、政治制度を動かし、機能的に政治的統合の中核となるものは、いうまでもなく政党であり、デモクラシーの存立は政党（もとより、社会主義政党のみでなく、ブルジョア政党を含む）の構造と機能、及びそれと圧力諸団体との関係に依拠するところが極めて多い。ドイツ革命前後における政党の体系的分析は未だ殆ど行われていないが、その概要をしるためには、政党政治家のメモワール、伝記の他に、D. K. Bracher, *op. cit.*; F. C. Sell, *Die Tragödie des deutschen Liberalismus*, 1953; K. Buchheim, *Geschichte der christlichen Parteien in Deutschland*, 1953; W.

H. Kaufmann, *Monarchism in the Weimar Republic*, 1953; A. Mohler, *op. cit.*; D. Sternberger hrsg., *Parteien-Fraktionen-Regierungen* 叢書; M. J. Bonn, *op. cit.*; S. Neumann, *Die deutschen Parteien*, 1932 等参照。

＊＊＊＊　国内における政治は、直接的には、権力構造の中枢にある政治的エリートの政策決定によって展開される。そして、この政策決定へ至る通路《チャネル》が政治過程とよばれるのに対し、このひとたび決定された政策が再び社会の底辺へと下向する通路《チャネル》を行政過程とよぶ。ところで、近代国家は、この行政過程の機構として能率的官吏制度の発達を齎したが、この官吏が単に行政過程にとどまらず、政策決定に対して、すなわち、政治社会の頂点へ向って働きかけるところに（官吏から再び官僚へ）、現代国家の特徴がある。従って、現代におけるデモクラシーの安定のためには、かかる官僚をいかに規制するかという問題が非常な重要性を帯びてくるのであり、とくに第一次世界大戦後のドイツにおいては、従来、デモクラシーの未発達のために国家における官僚の役割が非常に大であったので、この官僚制度の改革は、デモクラシーの確立のためには必須の課題となった。そして、この分野においてもまた、政治的エリートは全くの無為に終った。これについては、国民議会議事録の他、*Handbuch der Politik*, Bd. IV, 10. Hauptstücke: Th. Eschenburg, *Der Beamte in Partei und Parlament*, 1952; A. Köttgen, *Das deutsche Berufsbeamtentum und die parlamentarische Demokratie*, 1928; H. Borch, *Obrigkeit und Widerstand*, 1954; D. K. Bracher, *op. cit.*; M. Weber, *Gesammelte politische Schriften*, 1921; L. S. Krosigk, *Es geschah in Deutschland*, 1951; O. Meissner, *Staatssekretär unter Ebert, Hindenburg, Hitler*, 1950; 長浜政寿、「ドイツの官吏制度」、比較政治制度I・公務員制度、昭和三一年所収。

＊＊＊＊＊　以上において、デモクラシー成立の研究にとっては、重要な問題が多々あることを指摘した。まことに、これらの問題を論ぜずして、ただ社会化及び軍隊改革の問題のみを取り上げることによって、デモクラシーへの途に関する論議を終えることは出来ない。しかし、社会化及び軍隊改革の問題が、当時デモクラシーとの聯関においていかに積極的意味をもつものであったかはすでに本文において論ぜられたところであり、しかも、他方、以上列挙した一連の諸問題は、革命勃発後の短期間における問題として取り上げるには余りにもデリケートな、また長期的なパースペクティヴを必要とする問題である。それらは、むしろ、ワイマール共和国の歴史全体を通して分析さるべきものであり、かかる意味において、ワイマール共和国の崩壊を論ずる際に、いわばその総決算として取り上げる方がより適当であろうと考えられる。

なお、デモクラシーの安定のためには、以上のごとき国内改策のみでなく、外交政策、すなわち、デモクラシーと国際的権力政治《パワー・ポリティクス》との接点に関する問題もまた重大な影響をもつ。たとえば、フランス革命後のフランス政治史が示すごとく、近代国家においては、ナショナリズムとデモクラシーとが一致するのを原則としており、第一次世界大戦後においても、チェコスロバキアの例が示すように、この戦争の結果独立をかちえた諸国家においては、ナショナリズムとデモクラシーとは互に相補完し合う概念となり、デモクラシーの担い手は同時にナショナリズムの代弁者となりえた。そして、そのことがチェコスロバキアのデモクラシーを支えた一つの重大な要因であったが、第一次世界大戦後のドイツにおいては、敗戦の中からデモクラシーが誕生したため、ナショナリズムはデモクラシーの代弁者の手をはなれて、右翼勢力の象徴《シンボル》として利用される傾向が生じ、遂に、デモクラシーの要請と一致することが出来なかった。のみならず、第一次世界大戦後においては、一般的に、国際政治の国内政治に対する圧力が著しく増大するに至ったので、賠償問題、民族自決問題、国際融資問題等をめぐる、新生ドイツ・デモクラシーと国際政治との力関係は、国内問題に劣らず重要な意味を有している。もとより、これら外的圧力の問題が、先述したドイツ革命における外圧の問題と同じく、あくまでも内的ダイナミクスとの相互関係においてとらえられなければならないということはいうまでもないことである。これらの点については、先にあげた諸著作の他、*Handbuch der Politik*, Bd. II, 5. Hauptstücke und Bd. III, 7. Hauptstücke: A. M. Luckau, *The German Delegation at the Peace Conference*, 1941; H. Ronde, *Von Versailles bis Lausanne*, 1950; J. H. Morgen, *Assize of Arms: The Disarmament of Germany and her Rearmament 1919—1939*, 1945; H. Holborn, "Diplomats and Diplomacy in the Early Weimar Republic", in G. A. Graig and F. Gilbert ed., *The Diplomats 1919—1939*, 1953 等参照。

（1）*Das gesamte deutsche und preussische Gesetzgebungs-Material*, 1919, S. 16.
（2）F. Schlegelberger hrsg., *Kriegsbuch*, Bd. IX, 1920, SS. 64—66.
（3）H. Müller, *op. cit.*, S. 191.
（4）E. O. Volkmann, *op. cit.*, SS. 197—198.
（5）W. Römer, *op. cit.*, S. 14.

(6) *Reichs=Gesetzblatt 1919*, Nr. 57, SS. 295—296.

(7) *Ibid.*, Nr. 57, SS. 296—298.

(8) F. Schlegelberger hrsg., *op. cit.*, Bd. IX, SS. 68—84.

(9) W. Römer, *op. cit.*, S. 13.

(10) *Ibid.*, S. 17.

(11) *Ibid.*, S. 13.

(12) *Ibid.*, S. 16.

(13) H. Müller, *op. cit.*, SS. 191—192.

(14) *Das gesamte deutsche und preussische Gesetzgebungs-Material* 1919, SS. 290—291.

(15) W. Römer, *op. cit.*, SS. 17—18.

(16) R. G. L. Waite, *op. cit.*, p. 54.

(17) E. O. Volkmann, *op. cit.*, S. 333.

(18) L. R. Maercker, *op. cit.*, S. 289.

(19) E. O. Volkmann, *op. cit.*, SS. 322—324; G. Noske, *op. cit.*, S. 200.

(20) バルティック諸国における義勇軍《フライコール》の活動については，E. O. Volkmann, *op. cit.*, S. 237 sq. und S. 306 sq.; R. G. L. Waite, *op. cit.*, p. 94 sq.; R. H. Phelps, "Aus der Groener-Dokumenten: IV, Das Baltikum 1919", *Deutsche Rundschau*, 1950, S. 830 sq.; A. Norden, *op. cit.*, S. 229 sq.; F. Klein, *op. cit.*, S. 66 sq. 等参照。

(21) K. D. Bracher, "Auflösung einer Demokratie: Das Ende der Weimarer Republik als Forschungsproblem", in *Faktoren der Machtbildung*, S. 68.

(22) E. O. Volkmann, *op. cit.*, SS. 356—358.

(23) *Ibid.*, S. 371 sq. なお，カップ一揆当時における将校，兵士の態度については，O. E. Schüddekopf, *op. cit.*, S. 109 sq. 参照。

(24) C. Severing, *op. cit.*, Bd. I, S. 264.

(25) K. Caro und W. Oehme, *Schleichers Aufstieg*, 1933, S. 114 und SS. 122—123, zitiert bei O. E. Schüddekopf, *op. cit.*, S. 114 und SS. 110—111.

(26) D. v. Choltitz, *Soldaten unter Soldaten*, 1951, S. 17.

(27) H. Franke, *Staat im Staate*, 1924, SS. 124—125, zitiert bei O. E. Schüddekopf, *op. cit.*, S. 99.

(28) O. Bauer, *op. cit.*, S. 99. なお，オーストリアにおける人民軍については，*Ibid.*, S. 96 sq. und S. 214 sq.; H. Benedikt hrsg., *Geschichte der Republik Österreich*, 1954, S. 52 sq. und S. 107 sq. 参照。

(29) R. Olden, *The Liberty in Germany*, pp. 145—146. その他，J. Leber, *Ein Man geht seinem Weg*, 1952, SS. 205—206 参照。

(30) G. Bernhard, *Die deutsche Tragödie: Der Selbstmord einer Republik*, 1933, SS. 50—51.

(31) これらについては，C. Endres, *Reichswehr und Demokratie*, 1919, S. 42 sq.; O. E. Schüddekopf, *op. cit*,. S. 97 sq. 参照。

(32) G. Noske, *Erlebtes aus Aufstieg und Niedergang einer Demokratie*, S. 128.

(33) K. D. Bracher, *op. cit.*, S. 62.

むすび

以上、本稿においては、先ずドイツ革命発生の力学《ダイナミクス》を論じたのち、次に、この革命の方向を決定すべき重大な争点《イシュ》をめぐってその後展開された、エリートと大衆《マス》の力学《ダイナミクス》を詳細に叙述してきた。もとより、この分析においては、ドイツ革命史上の諸事件が網羅的に取り上げられているわけではなく、論者の一定の問題視角から、若干の重要な問題がとくに分析の対象とされているにすぎない。しかし、これらの限定された考察をもってしても、革命の発展の動向が、当時におけるエリートの政治指導《リーダーシップ》のあり方と密接な聯関をもっていたことを理解しうるであろう。

しかし、この点に関しては、ドイツ革命における大衆《マス》の政治意識乃至目的意識の問題に着目し、そのレベルの低さから、ドイツ革命における発展の傾向を一概に否定し、第一次世界大戦後のドイツには、ブルジョア・デモクラシー樹立の途しかなかったことを主張する立場も存在しないではない。かかる見解の相違は、たしかに、当時における大衆《マス》の実体分析の如何による面も少くないが、しかし、この場合にはむしろ、大衆《マス》のエネルギーを機能的にいかに評価するかという点に問題の核心があり、この立場に立つ人々の多くが、意識的にであれ、無意識的にであれ、皮肉にも、大衆《マス》に高度の目的意識性を前提していることは否定することの出来ないところであろう。もとより、明確な目的意識をもった対抗大衆《カウンタ・マス》が現に存在し、また、ある時点においてかかる大衆《マス》が増大して、対抗《カウンタ》エリートの活動を容易ならしめるということも決して存在しえないことではないが、しかし、一般の大衆は、日常的な《利害《インテ》関係《レス》》から動くものであり、かかる《利害関係《インテレス》》から発するエネルギーは、エリートの政治指導《リーダーシップ》の如何によって、或は、組織に定着されて高度に政治的な機能を営み、或はまた逆に、何の効果を生むこともなく空しく消費されてしまうところのものなのである。エリートと大衆《マス》との機能関係を以上のように考えれば*、ドイツ革命においては、エリートの政治指導《リーダーシップ》に大きな欠陥があったことは等しく認めざるをえないところであろう。

ドイツ革命は、対抗《カウンタ》エリートの統一的な政治指導《リーダーシップ》なしに、既存体制の統合力の瓦壊と大衆《マス》の現状不満のエネルギーとによって勃発したが、革命発生後も、社会化、軍隊改革等の問題をめぐって、エリート、下層《サブ》エリート及び大衆《マス》の力学《ダイナミクス》が緊張した形において展開された。しかし、革命派の側における強力な政治指導《リーダーシップ》の欠如から、大衆《マス》のエネルギーは分散し、平常時《ノーマルシー》の思考様式に固執した社会民主党指導者の《不作為》によって、社会主義政策の実現もまた阻止された。このようにして、ドイツ革命においては、プロレタリア革命への途はもとより、社会民主主義への途もまた閉されるのやむなきに至ったのである。のみならず、ドイツ革命においては、大衆《マス》のはげしい要求をよそに、デモクラシーの安定のためには必須の措置であったところの、独占資本の解体及び民主的軍隊の建設すら行われず、結局、ドイツ・デモクラシーは制度的レベルのものに終らざるをえなくなった。ところで、かかる実体を欠いたデモクラシーはやがて解体の危機に当面する。そして、かかる危険は、未だ革命の余燼の尽きないころ、すでに社会民主党の内部においてすら指摘されていた。すなわち、一九一九年の党大会において、前経済相ヴィッセルは次のようにのべている。「革命が起ったにもかかわらず、人民はその希望が裏切られたと考えている。人民が政府に期待したことは何も実現されなかった。たしかに、われわれは形式的なデモクラシーを推進した。しかし、われわれは、マックス公によってはじめられたプログラムをただ継続したにすぎない。……われわれは正しいプログラムをもっていなかったために、大衆に鬱勃たる不満を抱かせ、彼らを満足させることが出来なかったのである。……わたくしは信ずる、歴史は、国民議会及び政府に対して、きびしい、辛辣な判定を下すであろう[1]」と。

ヴィッセルの指摘をまつまでもなく、当時大衆《マス》の間には、必ずしも明確な志向と内容とをもったものではないにせよ、たしかに、重要な争点《イシュ》をめぐって、現状不満に裏打ちされた新しい胎動が起りかけていた。しかし、当時ドイツには、かかる動向の歴史的意味を的確に把握し、これに形象と指導とを与えるエリートが存在していなかった。この革命が「世界史上歌をもたない、唯一つの革命であった」といわれる真の意味は、実はここにあるのである。たしかに、革命の側に立ったエリートは、歌を、ヴィジョンを与えることをしらなかった。そして、ドイツ革命の悲劇もまたここに胚胎する。事実、ドイツ革命後わずか十数年ののちに、歴史はこの共和国に「辛辣な判定」を下し、革命の乏しい所産すら、今や二〇世紀の無法者《アウトローズ》、ナチスの手によって打ち壊されるに至った。まことに、これは、《革命の叛逆》であるとともに、また、苛責なき《歴史の審判》であったといわなければならない。

＊　なお最近、政治における大衆の比重の増加に伴い、歴史学或は政治学の分野において、歴史乃至政治における指導者の役割に力点を注ぐ従来の方法論に対し、歴史乃至政治は民衆によって決定されるとして、そこにおける大衆乃至民衆の役割を強調しようとする見解が擡頭した。しかし、この際注意されなければならないことは、とくに、農民一揆や労働運動のごとき本来的な大衆運動が研究の対象とされる場合、当然のことながら、それが当時における歴史の展開に、直接いかなる影響力を及ぼしたかを分析することと、当時における政治状況の一断面を説明するために、或は、後の歴史に偉大なる影響力をもつに至った運動の源流をしるために、更にはまた、他の社会における歴史的発展と対比してその社会のひずみを検証するために、これらの運動の動態を分析することとが、予め区別されなければならないということである。ところで、革命の力学《ダイナミクス》を論じたところからも理解されうるように、一般に歴史は、エリート或は大衆という一方的要因によって動かされ

るものではなく、夫々機能を異にするエリート、下層《サブ》エリート——他の系列における対抗《カウンタ》エリート及び下層《サブ》エリートを含む——及び大衆の力学《ダイナミクス》によって決定され、しかも、この結合関係は歴史の発展段階に応じて夫々異る形態をとる。そして、この力学《ダイナミクス》が大衆《マス》の地位の向上した現代において——もとより、ノーマルな政治状況においても——もっとも緊張した形態をとるものであることはいうまでもないことである。

なお、本稿において使用される大衆《マス》という概念の意味については、すでにふれたが、一般に大衆《マス》といわれる場合にも、大別して、大衆的人間《オンム・マス》、すなわち標準化《ニヴェリールンク》された人間の集合体としてとらえられる場合（たとえば、マス・コミュニケーションや象徴操作の対象として）と、共通の利益乃至特徴をもち、またそのようなものとして行動する個々の社会層（たとえば、農民層、労働者層、青年層など）或はその集合体として把握される場合とがある。両者はしばしば実体的には同一物であるが、同一物が異った政治機能を営むところに問題があるのであり、かかる意味において、大衆《マス》は二重写しになった存在として考察さるべきものと思われる。本稿におけるがごとき、短期的な、また振幅のはげしい革命的状況を対象とする場合はともかく、ノーマルな政治状況を分析する場合にはとくにかかる観点に留意することが必要とされる。

（一九五六・六・三〇）

(1) *Protokoll S. P. D. 1919*, SS. 363—364.

むすび

あとがき

本書は、昭和二九年一〇月から昭和三一年七月までの間に、「ドイツ革命におけるエリートと大衆」という表題の下に、四回に亙って「国家学会雑誌」に分割掲載された論文に若干の追補とアレンジメントとを加えたものである。ところで、本書の輪廓が出来上ったのは、昭和二八年春、助手論文を作成したときのことであるから、筆者としてはこの論文に可成りの年月を費したことになる。

そもそも、筆者がドイツ現代史の研究に着手するに至った理由は、ワイマール共和国の解体の歴史をしると同時に、併せて現代デモクラシーの力学《ダイナミクス》の全貌をも把握せんがためであった。しかし、かかる分析を全うするためには、先ず、ドイツ革命、すなわち、ワイマール共和国の発端における政治の力学《ダイナミクス》を理解し、次に、一九二九年の大恐慌に至る間のデモクラシーの構造分析《ストラクチュラル・アナリシス》を行い、しかるのちに、共和国末期の政策決定《デイシジョン・メイキング》の過程を歴史的に、且つ立体的に——すなわち、社会の深みに亙って——追求することが必要であると考えられるに至った。本書におけるドイツ革命の動態分析は、以上のごとき問題視角から試みられたものであり、そのような意味において、本書は筆者のワイマール共和国研究の端緒であると同時に、またその一局面《ファセット》をなすものであるにすぎない。更に、方法論的に考えても、革命という短期間の、また極めて振幅のはげしい現象を分析する場合と、政治の力学《ダイナミクス》の変動が徐々に進行する平常時《ノーマルシー》乃至はその解体への途を分析する場合とは、その分析角度において自ら差異が生ずることは蓋し当然のことであろう。前者と後者とにおいては、政治指導《リーダーシップ》のあり方に偏差があることはいうまでもないが、更に、後者においては、たとえば、エリートの補充《リクルートメント》に関する保障の問題、社会的可動性《ソーシャル・モビリティ》の問題、或は、大衆の政治参与における革新的《プログレッシヴ》な側面と伝統的乃至退行的《リグレッシヴ》な側面との葛藤というがごとき、革命的状況における問題系列とは若干「次元《ダイメンション》」の異る問題が顕在化する。そして、現代政治の力学《ダイナミクス》は、これら革命的状況及び平常時《ノーマルシー》の両者の問題系列を処理しえたときにはじめて充分理解しうるようになるであろう。このようにして、かかる方法論的意味においてもまた、本書は現代政治研究の一局面《ファセット》をなすものであるにすぎない。

本書の執筆に当っては、以上のごとき研究の限界性を予め意識しつつ、分析に当った。しかし、本書が歴史研究として何らかの意味をもちうるためには、厳密な史料批判の上に立たなければならないことはいうまでもないことである。この際先ず問題となるのは、本書の対象としたドイツ革命は現在を溯ること僅か四〇年足らずの時点にあるということであり、わが国についていえば、それは丁度、「大正デモクラシー」の初期に相当する時点である。そして、現在わが国で行われている現代史論争が、専ら方法論及び責任論として展開され、史料批判をめぐる対決が殆ど問題とされていないことからも示されるごとく、このような新しい時代が果して厳密な史料批判乃至歴史考証の対象となりうるやいなやという疑問が生起するのはむしろ当然のことであるといわなければならない。しかし、ドイツ革命は、現在を溯ること僅か数十年の時点にあるとはいえ、それから発生したワイマール共和国は十数年後には早くも清算される運命に逢着し、しかも、ワイマール共和国に代って登場したナチ体制もやがて解体して、西独においては今や再び第二の共和国が、また、東独においては新たに人民民主主義国家が歴史の歩道を歩んでいる。このように、僅か四〇年足らずの間にも、ドイツの現代史は二度或は三度に亙って局面を転換した。そして、ドイツ現代史のかかる、いわば非連続的性格の故に、ドイツ革命は他の諸国における現代史上の諸事象とは異り、比較的歴史的評価を行い易い状況にあるということが出来るのである。

しかし、ドイツ革命の研究にとっては、かかる利点があるにもかかわらず、やはりそれは余りにも現代史的時点にあるため、史料操作の面で著しい困難があることは否定しうべくもない。参考文献の項にあげたごとく、当時における革命政権の一メンバーであったディットマンはなおチューリッヒに健在であり、現在回顧録をかきつつあるといわれている。この一事からもうかがいうるように、これからも新しい事実が発掘され、また不確定の事実が新たに確証されるということも勿論多々あるであろう。しかし、それであるからといって、ドイツ革命史のごとき現代史が歴史の研究分野から除外さるべきであるといういわれはなく、むしろ、現代史家は、現在において確定しうる事実を確証し、それらを相互に聯関させて、これに意味づけを与えることによって、信頼しうる歴史をかきつづる任務をもつものというべきであろう。ところで、全き歴史をかくことの困難さは、何も現代史のみに関することではなく、歴史を溯れば溯るほど、史料の乏しさから、この問題の切実さが一層大きく浮び上ってくる。そして、やや誇張したいい方をすることが許されるならば、歴史を下れば下るほど、たとえば、議事録・訴訟記録の保存とか、大衆の生活状態に対する記述・統計の豊富さとか、写真技術の発達とか、更には、史料価値に対する認識の普及とかによって、むしろ史料の量はより豊富になるとすらいうことが出来るであろう。ただ現代史においては、他のより古い時代における歴史と異り、新しい事実が発掘されて従来の定説がくつがえされる可能性が多いという、いわば相対的不安定性の故に、歴史研究が甚しく困難となるのであり、現存する豊富な史料から、現在において確定しうるところの事実を確証するということは、それ自体決して不可能なことではないのである。筆者は、現代史家の任務を以上のようなものと考え、及ばずながら、かかる方向において努力しようとしてきた。

しかし、われわれ歴史学者に負わされる負担は決して以上にはとどまらない。すなわち、それは外国にあって他国の分析をしなければならないものの負担である。すでに参考文献にあげられたところからも推察されうるように――しかも、上掲の文献は決して網羅的なものではない――、ドイツ革命に関しては、すでに現在夥しい文献が存在している。しかし、東洋の僻隅にあるわれわれにとっては、これらの文献のすべてを入手しうるということは殆ど夢想するに近いことである。筆者は幸に、岡義武先生の御蔵書、東大法学部及び経済学部研究室書庫、東大図書館、その他多くの人々の御好意によって、上記文献の三分ノ二以上、しかも、ドイツ革命、とくに本テーマの研究にとって重要な文献の多くは入手することが出来たし、また、古くは P. Fröhlich und A. Schreiner, *Die deutsche Sozialdemokratie*, 新しくは、O. E. Schüddekopf, *Heer und Republik* 等の中に収められた史料によって入手しえなかった若干の重要文献についてもその核心にふれることが出来たように思われる。但し、筆者の希望通りに文献を渉猟することが出来たならば、より緻密な分析が出来たであろうにと思われることも決して少くはなかった。このことはとくに義勇軍《フライコール》の分析についてあてはまる。また、たとえば、社会化の対象となった独占企業の資本構成とそれに対する労働者の対応関係（戦前においては、大企業ほど御用組合《イエロー・ユニオン》が多かった）に関する詳細な研究も、史料のより充全な利用と史料発掘のチャンスとが与えられたならば、恐らく不可能ではなかったであろう。もとより以上のごとき種々の側面から考え、本書には他にもなお多くの欠陥が指摘されうるであろうが、これらの点については、今後も一層の努力を傾注することによって、なお分析の発展を期する旨を附言して、大方の寛恕をお願いすることにしたい。

以上史料の問題に関し若干言及したが、もとより、歴史は史料の豊かさのみによって描き出されるものではない。

歴史学者は、現象の分析に当り、すでに一定の実証の段階をへた理論をもってこれに臨むものであり、また、その理論の正当性は、具体的歴史分析の過程において確証せられるとともに、その誤謬もまた同じくその過程において修正される。このように、確証と修正との循環を通して、理論はより一層高められ、また、それに比例して、現象の分析もより高度なものとなるのである。本書においても、そのような意味において、微力ながら、現象の理論的把握が試みられた。筆者の意図するところが現にいかに具現されたかいなかは別として、その意図のあるところを汲んでいただければ幸である。ところで、現代政治史に関する理論乃至見方が、その動態の必然性から、すぐれて政治学的な分析に基かなければならないということは、夙に筆者の構想してきたところのことであるが、ここは現代史の方法論を論ずべき場所ではないし、また前述した理由によって、本書において取り上げられた分析は、現代政治の一断面を照射するものにすぎないのであるから、歴史的・具体的な研究をはなれて、ここで徒らに現代史の方法論を展開することは恐らく当をえないことであろう。ただ、一定の政治的見方乃至実証的政治学理論をもってすれば、革命の分析においても、政策決定《デイシジョン・メイキング》を平面的に羅列する立場——いわゆる実証史学——や、現代政治の脈絡《コンテクスト》をはなれてある一事象のみをとくに過大評価する立場とは異り、史料に何らかの新しい意味づけを与ええないものではないことを附言するにとどめたい。

以上、歴史学者として、また政治学者としての筆者の能力をこえるがごとき発言を連ねてきたが、上述したように、本書の輪廓が出来上ったのはすでに三年も以前のことであり、従って、筆者としては、視座の柔軟性を保つべく不断につとめはしたものの、なおアイディアの固定化から、その後折角入手することの出来た数多くの史料が充分生かされなかったのではないかという危惧を抱かざるをえないし、また、これらの月日の間にも、直接ドイツ革命を取扱ったものではないにしても、それをカヴァーする優れた研究があらわれ、いくたびか筆者に教示と警告とを与えてくれたが、これまた筆者の構想の固定化によって、充分本書の中に活用されなかったうらみがなくはないであろう。そして更に、「国家学会雑誌」に各章を分割掲載して以来は、各論稿は筆者の手をはなれて、恰も一つの生命をもったもののように自己主張をし、このたびそれらを一冊の単行本に纏めるに当っても、充分な補正が出来なかったような次第である。しかし、むしろそのような構想の基本的ラインを固持した故か、近年発表されたドイツ革命に関する二つのモノグラフィー W. Tormin, *Zwischen Rätediktatur oder sozialer Demokratie*; R. Coper, *Failure of a Revolution* と比べて、本書には本書なりの特色があるように思われるのは、筆者にとって何よりのなぐさめである。

なお、註のつけ方に関して一言すれば、本書においては、註の二重システムが採用され、本文と内容的に直接的な聯関をもつ註は本文の間に、それ以外の主として引用註乃至統計註は節末に一括して掲載することにした。もとより、統計的な註でありながら、本文の間に挿入された少数の例もないではないが、この選別はあくまでも、本文との聯関性の濃度如何によって決定されたものである。筆者としては、論旨の全体がより容易に把握されうるようという考慮から、かかるシステムを採用したが、しかし、このような新しい方法を使用したため却って読みにくい箇所が出来たこともまた少くはないかもしれない。本書全体の論旨及び史料操作についてはもとより、この点に関してもまた御批判、御叱正がいただければ幸甚である。

さて、筆者は、ドイツ革命の研究に着手するに至ってまもなく、病臥のため、その研究をしばらく中断するのやむなきに立至った。そして、やがて小康をうるに至ったのちも、読書のためには、あの寝台用書見器の厄介にならなければならなかった。かくして、この研究の基盤となった文献の中には、この書見器の手助けによって辛うじてひもとくことの出来たものも少くない。いま戸袋の片隅に埃まみれになっている書見器をみるにつけ、とるに足らないものではあろうが、この研究の生い立ちには限りない愛着を覚える。それにしても、このような恵まれない肉体的状況にあって、この研究が曲りなりにも一応の形をなすことが出来たのは、ひとえに、公私に亙って、拙い筆力では到底表現し尽すことの出来ないほどの御恩顧をかたじけなくした恩師岡義武先生のお力添えによるものである。先生のこのような海岳の御恩を思い出すにつけても、いまこのような形で本書を出版することは、筆者にとって一つの喜びであると同時に、他方、いささかうしろめたいような気持をもまた禁じえない。筆者としては、機会をみてこの研究の一層の発展につとめるとともに、同時に政治学者として、また歴史学者として、今後ワイマール共和国の全面的《トータル》な分析を成就して、より満足しうる成果をあげることによって、師の限りない御恩顧の一端におむくいすることが出来ればと願うばかりである。

最後に、このような研究の出版について非常な御尽力をいただき、また、いろいろ筆者の無理な注文を心よく受け入れて下さった大野欣一氏に対して、心から感謝の念を捧げたい。

一九五六年八月

著者

9784007303531

ISBN978-4-00-730353-1

C3022 ¥6600E

1923022066009

定価(本体 6600 円 + 税)

■岩波オンデマンドブックス■

ドイツ革命史序説――革命におけるエリートと大衆

1956年10月25日　第1刷発行
2000年6月21日　第18刷発行
2016年1月13日　オンデマンド版発行

著　者　篠《しの》原《はら》　一《はじめ》

発行者　岡本　厚

発行所　株式会社　岩波書店
〒101-8002　東京都千代田区一ツ橋2-5-5
電話案内　03-5210-4000
http://www.iwanami.co.jp/

印刷／製本・法令印刷

ISBN 978-4-00-730353-1　　Printed in Japan

ドイツ革命に関する文献

I　イ）史料集，年表及び統計

Hohlfeld J., *Deutsche Reichsgeschichte in Dokumenten 1849—1926,* Bd. II, Berlin, 1927.

Forsthoff E., *Deutsche Geschichte von 1918 bis 1938 in Dokumenten,* Stuttgart, 1943.

Mielcke K., *Dokumente zur Geschichte der Weimarer Republik,* Braunschweig, 1951.

Hohlfeld J. hrsg., *Dokumente der deutschen Politik und Geschichte von 1848 bis zur Gegenwart,* Bd. II und Bd. III, Berlin, o. J.

Braun A., *Sturmvögel der Revolution : Aktenstücke zur Vorgeschichte der Revolution,* Berlin, 1919.

Drahn E. und Leonhard S. hrsg., *Unterirdische Literatur im revolutionären Deutschland während des Weltkrieges,* Berlin, 1920.

Kamnitzer H. und Mammach K., " Aus Dokumenten zur Vorgeschichte der deutschen Novemberrevolution ", *Zeitschrift für Geschichtswissenschaft,* I (1953) Heft 5.

Die Ursachen des Deutschen Zusammenbruchs im Jahre 1918, vierte Reihe im Werk des Parlamentarischen Untersuchungsausschusses, 12 Bde., Berlin, 1925—1928.

Lutz R. H. ed., *Documents of the German Revolution,* Stanford, 1932.

Die Wirren in der Reichshauptstadt und im nördlichen Deutschland 1918—1920, Berlin, 1940.

Volz H. bearb., *Dokumente der Deutschen Politik : Novemberumsturz und Versailles 1918—1919,* 2 Bde., Berlin, 1942.

Die Parteien und das Rätesystem, Charlottenburg, 1919.

Die Programme der S. P. D., U. S. P. D. und K. P. D., Revolutionsbibliothek Nr. 3, Berlin, 1919.

Salomon F., *Die deutschen Parteiprogramme,* Bd. III, Leipzig, 1922.

Fröhlich P. und Schreiner A., *Die deutsche Sozialdemokratie : Vierzehn Jahre im Bunde mit dem Kapital,* Berlin, 1928.

Spartakus im Kriege, Berlin, 1927.

Escherich-Hefte : Der Kommunismus in München, 2. Teil, I und II, München, o. J.

Zur Geschichte der Kommunistischen Partei Deutschlands: Eine Auswahl von Materialien und Dokumenten aus den Jahren 1914—1946, 2. Aufl., Berlin, 1955.

Bericht der Sozialisierungskommission über die Frage der Sozialisierung des Kohlenbergbaues vom 31. Juli 1920, Anhang: *Vorläufiger Bericht vom 15. Februar 1919,* 3. Aufl., Berlin, 1921.

Darstellung aus den Nachkriegskämpfen deutschen Truppen und Freikorps, 8 Bde., 1936—1942.

Vorgeschichte des Waffenstillstandes, hrsg. im Auftrage des Reichsministeriums des Innern, Berlin, 1919.

Materialien betreffend die Waffenstillstandsverhandlugen, hrsg. im Auftrage der Waffenstillstandskommission, Berlin, 1920.

Der Waffestillstand 1918—1919: Das Dokumentenmaterial der Waffenstillstandsverhandlungen von Compiègne, Spa, Trier und Brüssel, 3 Bde., Berlin, 1928.

Papers Relating to the Foreiqn Relations of the United States 1919, vol. Ⅱ, Washington, 1942.

Documents on British Foreign Policy 1919—1939, 1st series vol. Ⅲ, London, 1949.

Epstein F. T. hrsg., "Zwischen Compiègne und Versailles: Geheime amerikanische Militärdiplomatie in der Periode des Waffen stillstandes 1918—1919, die Rolle des Obersten Arthur L. Conger", *Vierteljahrshefte für Zeitgeschichte,* Ⅲ (1955) Heft 4.

Drahn E. und Friedegg F. hrsg., *Deutscher Revolutionsalmanach 1919,* Berlin-Hamburg, 1919.

Horkenbach C., *Das deutsche Reich von 1918 bis heute,* Berlin, 1930.

Statistisches Jahrbuch für das deutschen Reich 1919, Berlin, 1919.

Statistisches Jahrbuch für das deutschen Reich 1920, Berlin, 1920.

ロ) 議事録

Allgemeiner Kongress der Arbeiter- und Soldatenräte Deutschlands vom 16.—21. Dezember 1918, Stenographischer Bericht, Berlin, 1919.

Die deutsche Nationalversammlung im Jahre 1919 in ihrer Arbeit für den Aufbau des neuen deutschen Volksstaates, 9 Bde., Berlin, 1919—1920.

Protokoll über die Verhandlungen des Parteitages der S. P. D. 1917, Berlin, 1917.

Protokoll über die Verhanlungen des Parteitages der S. P. D. 1919, Berlin, 1919.

Protokoll über die Verhandlungen des Parteitages der S. P. D. 1920, Berlin, 1920.

Protokoll der gemeinsamen Sitzung des Parteiausschusses und der Reichstagsfraktion (der S. P. D.) *1918.*

Protokoll der Parteikonferenz (der S. P. D.) *1919.*

Deutscher Sozialistentag : Protokoll der Konferenz für Einigung der Sozialdemokratie, Berlin, 1919.

Protokoll über die Verhandlngen des Gründungsparteitages der U. S. P. D. 1917, Berlin, 1921.

Protokoll über die Verhandlungen des ausserordentlichen Parteitages der U. S. P. D. 1919 (März).

Bericht über den Gründungsparteitag der K. P. D. (*Spartakusbund*) *vom 30. Dezember 1918 bis 1. Januar 1919,* Berlin, 1919.

Protokoll der Verhandlungen des 10. Kongresses der Gewerkschaften Deutschlands, Berlin, 1919.

Verhandlungen der Sozialisierungskommission über den Kohlesbergbau im Jahre 1918—1919, Berlin, 1921.

Verhandlungen der Sozialisierungskommission über den Kohlenbergbau im Jahre 1920, 2 Bde., Berlin, 1920.

Verhandlungen der Sozialisierungskommission über die Kaliwirtschaft, Berlin, 1921.

ハ） 法令集

Reichs=Gesetzblatt 1918 und *1919,* Berlin, 1918—1919.

Grotefend G. A. und Cretschmar C. hrsg., *Das gesamte deutsche und preussische Gesetzgebungs-Material Jg. 1919* und *1920,* Düsseldorf.

Schlegelberger F. hrsg., *Kriegsbuch : Die Kriegsgesetze mit der amtlichen Begründung und der gesamten Reichssprechung und Rechtslehre,* Bd. IX—Bd. XI, Berlin, 1920—1921.

ニ） 定期刊行物及びその集録

Preussische Jahrbücher (1918—1920)

Vorwärts (1883—1922)

Sozialistische Monathefte (1897—1922)

Die Neue Zeit (1883—1922)

Die Freiheit (1918—1919)

Die Rote Fahne (1918—1919)

ドイツ革命に関する文献

Ahnert K., *Die Entwicklung der deutschen Revolution und das Kriegsende in der Zeit vom 1. Oktober bis 30. November 1918 in Leitartikeln, Extrablättern, Telegrammen, Aufrufen und Verordnungen nach den führenden deutschen Zeitungen*, Nürnberg, 1918.

Buchner E., *Revolutionsdokumente: Die deutsche Revolution in der Darstellung der zeitgenössischen Presse, Bd. I: Im Zeichen der roten Fahne*, Berlin, 1921.

Schulthess' Deutscher Geschichtskalender: Vom Waffenstillstand bis zum Frieden von Versailles, Leipzig, 1919.

Schulthess' Europäischer Geschichtskalender 1918, München, 1922.

Schulthess' Europäischer Geschichtskalender 1919, München, 1923.

Deutscher Geschichtskalender (begründet von K. Wippermann), *Ergänzungsband: Die deutsche Revolution*, 2 Bde., Leipzig, o. J.

＊ なお，当時における定期刊行物とくに新聞の詳細については，Tormin W. 及び Berlau A. J. の著書巻末の参考文献参照.

II メモワール，著作，伝記及び研究書

Altrock W. F. K. v., *Deutschlands Niederbruch*, Berlin, 1919.

Anderson E., *Hammer oder Amboss: Zur Geschichte der deutschen Arbeiterbewegung*, Nürnberg, 1948.

Apelt W., *Geschichte der Weimarer Verfassung*, München, 1946.

Bane S. L. and Lutz R. H., *The Blocade of Germany after the Armistice*, London, 1942.

Barraclough G., *The Origins of Modern Germany*, Oxford, 1946.

Barth E., *Aus der Werkstatt der deutschen Revolution*, Berlin, 1919.

Batocki A. v., *Schluss mit der Kriegszwangswirtschaft*, Berlin, 1921.

Baudert, *Sachsen-Weimars Ende*, Weimar, 1923.

Bauer M., *Der Grosse Krieg in Feld und Heimat*, Tübingen, 1921.

Baumgarten O. hrsg., *Die Schuld am deutschen Zusammenbruch: Tagebuchblätter eines höheren preussischen Verwaltungsbeamten*, Tübingen, 1919.

Baumont M., *L'abdication de Guillaume* II, Paris, 1930.

Beckmann E., *Der Dolchstossprozess in München vom 19. Oktober bis 20. November 1925*, München, 1925.

Benoist-Méchin J., *Histoire de l'armée allemande 1919—1936*, tom. I, Paris, 1936—1938.

Berger M., *Germany after Armistice*, New York-London, 1920.

Bergsträsser L., *Geschichte der politischen Parteien in Deutschland*, 7. Aufl., München, 1952.

Berlau A. J., *The German Social Democratic Party 1914—1921*, New York, 1949.

Berndorff H. R., *General zwischen Ost und West: Aus den Geheimnissen der deutschen Republik*, Hamburg, 1951.

Bernhard G., *Die deutsche Tragödie: Der Selbstmord einer Republik*, Prag, 1933.

Bernhard H., *Wirtschaftsparlamente: Von den Revolutionsräten zum Reichswirtschaftsrat*, Wien- Leipzig- München, 1923.

Bernstein E., *Die deutsche Revolution*, Berlin, 1921.

Bernstein R., *Der Kapp-Putsch und seine Lehren*, Berlin, 1935.

Bernstorff J. H., *Deutschland und Amerika*, Berlin, 1920.

——, *Erinnerungen und Briefe*, Zürich, 1936.

Berthelot M., *Works Councils in Germany*, Geneva, 1924.

Bethmann-Hollweg Th. v., *Betrachtung zum Weltkriege*, 2 Bde., Berlin, 1919—1921.

Bevan E., *German Social Democracy during the War*, London, 1918.

Beyer H., " Die bayerische Räterepublik 1919", *Zeitschrift für Geschichtswissenschaft*, II (1954.) Heft 2.

Bley F., *Am Grabe des deutschen Volkes*, Berlin, 1919.

Blos W., *Von der Monarchie zum Volksstaat*, 2 Bde., Stuttgart, 1922—1923

Blücher W. v., *Deutschlands Weg nach Rapallo*, Wiesbaden, 1951.

Bonn M. J., *Wanderling Scholar*, London, 1949.

——, *So macht man Geschichte?*, München, 1953.

Borkenau F., *The Communist International*, London, 1936.

Bouton S. M., *Das Ende der Grossmacht Deutschland*, Berlin, 1923.

Bracher K. D., " Auflösung einer Demokratie: Das Ende der Weimarer Republik als Folschungsproblem ", in *Faktoren der Machtbildung*, Berlin, 1952.

Brammer K., *Der Prozess des Reichspräsidenten*, Berlin, 1925.

Brandler H., *Durch die Räte zur Einheit der Arbeiterklasse und zum Sozialismus*, Chemnitz, 1919.

Brauer Th., *Das Betriebsrätegesetz und die Gewerkschaften*, Jena, 1920.

Braun M. J., *Die Lehren des Kapp-Putsches*, Leipzig, 1920.

Braun O., *Von Weimar zu Hitler*, New York, 1940.

Braunweiller H., *Generale in der deutschen Republik: Groener, Schleicher, Seeckt*, Berlin, 1932.

Breithaupt W., *Volksvergiftung 1914—1918*, Berlin, 1925.

Breucker W., *Die Tragik Ludendorffs*, Stollhamm, o. J.
Breves W., *Bremen in der deutschen Revolution*, Bremen, 1919.
Brigl-Matthiass K., *Das Betriebsräteproblem*, Berlin-Leipzig, 1926.
Brockdorff-Rantzau U. v., *Dokumente*, Charlottenburg, 1920.
Büchner K., *Die Sozialisierung*, Tübingen, 1919.
Busch O., *Schwarz-Rot-Gold*, Offenbach/Main, 1954.
Car, E. H., *German-Soviet Relations between the Two World Wars 1919—1939*, Baltimore, 1951.
Caro K. und Oehme W., *Schleichers Aufstieg: Ein Beitrag zur Geschichte der Gegenrevolution*, Berlin, 1933.
Choltitz D. v., *Soldaten unter Soldaten*, Konstanz-Zürich-Wien, 1951.
Clark R. T., *The Fall of the German Republic*, London, 1935.
Cohen. M., "Arbeiter- und Soldatenräte", in *Handbuch der Politik*, Bd. Ⅱ, Berlin-Leipzig, 1920.
Cohen-Reuss M., *Der Aufbau Deutschlands und der Rätegedanke*, Berlin, 1919.
Coper R., *Failure of a Revolution*, Cambridge, 1955.
Craig G. A., *The Politics of the Prussian Army 1640—1945*, Oxford, 1955.
Crasemann F., *Freikorps Maercker*, Hamburg, 1920.
Daniels H. G., *The Rise of the German Republic*, London, 1927.
Däumig E., *Der Aufbau Deutschlands und das Rätesystem: Korreferat und Schlusswort auf dem 2. Rätekongress*, Berlin, 1919.
David E., *Die Sozialdemokratie im Weltkriege*, Berlin, 1915.
Die deutsche Wehrmacht 1914—1939: Rückblick und Ausblick, Berlin, 1939.
Die deutschnationale Volkspartei und die Militärputsch vom 13. März 1920, Berlin, 1920.
Diederichs O., *Die staatspolitische und staatsrechtliche Entwicklung des Landes Braunschweig nach Revolutin von 1918*, Jena, 1930.
Diehl K., *Die Diktatur des Proletariats und das Rätesystem*, Jena, 1920.
Dietz O., *Der Todesgang der deutschen Armee*, Belin, 1919.
Direnberger E., *Die Beziehungen zwischen Oberster Heeresleitung und Reichsleitung von 1914—1918*, Berlin, 1936.
Dittmann W., *Wie alles kam: Deutschlands Weg seit 1914*（現在なお未出版）.
Döblin A., *November 1918*, 3 Bde., Freiburg-München, 1948—1950

(記録小説).
Dorpalen A., " Empress Auguste Victoria and the Fall of the German Monarchy ", *American Historical Review*, LVIII No. 1 (October 1952).
Ebert F., *Schriften, Aufzeichnungen, Reden*, 2 Bde., Dresden, 1926.
——, *Kämpfe und Ziele*, Dresden, 1929.
Friedrich Ebert und seine Zeit, Charlottenberg, o. J.
Ehrhardt H., *Kapitän Ehrhardts Abenteuer und Schicksale*, Berlin, 1924.
Eichhorn E., *Über die Januar-Ereignisse: Meine Tätigkeit im Berliner Polizeipräsidium und mein Anteil an den Januar-Ereignissen*, Berlin, 1919.
Eisner K., *Die neue Zeit*, München, 1919.
——, *Gesammelte Schriften*, 2 Bde., 1919.
——, *Schuld und Sühne*, Berlin, 1919.
Eltzbacher P., *Die neuen Parteien und ihre Programme*, Berlin, 1919.
Endre F. C., *Reichswehr und Demokratie*, München-Leipzig, 1919.
——, "Die militärische Entrechtung Deutschlands", in *Handbuch der Politik*, Bd. II, 1920.
Endres F. K., *Der Tragödie Deutschlands*, Stuttgart, 1929.
Erdmann K., *Der Missbrauch der Revolution*, Berlin, 1919.
Erzberger M., *Erlebnisse im Weltkriege*, Stuttgart-Berlin, 1920.
Eschenberg Th., *Der Beamte in Partei und Parlament*, Frankfurt/Main, 1952.
——, *Die improvisierte Demokratie der Weimarer Republik*, Laupheim, o. J.
Eyck. E., *Geschichte der Weimarer Republik*, Bd. I, Zürich-Stuttgart, 1954.
Fainsod M., *International Socialism and the World War*, Cambridge, 1935.
Felden E., *Eines Menschen Weg: Friedrich Eberts Leben*, Bremen, 1927.
Fell H. W., *Soldatenräte oder Vertrauensleute?*, Leipzig, 1920.
Fischer A., *Die Revolutions-Kommandandantur Berlin*, Berlin, 1922.
Fischer R., *Stalin and German Communism*, Cambridge, 1948.
Flechtheim O. K., *Die K. P. D. in der Weimarer Republik*, Offenbach/Main, 1948.
Fliess P. J., *Freedom of the Press in the German Republic 1918—*

1933, Baton Rouge, 1955.

Foerster W., *Der Feldherr Ludendorff im Unglück*, Wiesbaden, 1952.

Franke H., *Staat im Staate*, Magdeburg, 1924.

Fraser L., *Germany between Two Wars : A Study of Propaganda and War Guilt*, London, 1944.

Fried H. E., *The Guilt of the German Army*, New York, 1942.

Friedensburg F., *Die Weimarer Republik*, Berlin, 1946.

Friedrich A., *Staat und Energiewirtschaft*, Berlin, 1936.

Fröhlich P., *10 Jahre Krieg und Bürgerkrieg*, 2. Aufl., 1924.

——, *Rosa Luxemburg : Gedanke und Tat*, Hamburg, 1949.

Gentizon P., *La rēvolution allmande*, Paris, 1919.

——, *L'armée allmande depuis la défaite*, Paris, 1920.

" The German Revolution ", *International Conciliation*, No, 137 (April 1919).

Gessner L., *Der Zusammenbruch des zweiten Reiches : Seine politischen und militarischen Lehren*, München, 1937.

Geyer C., *Der Radikalismus in der deutschen Arbeiterbewegung*, Jena, 1923.

Goltz R., *Meine Sendung in Finnland und im Baltikum*, Leipzig, 1920.

Görlitz W., *Der deutsche Generalstab : Geschichte und Gestalt 1657—1945*, Frankfurt/Main, 1950.

——, *Hindenburg*, Bonn, 1953.

Got A., *La terreur en Bavière*, Paris, 1922.

Groener-Geyer D., *General Groener : Soldaten und Staatsmann*, Frankfurt/Main, 1955.

Grotewohl O., *Dreissig Jahre später*, Berlin, 1952.

Grzesinski A. C., *Inside Germany*, New York, 1939.

Guillebraud R., *The Works' Councils in Germany*, Cambridge, 1928.

Gutmann F., *Das Rätesystem : Seine Verfechter und seine Probleme*, München, 1922.

Haas L., " Der Druck auf die Mittelmächte während des Waffenstillstandes", in *Handbuch der Politik*, Bd. II , 1920.

Haase E., *Hugo Haase : Seine Leben und Wirken*, Berlin, 1929.

Haenisch K., *Die deutsche Sozialdemokratie in und nach dem Weltkriege*, Berlin, 1919.

——, " Die Ursachen der deutschen Revolution", in *Handbuch der Politik*, Bd. II , 1920.

Hall J. und Plate F., *Begründung der aus dem Kriege heimgekehrten Studierenden am 16. Februar*, Tübingen, 1919.

Halperin S. W., *Germany Tried Democracy*, New York, 1946.

Hanssen H. P., *Diary of a Dying Empire*, Bloomington, 1955.

Harden M., *Köpfe*, 4 Bde., Berlin, 1910—1924.

Haussmann C., *Schlaglichter*, Frankfurt/Main, 1924.

Hedemann J. W., *Die Fortschritte des Zivilrechts im XIX. Jahrhundert*, Teil Ⅱ, Berlin, 1930.

Heinz F. W., *Sprengstoff*, Berlin, 1930.

——, *Die Nation greift an: Geschichte und Kritik des soldatischen Nationalismus*. Berlin, 1932.

Helfferich K., *Der Weltkrieg*, 3 Bde., Berlin, 1919.

Hentig H. v., *Aufsäte zur deutschen Revolution*, Berlin, 1919.

Herkner H., *Die Arbeiterfrage*, Bd. Ⅱ., 8. Aufl., Berlin-Leipzig, 1922.

Hertling G., *Erinnerungen aus meinem Leben*, 3 Bde., München, 1919.

Hertling K. v., *Ein Jahr in der Reichskanzlei*, Freiburg, 1919.

Herz L., *Die Abdankung*, Leipzig, 1924.

Herzfeld H., *Die deutsche Sozialdemokratie und die Auflösung der nationalen Einheitsfront im Weltkriege*, Leipzig, 1928.

Heydebreck P. v., *Wir Wehrwölfe: Erinnerungen eines Freikorpsführers*, Leipzig, 1931.

Hilferding R., *Revolutionäre Politik oder Machtillusionen?*, Berlin, 1920.

Hilger G. and Meyer A. G., *The Incompatible Alliance*, New York, 1953.

Hindenburg P. v., *Aus meinem Leben*, Leipzig, 1920.

Hofmiller J., *Revolutionstagebuch 1918*, Leipzig, 1938.

Horten A., *Sozialisierung und Wiederaufbau*, Berlin, 1920.

Hotzel C. hrsg., *Deutscher Aufstand: Die Revolution des Nachkriegs*, Stuttgart, 1934.

Hué O., *Die Sozialisierung der deutschen Kohlenwirtschaft*, Berlin, 1921.

Huldermann B., *Albert Ballin*, Berlin, 1922.

Illustrierte Geschichte der deutschen Revolution, Berlin, 1929.

Jansen R., *Der Berliner Militärputsch und seine politischen Folgen*, Berlin, 1922.

Kantorowitz L., *Die sozialdemokratische Presse Deutschlands*, Tübingen, 1922.

Kaufmann W. H., *Monarchism in the Weimar Republic*. New York, 1953.

Kautsky K., *Sozialdemokratische Bemerkungen zur Übergangswirtschaft*, Leipzig, 1918.

——, *Demokratie oder Diktatur*, Berlin, 1919.

Keil W., *Erlebnisse eines Sozialdemokraten*, 2 Bde., Stuttgart, 1948.

Klein F., *Die diplomatischen Beziehungen Deutschlands zur Sowjetunion 1917—1932*, Berlin, 1952.

Kochan L., *Russia and the Weimar Republic*, Cambridge, 1954.

Koenen B., "Novembertage in den Leunawerken und in Berlin", *Unser Kurs*, 1948.

Koeth, " Die wirtschaftliche Demobilmachung", in *Handbuch der Politik*, Bd. Ⅲ, 1921.

Kommunistische Partei Deutschlands (Zentrale der), *Die Enthüllungen zu den Märzkämpfen*, Halle, 1922.

Kuczynski J., *Die Geschichte der Lage der Arbeiter in Deutschland*, Bd. I, Berlin, 1949.

Kunina A. F., *Das Fiasko der amerikanischen Weltherrschaftspläne 1917—1920*, Berlin, 1953 (Aus. Russ.).

Kuttner E., " Von Kiel bis Berlin ", in *Handbuch der Politik*, Bd. Ⅱ, 1920.

Lamprecht K., *Regiment Reichstag*, Hamburg-Bergedorf, 1931.

Landsberg O., *The Germans at Versailles*, London, 1930.

Leber J., *Ein Mann geht seinen Weg*, Frankfurt/Main, 1952.

Ledebour G., *Der Ledebour Prozess*, Berlin, 1921.

Georg Ledebour : Mensch und Kämpfer, Zürich, 1954.

Lensch P., *Drei Jahre Weltrevolution*, Berlin, 1915.

Lewinsohn L., *Die Revolution an der Westfront*, Charlottenburg, o. J.

Liebknecht K., *Reden und Aufsätze*, hrsg. J. Gumperz, Hamburg, 1921.

——, *Ausgewählte Reden, Briefe und Aufsätze*, Berlin, 1952.

Linnfeld H., *Beiträge zur Vorgeschichte der Novemberrevolution von 1918*, Hamburg, 1933.

Lips E., *Die Entwicklung des modernen Rätegedankens*, Heidelberg, 1923.

Löbe P., *Der Weg war lang*, Berlin, 1954.

Löwenstein H. Prinz. v., *Stresemann*, Frankfurt/Main, 1952.

Luckau A. M., *The German Delegation at the Peace of Conference*, New York, 1941.

Ludendorff E., *Entgegung auf das amtliche Weissbuch: "Vorgeschichte des Waffenstillstandes"*, Berlin, 1919.

——, *Meine Kriegserinnerungen*, Berlin, 1920.

——, *Urkunde der Obersten Heeresleitung*, Berlin, 1920.

——, *Kriegsführung und Politik*, Berlin, 1922.

Luehr E., *The New German Rebublic*, New York, 1929.

Lüttwitz W. v., *Im Kampf gegen die November-Revolution*, Berlin, 1933.

Luxemburg, Rosa, *Die Krise in der Sozialdemokratie*, Zürich, 1916.

——, *Die russische Revolution*, Frankfurt/Main, 1922.

——, *Gesammelte Werke*, 3 Bde., Berlin, 1925—1928.

——, *Ausgewählte Reden und Schriften*, 2 Bde., Berlin, 1951.

Maercker L. R., *Vom Kaiserheer zur Reichswehr*, Leipzig, 1921.

Mann R., *Mit Ehrhardt durch Deutschland: Erinnerungen eines Mitkämpfers von der 2. Marinebrigarde*, Berlin, 1921.

Marck S., *Reformismus und Radikalismus der deutschen Sozialdemokratie*, Berlin, 1927.

——, *Sozialdemokratie*, Berlin, 1931.

Marx H., *Handbuck der Revolution in Deutschland 1918—1919*, Bd. I, Berlin, 1921.

Matthias E., *Sozialdemokratie und Nation*, Stuttgart, 1952.

Max von Baden, *Erinnerungen und Dokumente*, Stuttgart-Berlin-Leipzig, 1927.

Meyer G., *Erinnerungen: Vom Journalisten zum Historiker der deutschen Arbeiterbewegung*, Zürich-Wien, 1949.

Meinecke F., *Nach der Revolution*, München, 1920.

——, *Staat und Persönlichkeit*, Berlin, 1933.

——, *Strassburg, Freiburg, Berlin 1901—1919*, Stuttgart, 1949.

Mencke-Glückert E., *Die Novemberrevolution 1918*, Leipzig, 1919.

Meuer Ch., "Die vierzehn Punkte Wilsons und die Grundlagen des Friedens", in *Handbuch der Politik*, Bd. Ⅱ, 1920.

Mielcke K., *Geschichte der Weimarer Republik*, Braunschweig, 1954.

Moldenhauer P., "Die Abtrennungsbestrebung in Deutschland", in *Handbuch der Politik*, Bd. Ⅱ, 1920.

Mordacq H., *L'armistice du 11. novembre 1918*, Paris, 1937.

Morgan J. H., *Assize of Arms : The Disarmament of Germany and her Rearmament 1919—1939*, New York, 1946.

Müller-Franken H., " Zur Geschichte des ' Zu Spät ' ", *Die Gesellschaft*, 1925 Bd. I.

——, " Der Obmann als Geschichtsschreiber ", *Die Gesellschaft*, 1925 Bd. I.

——, " Der Geburtswehen der deutschen Republik", *Die Gesellschaft*, 1926 Bd. I

——, " Die letzte Kanzler des Kaiserreich ", *Die Gesellschaft*, 1927 Bd. II.

——, *Die November-Revolution : Erinnerungen*, Berlin, 1931.

Müller R., *Vom Kaiserreich zur Republik*, 2 Bde., Wien, 1924—1925.

——, *Der Bürgerkrieg in Deutschland*, Berlin, 1925.

Münzenberg W., *Von der Revolt zur Revolution*, Berlin, 1919.

Nestriepke S., *Die Gewerkschaftsbewegung*, Bd. II, Stuttgart, 1921.

Neu H., *Die revolutionäre Bewegung auf der deutschen Flotten 1917—1918*, Stuttgart, 1930.

Neumann S., *Die deutsche Parteien*, Berlin, 1932.

Neurath O., *Vollsozialisierung*, Jena, 1920.

Niederbruch und Aufstieg: Weg zu Deutschlands Errettung, von einem Staatsmann, Leipzig 1921.

Niemann A., *Die Entthronung Kaiser Wilhelms II*, Leipzig, 1924.

——, *Revolution von Oben——Umsturz von Unten*, Berlin, 1927.

——, *Kaiser und Heer*, Berlin, 1929.

Norden A., *Zwischen Berlin und Moskau : Zur Geschichte der deutsch-sowjetischen Beziehungen*, Berlin, 1954.

Noske G., *Von Kiel bis Kapp*, Berlin, 1920.

——, *Erlebtes aus Aufstieg und Niedergang einer Demokratie*, Offenbach/Main, 1947.

Nowak K. F., *Der Sturz der Mittelmächte*, München, 1921.

Obermann K., *Die Beziehungen des amerikanischen Imperialismus zum deutschen Imperialismus in der Zeit der Weimarer Republik* (*1918—1925*), Berlin, 1952.

Oelssner F., *Rosa Luxemburg: Eine kritische biographische Skizze*, Berlin, 1952 (杉山忠平訳『ローザ・ルクセンブルク——その生涯と業績』理論社，昭和 30 年).

Oertzen F. W. v., *Die deutschen Freikorps 1918—1923*, 5. Aufl.,

München, 1939.

Olden R., *Stresemann*, Berlin, 1929.

——, *Warum versagten die Marxisten ?*, Paris, 1934.

——, *The History of Liberty in Germany*, London, 1946.

——, *Hindenburg oder der Geist der preussischen Armee*, Nürnberg, 1948.

Oliveira A. R., *A People's History of Germany*, London, 1942.

Otto D., *Friedrich Ebert : Ein Demokrat und Staatsmann*, Offenbach/Main, 1952.

Pachnicke H., " Der Ruf nach der Nationalversammlung ", in *Handbuch der Politik*, Bd. II, 1920.

——, " Errungenschaften und Auswüchse der Revolution ", in *Handbuch der Politik*, Bd. II, 1920.

Payer F., *Von Bethmann-Hollweg bis Ebert*, Frankfurt/Main, 1923.

Peters M., *Friedrich Ebert*, 2. Aufl., Berlin, 1954.

Phelps R. H., " Aus den Groener-Dokumenten I, II und IV ", *Deutsche Rundschau*, LXXVI Heft 7, 8 und 10 (Juli, August und Oktober 1950).

Pieck W., *Reden und Aufsätze*, 2 Bde., Berlin, 1952 (部分訳——大木理人訳『ドイツ共産党の歴史』青木書店, 昭和 29 年).

Popp L. und Artelt K., *Ursprung und Entwicklung der Novemberrevolution 1918*, Kiel, 1918.

Prager E., *Geschichte der U. S. P. D.*, Berlin, 1921.

Price P., *Germany in Transition*, London, 1923.

Quessel L., *Der moderne Sozialismus*, Berlin, 1919.

Rabenau F. v., *Seeckt : Aus seinem Leben 1918—1936*, Leipzig, 1940.

Radbruch G., *Der innere Weg : Aufriss meines Leben*, Stuttgart, 1951.

Radek K., *Die deutsche Revolution*, Moskau, 1918.

——, *In den Reihen der deutschen Revolution 1909—1919*, München, 1921.

——, *Rosa Luxemburg, Karl Liebknecht, Leo Jogiches*, Hamburg, 1921.

Rathenau F., *Parlament und Räte*, Berlin, 1919.

Rathenau W., *Autonome Wirtschaft*, Jena, 1919.

——, *Der neue Staat*, Berlin, 1919.

——, *Die neue Wirtschaft*, Berlin, 1921.

——, *Gesammelte Schriften*, 5 Bde., Berlin, 1925.

Reinhard W., *1918—1919 : Die Wehen der Republik*, Berlin, 1933.

Renk H., *Der republikanische Gedanke in der deutschen Geschichte,* Jena, 1930.

Rheinbaben R. v., *Stresemann,* Dresden, 1928.

Rist W., "Der Weg der K. P. D.", *Neue Blätter für den Sozialismus,* Ⅲ (1932) Heft 2.

Röder A., *Der deutsche Konservatismus und die Revolution,* Gotha, 1920.

Römer W., *Die Entwicklung des Rätegedankens in Deutschland,* Berlin, 1921.

Rosenberg A., *Die Entstehung der deutschen Republik,* Berlin, 1928.

——, *Geschichte der Weimarer Republik,* Karlsbad, 1935.

Rosenstock E., *Sozialisierung,* Berlin, 1928.

Rosinsky H., *The German Army,* London, 1939.

Rossbach G., *Mein Weg durch die Zeit,* Weilburg/Lahn, 1950.

Rudin H. R., *Armistice 1918,* New Haven, 1944.

Runkel F., *Die deutsche Revolution,* Leipzig, 1919.

Rupprecht (Kronprinz von Bayern), *Meine Kriegstagebuch,* 3 Bde., München, 1919.

Salomon E. v., *Die Geächteten,* Berlin, 1930.

——, *Fragebogen,* Hamburg, 1951.

Schacht H., *76 Jahre meines Lebens,* Bad Wörischofen, 1953.

Schäfer H., *Tagebuchblätter eines rheinischen Sozialisten.* Bonn, 1919.

Scheele G., *The Weimar Republic : Overture to the Third Reich,* London, 1945.

Scheer R., *Deutschlands Hochseeflotte im Weltkriege,* Berlin, 1920.

Scheidemann Ph., *Der Zusammenbruch,* Berlin, 1921.

——, *Memoiren eines Sozialdemokraten,* Bd. Ⅱ, Dresden, 1928.

Scheiding E., *Das erste Jahr der deutschen Revolution,* Leipzig, 1920.

Schemann L., *Wolfgang Kapp und die Märzunternehmung vom Jahre 1920,* München-Berlin, 1937.

Schiffer E., *Ein Leben für den Liberalismus,* Berlin, 1951.

Schlesinger R., *Central European Democracy and its Background,* London, 1953.

Schmidt-Pauli E. v., *Geschichte der Freikorps 1918—1924,* Stuttgart, 1936.

Schreibner A., *Zur Geschichte der deutschen Aussenpolitik 1871—1945,* Bd. I. Berlin, 1952.

Schüddekopf O. E., *Heer und Republik : Quellen zur Politik der Rei-*

chswehrführung 1918 bis 1933, Hannover-Frankfurt/Main, 1955.
Schultze-Pfaelzer G., *Von Spa nach Weimar : Die Geschichte der deutschen Zeitenwende*, Leipzig-Zürich, 1929.
Schürer H., *Die politische Arbeiterbewegung Deutschlands in der Nachkriegszeit 1918—1923*, Leipzig, 1933.
Schwahn F., *Von Ebert bis Hindenburg : 10 Jahre deutsche Republik*, Leipzig, 1928.
Seidel R., *Die Gewerkschaftsbewegung und das Rätesystem*, Berlin, 1919.
Severing C., *1919—1920 im Wetter- und Watterwinkel*, Bielefeld, 1927.
——, *Mein Lebensweg*, Bd. I, Köln, 1950.
Sinowjew G., *Probleme der deutschen Revolution*, Hamburg, 1923.
Sitzler, "Der Ausbau des Rätesystems", in *Handbuch der Politik*, Bd. II, 1920.
Spectator, *Das Sozialisierungsproblem in Deutschland*, Berlin, 1920.
Spiecker K., *Germany —— from Defeat to Defeat*, London, 1943.
Stadler E., *Weltkriegsrevolution*, Leipzig, 1926.
Stampfer F., *Der 9. November*, Berlin, 1919.
——, *Die erste 14 Jahre der deutschen Republik*, 2. Aufl., Offenbach/Main, 1947.
Steinmann-Buchner A., *Sozialisierung ?*, Berlin, 1919.
Sternfeld K., *Die geschichtliche Entwicklung der Betriebsvertretung*, Jena, 1935.
Stillich O., *Die Sozialisierung der Banken*, Berlin, 1919.
Stresemann G., *Von der Revolution bis zum Frieden von Versailles*, Berlin, 1919.
Ströbel H., *Die Sozialisierung : Ihre Wege und Voraussetzungen*, Berlin, 1922.
——, *The German Revolution and After*, London, n. d.
Struthahn A., *Die Entwicklung der deutschen Revolution und die Aufgabe der Kommunistischen Partei*, Stuttgart, 1919.
Stümke B., *Die Entstehung der deutschen Republik*, Frankfurt/Main, 1923.
Stumpf R., *Warum die Flotte zerbrach*, Berlin, 1927.
Stutzenberger A., *Die Abdankung Kaiser Wilhelms II*, Berlin, 1937.
Tatarin-Tarnheyden E., "Die staatsrechtliche Entwicklung des Rätegedankens in der russischen und deutschen Revolu-

tion", *Schmollers Jahrbuch,* XLIX. Bd. II, 1925.
Thimme F. and Legien K. hrsg., *Die Arbeiterschaft im neuen Deutschland,* Leipzig, 1915.
Thimme H., *Weltkrieg ohne Waffen,* Stuttgart, 1932.
Thomée G., *Der Wiederaufstieg des deutschen Heeres 1918—1939,* 1939.
Thyssen F., *I paid Hitler,* New York, 1941.
Tiedemann H., *Sowjetrussland und die Revolutionierung Deutschlands 1917—1919,* Berlin, 1936.
Toller E., *Ein Jugend in Deutschland,* Amsterdam, 1933.
Tormin W., *Zwischen Rätediktatur und sozialer Demokratie,* Düsseldorff, 1954.
Troeltsch E., *Spektator=Briefe,* Tübingen, 1924.
Trotha A. v., *Volkstum und Staatsführung: Briefe und Aufzeichnungen 1915—1920,* Berlin, 1928.
Ulbricht W., *Zur Geschichte der deutschen Arbeiterbewegung,* Bd. I, Berlin, 1953.
Vallentin-Luchaire A., *Stresemann,* Leipzig, 1930.
Vermeil E., *L'Allemagne contemporaine, sociale, politique et culturelle 1890—1950,* tom. II, Paris, 1953.
Volkmann E. O., *Der Marxismus und das deutsche Heer im Weltkriege,* Berlin, 1925.
——, *Revolution über Deutschland,* Oldenburg, 1930.
Waite R. G. L., *Vanguard of Nazism,* Cambridge, 1952.
Warski W., *Rosa Luxemburgs Stellung zu der taktischen Problemen der Revolution,* Hamburg, 1922.
Weber A. O., *Vor und nach der Revolution,* Leipzig, 1919.
Weber M., *Gesammelte politische Schriften,* München, 1921.
Weigand W., *Die rote Flut: Der Münchener Revolutions- und Rätespuk 1918—1919,* München, 1935.
Weil F., *Sozialisierung,* Berlin, 1921.
Werner P. (d. i. Fröhlich P.), *Die bayerische Räterepublik,* 2. Aufl., Leipzig, 1920.
——, *Eugen Leviné,* Berlin, 1922.
Westarp K. F. V. v., *Die Regierung des Prinz Max von Baden und die Konservative Partei,* Berlin, 1921.
——, *Das Ende Monarchie am 9. November 1918,* Berlin 1952.
Wheeler-Bennett J. W., *Hindenburg: The Wooden Titan,* London,

1936（木原通雄訳『ヒンデンブルクの悲劇』東晃社，昭和15年）.
——, *The Nemesis of Power : The German Army in Politics 1918—1945*, London, 1953.
Wilhelm (Kaiser), *Ereignisse und Gestalten*, Berlin, 1922.
Wilhelm (Kronprinz), *Meine Erinnerung aus Deutschlands Heldenkampf*, Berlin, 1923.
Winnig A., *Aus Ausgang der deutschen Ostpolitik*, Berlin, 1921.
——, *Das Reich als Republik 1918—1928*, Berlin, 1929.
Wissell R., *Praktische Wirtschaftspolitik*, Berlin, 1919.
Wissell R. und Moellendorff R. v., *Wirtschaftliche Selbstverwaltung*, Jena, 1919.
Wolff Th., *Through Two Decades*, London, 1936.
Woytinsky W., *Zehn Jahre neues Deutschland*, Berlin, 1929.
Wrisberg E. v., *Heer und Heimat 1914—1918*, Leipzig, 1921.
Zarnow G., *Der 9. November 1918*, Hamburg, 1933.
Zehn Jahre deutsche Geschichte 1918—1928, Berlin, 1928.
Ziegler W., *Die deutsche Nationalversammlung 1919—1920 und ihr Verfassungswerk*, Berlin, 1932.
——, *Volk ohne Führung : Das Ende des zweiten Reiches*, Hamburg, 1938.
Zimmermann W. G., *Bayern und das Reich*, München, 1953.
Zinnecke F., *Vom deutschen Revolutionsparlament*, Berlin, 1919.
Zöberlein H., *Der Glaube an Deutschland : Ein Kriegserleben von Verdun bis zum Umsturz*, München, 1936.
猪木正道『ドイツ共産党史』弘文堂，昭和25年.
小此木真三郎『ファシズムの誕生』青木書店，昭和26年.
黒田礼二『廃帝前後』中央公論社，昭和6年.
村瀬興雄『ドイツ現代史』東京大学出版会，昭和29年.
吉村励『ドイツ革命運動史』青木書店，昭和28年.

附記（1） 以上の文献は，ドイツ革命の歴史的過程に直接的関聯性をもつものに限定された．従って，第1章第1節の引用註，及び第4章第3節末の内容註に引用された文献の多くはここに含まれていない.

（2） しかし，上記の範囲内に属するものについては，今後の研究の便宜のために．筆者の入手しえなかったものをもまた掲載することにした.

(3) なお，革命の地方史に関する文献については，*From Weimar to Hitler: The Wiener Library*, Catalogue Series No. 2, London, 1951, 及び，E. Kuttner, *op. cit*; L. Bergsträsser, *op. cit.* の参考文献参照.

(4) 社会化に関する文献の詳細については，*Handwörterbuch der Sozialwissenschaften*, Stuttgart-Tübingen-Göttingen, 1953— の Sozialisierung の項及び L. Preller, *Sozialpolitik in der Weimarer Republik*, Stuttgart, 1949 の参考文献参照.

(5) フライコールに関する文献の詳細については，R. G. L. Waite, *op. cit.* の文献解題参照.

(6) 経営協議会に関する文献の詳細については，M. Berthelot, *op. cit.* の参考文献参照.